AF559313

Hans und Doris Maresch

Bayerns Schlösser & Burgen

Ober- und Niederbayern, Schwaben und die Oberpfalz

Husum

Umschlaggestaltung unter Verwendung von Motiven aus dem Buch
Alle Aufnahmen stammen vom Autor Hans Maresch (außer S. 162).

Bibliografische Information der Deutschen Nationalbibliothek

Die Deutsche Nationalbibliothek verzeichnet diese Publikation in der Deutschen Nationalbibliografie; detaillierte bibliografische Daten sind im Internet über http://dnb.d-nb.de abrufbar.

Gesamtherstellung: Husum Druck- und Verlagsgesellschaft
Postfach 1480, D-25804 Husum – www. verlagsgruppe.de

ISBN 978-3-89876-411-7

Inhaltsverzeichnis

Vorwort

Dieser Band soll einen Überblick ausgewählter Burgen und Schlösser der vier Regierungsbezirke Oberbayern, Niederbayern, der Oberpfalz und des bayerischen Schwaben geben, nachdem die drei Regierungsbezirke Unter-, Ober- und Mittelfranken bereits in einem Band dieser Reihe vorgestellt wurden. Das Anliegen ist, dem an diesen Bauwerken Interessierten einen Reiseführer in die Hand zu geben, der sowohl einen optischen Eindruck vom Objekt vermittelt als auch einen kurzen historischen Abriss gibt. Den Standort des jeweiligen Objektes bezeichnen zum einen der fettgedruckte Kopf und zum anderen ein am Anfang der Beschreibung gegebener Lagehinweis. Die Standorte sind nach Ortsnamen mit Postleitzahl in fortlaufender alphabetischer Reihenfolge geordnet. Die Ortschaften, die einem Markt, einer Gemeindeverwaltung oder Stadt zugehörig sind, haben wir als solche bezeichnet. Das Objektregister ist analog gestaltet. Der jeweils zugehörige Landkreis bildet mit der nachfolgenden Piktogrammleiste den Abschluss des Kopfes. Letztere gibt dem Leser schnell einen Überblick zu vorhandenen Einrichtungen im oder am Objekt (wie Museum, Gastronomie etc.). Auf Telefonverbindungen wurde bewusst verzichtet, da diese oft Veränderungen unterliegen, ebenso wie Angaben zu Museums-Öffnungszeiten.

Standard ist, dass Museen in den Monaten April bis Ende Oktober in der Regel von 9.00 bis 16/17.00 Uhr, außer montags, zugänglich sind. Ausnahmen bilden meist die großen, weit bekannten Burgen und Schlösser, die auch im Winter geöffnet haben. Um möglichst viele Objekte vorstellen zu können, haben wir bewusst die historische Beschreibung kurz gehalten. In der Baubeschreibung lehnten wir uns vor allem an Georg Dehio, Handbuch der Deutschen Kunstdenkmäler Bayern, an. In diesem Zusammenhang sei darauf verwiesen, dass es von der Bearbeitung bis zur Herausgabe dieses Bandes bereits Veränderungen (Sanierungen, neue Nutzung u. v. a.) an den Objekten gegeben haben kann. Demzufolge kann keine Gewähr für die Vollständigkeit und Aktualität gegeben werden, doch nehmen wir dankbar diesbezüglich Informationen entgegen. Dank sagen möchten wir an dieser Stelle besonders den Ortschronisten, Museumsmitarbeitern, Mitarbeitern der Stadt- und Gemeindeverwaltungen sowie Touristinformationen, die uns aktiv, umfassend und freundlich bei unseren Recherchen unterstützten. Ein ganz herzlicher Dank auch an die privaten Besitzer der Burgen und Schlösser, die uns mit historischem Material versorgten, uns ihre Anwesen öffneten und durch diese führten.

Der Freistaat Bayern

Bayern, im Herzen Europas gelegen, ist das größte Bundesland Deutschlands und nimmt die gesamte Osthälfte Süddeutschlands ein. Im Norden grenzt es an den Spessart, die Thüringische Rhön sowie den Frankenwald. Im Süden beeindrucken die Alpen, und im Westen stößt Bayern an das Schwäbische Stufenland. Die facettenreiche Landschaft Bayerns spiegelt sich in imposanten Bergen mit smaragdgrünen Bergseen, aber auch tiefen Wäldern mit kristallklaren Bächen und sanften Hügeln, die von großen Seen unterbrochen werden. Die Städte und Dörfer des Freistaates, die beeindruckenden Burgen und Schlösser sowie die prächtigen Residenzen, schönen Dorfkirchen und monumentalen Klöster und weitere historische und moderne Bauwerke fügen sich harmonisch in das Landschaftsbild ein. Besonders die vielfältige Architektur und die Denkmäler zeigen noch heute die Einflüsse fremder Völker, aber auch mehrerer Kriegs- und Blütezeiten. Weit reicht die Geschichte Bayerns zurück, als es noch das Stammesherzogtum der Bajuwaren mit dem Zentrum Regensburg war, von denen der Freistaat heute seinen Namen hat. Es begann mit den Agilolfingern, die im 6. Jahrhundert nachgewiesen wurden und unter fränkischer Oberhoheit standen. Diese endete mit der Absetzung Tassilos III. im Jahre 788 durch Kaiser Karl den Großen. Im Jahre 1070 verlieh Heinrich IV. Bayern an die Welfen, die es bis 1180 behielten, und darauf erhielt Otto I. von Wittelsbach das Herzogtum. Ludwig IV. gewann 1314 die deutsche Kaiserkrone nebst anderen Ländern, auch Niederbayern. 1623 erwarb sie Maximilian I. und 1628 auch die Oberpfalz. Bigotterie und Verfolgung der Katholiken und Protestanten während der Reformation führten schließlich im Dreißigjährigen Krieg zu den verheerendsten Schlachten, die Europa je erlebt hatte. Es waren die Wittelsbacher, die Bayern wieder aufbauen mussten. Von 1742 bis 1745 errang Karl Albert die Kaiserwürde und mit Maximilian III. Joseph erlosch 1777 die bayerische Linie der Wittelsbacher. Das Erbrecht Karl Theodors von der Pfalz wurde vergeblich von Kaiser Joseph II. bestritten, woraus der Bayerische Erbfolgekrieg entstand. In den Revolutions- und Napoleonischen Kriegen stand Bayern nach Abtretung der linksrheinischen Gebiete an Frankreich auf

Napoleons Seite. Maximilian IV. Joseph konnte 1803 und 1805 das Bayerische Schwaben und Franken sowie bei Eintritt in den Rheinbund den Königstitel erwerben. Im Jahre 1818 erhielt der heutige Freistaat eine Verfassung und war außenpolitisch bis 1866 an der Seite Österreichs, wurde dann 1871 Mitglied des Deutschen Reiches. Für Ludwig II., den „Märchenkönig“, übernahm 1886 Prinzregent Luitpold bis 1912 die Regierung. Im Jahre 1918 mussten mit Ludwig III. die Wittelsbacher abdanken. General von Epp übernahm 1933 als Reichsstatthalter die Regierung. Die sehr vielfältigen traurigen, aber auch positiven historischen Ereignisse des bayerischen Landes haben besonders im Hinblick auf die Architektur ihrer Nachwelt zahlreiche gewaltige Burgen, schöne Schlösser und prächtige Residenzen hinterlassen. Heute ist Bayern für seine einzigartigen Königsschlösser wie Neuschwanstein, Herrenchiemsee, Linderhof, das Schloss Nymphenburg und die Münchner Residenz weltweit berühmt. Es ist die Repräsentationsarchitektur der Wittelsbacher. Sie prägten bereits im 13. Jahrhundert die oberbayerische Baukunst mit Festungsbollwerken wie Burghausen oder mit spätgotischen Burgenschlössern von Grünwald und der Blutenburg, aber auch mit herrlichen Renaissanceschlössern wie Neuburg an der Donau. Baufreudige Herrscher waren die Könige Ludwig I. und Maximilian II., sowie in der zweiten Hälfte des 19. Jahrhunderts der „Märchenkönig“ Ludwig II. Viele kleinere Adelsgeschlechter bauten sich Burgen und Schlösser mit Ecktürmen, eine Vorliebe der damaligen Zeit. Zur Zeit des Früh- bis Spätmittelalters wurden die Burgen zur Sicherung von Handels- und Verkehrsstraßen errichtet und waren somit auch Knotenpunkte für die Informationsentwicklung. Meist wurden sie aus strategisch-militärischen Gründen auf Bergen, wegen der schwierigen Einnehmbarkeit und besseren Verteidigungsfähigkeit, errichtet. Viele dieser Bauwerke findet man heute nur noch als Ruinen vor, doch meist haben sie oder ihre verbliebenen Relikte eine interessantere Geschichte zu erzählen als die noch bestehenden „Prachtburgen“ und „Märchenschlösser“. In der abwechslungsreichen Landschaft des Bayerischen Schwabens lag einst im hohen Mittelalter auch der Stammsitz der Wittelsbacher nicht weit vom heutigen Aichach. Hier gab es Besitzungen der Grafen von Oettingen, der Welfen und später der Staufer. Sie bauten wehrhafte Burgen und Residenzen wie die Harburg und Wallerstein. Es entstanden die Fuggerschlösser in Kirchheim und Babenhausen sowie das Hohe Schloss in Füssen und die schon erwähnten Prachtbauten von Ludwig II. In der waldreichen Mittelgebirgsregion im Norden der Oberpfalz, aber auch in der fruchtbaren Donauebene im pfälzischen Süden errichteten unsere Vorfahren prächtige Bauwerke. Im Norden war die Oberpfalz ein stark umkämpftes Grenzland, in dem sich die Slawen vergeblich gegen die bayerischen Herzöge wehrten. Es ist eine der burgenreichsten Regionen Deutschlands. Im 13. Jahrhundert residierten in Amberg die Wittelsbacher Statthalter und Kurfürsten, und die Metropole im Süden war Regensburg. Die Fürsten von Thurn und Taxis erweiterten das Kloster St. Emmeram zur riesigen Palastanlage. Auch in Niederbayern sind im Mittelalter, besonders entlang der Donau, die diesen Regierungsbezirk durchfließt, viele Burgen wie Burg Egg oder die Englburg entstanden. Die Veste Oberhaus über der Donau ist das Wahrzeichen von Passau, welches darauf verweist, dass die Bischöfe durch die Flussschifffahrt und den Holzhandel sehr reich geworden waren. Im Machtkampf des 13. Jahrhunderts mit den Bischöfen waren die Wittelsbacher als Sieger hervorgegangen, und die Burg Trausnitz über Landshut war einer ihrer frühesten Herrschaftssitze. Oberbayern als größter Regierungsbezirk des Freistaates, auch oft als Altbayern bezeichnet, kann wohl dank Ludwig II. auf die schönsten Schlösser im Land verweisen. Aber nicht nur die Architektur ist es, die jährlich tausende Besucher anlockt, sondern die faszinierende Natur mit der gewaltigen Berglandschaft der Alpen, der grandiosen Seenlandschaft von Herrenchiemsee, Starnberger- und Ammersee, Walchen- und Tegernsee und schließlich dem romantischen Königsee bei Berchtesgaden und weitere wundervolle Regionen. Viele, auch weniger bekannte Burgen und Schlösser, aber nicht minder beachtenswerte, werden in diesem Band vorgestellt. Besuchen Sie den Freistaat Bayern, lassen Sie sich von der grandiosen Natur einfangen und statten Sie den Burgen und Schlössern einen Besuch ab.

Die Piktogramme bedeuten

 Burg

 Burgruine

 Schloss

 Schlossruine

Museum, Führungen

 Park, Garten

Übernachtungsmöglichkeit

Gaststätte, Café, Imbiss

Veranstaltungen, Konzerte, Ausstellungen, Tagungen

Aussicht

Golf

Schlösser und Burgen von A–Z

Schloss Abensberg

93326 Abensberg
Landkreis Kelheim

Nördlich des heutigen Dürrnbucher Forstes und südlich von Kelheim ließ in der Zeit von 950 bis 1020 Graf Babo eine Burg errichten, die 1256 eine erste urkundliche Erwähnung als „Castrum Avensperch“ erfuhr. Ulrich von Abensberg lässt von 1348 fortfolgend die Wehrtürme in Erinnerung an die 32 Söhne und acht Töchter des Grafen Babo erbauen, die in der Stadtmauer noch heute in großem Umfang erhalten geblieben sind, und verstärkte die Burgbefestigung. Gegen die Stadt errichtete man tiefe Gräben mit Futtermauern. Die Vorburg war durch einen mächtigen Sperrgraben von der anschließenden Hauptburg getrennt. Heute findet man am Südbering Reste eines Halbturmes aus spätgotischer Zeit, die in die neueren Anbauten einbezogen wurden, und die Bauten innerhalb des Burgberinges waren vermutlich zusätzlich durch einen Zwinger gesichert. Im Jahre 1477 wird Johannes Thurmaier, genannt Aventinus der Abensberger und Verfasser der ersten bayerischen Landkarte, geboren. Erloschen ist das Geschlecht mit der Ermordung des Nikolaus 1485, worauf Schloss und Herrschaft Abensberg an den Bayernherzog übergingen. Als 1648 Stadt und Burg durch schwedische Soldaten verwüstet wurden, folgten 1669 weit über 2500 Reparaturen an der Burg in großem Umfang. Die Schäden waren vermutlich doch so groß, dass sich die Pfleger 1732 von der Burg in die Vorburg zurückzogen und der vorherige Sitz abgebrochen wurde. 1879

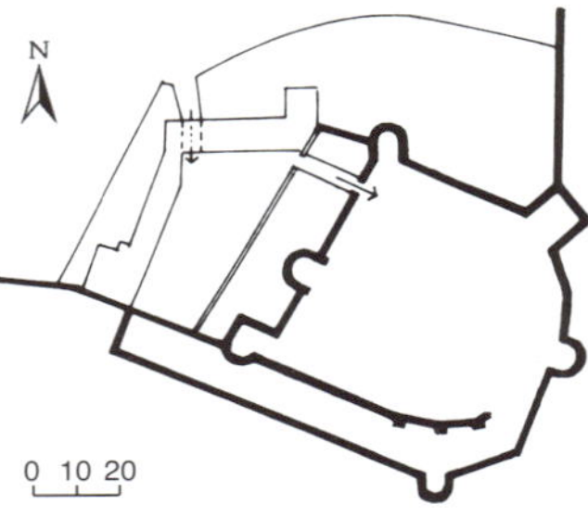

Schloss Abensberg, Grundriss

Schloss Abensberg

Schloss Adldorf

wurde auf dem Schloss das Amtsgericht untergebracht, das 1982 nach Kehlheim verlegt wurde, und 1908 erfolgten Konservierungsmaßnahmen an den Schlossmauern. Auf dem einstigen Burg- und Schlossareal befindet sich heute der Sitz des Vermessungsamtes.

Schloss Adldorf

94428 Adldorf/
Markt Eichendorf
Landkreis Dingolfing-Landau

Südöstlich von Landau und unmittelbar westlich von Eichendorf steht der stattliche Bau der Grafen von Arco-Valley, dessen Vorgänger in das Hochmittelalter zu datieren sind. Ein „Eggerich de Arlendorf“ wird 1160 nachgewiesen, sein Geschlecht war bis 1482 in Adldorf sesshaft. Danach war der Besitz unter vielfach wechselnder Herrschaft, den im 16. Jahrhundert auch Herzog Ludwig von Bayern und im 17. bis 18. Jahrhundert die Grafen von Fränking und Tattenbach zu Baumgarten innehatten. Tattenbach starb 1821 kinderlos und vermachte die Eckturmanlage aus dem 17. Jahrhundert, die nach dem Dreißjährigen Krieg 1648 erneuert wurde, einschließlich der dortigen seit 1671 vorhandenen Brauerei, seinem Neffen Maximilian von Arco. Die Grafen Arco sind Tiroler Uradel, ihre erste urkundliche Erwähnung fällt in das Jahr 1124, und ihre Stammburg lag im Bezirk Riva am Gardasee. 1614 wanderte die Familie nach Bayern aus. Als der Besitz in Adldorf 1906 abbrannte, ließ die Familie Arco-Valley diesen in neubarocken Formen wieder aufbauen. Den Namenszusatz „auf Valley" erhielten sie 1854. Otto Graf von Arco auf Valley verstarb im September 1989. Derzeitige Besitzerin des Schlosses auf Adldorf ist Monica Gräfin von Arco auf Valley. In einem vorgelagerten Gebäude befindet sich heute eine Gaststätte.

Schloss Aicholding

93339 Aicholding/Stadt Riedenburg

Landkreis Kelheim

Zur Stadt Riedenburg gehörend, und nordwestlich von Kelheim, steht der vom 11. bis 14. Jahrhundert genannte Besitz der Herren von Aicholding, der später mit Prunn vereinigt wurde. Er ist ein gut erhaltenes Beispiel eines kleinen Edelsitzes in romanischer Form mit eigenständigem Kapellenbau, dessen Kirchturm die Funktion eines Bergfrieds erfüllte. Der Wohnbau wurde nach 1675 erneuert und stellt einen Satteldachtrakt dar mit Treppengiebeln, parallel zur Kapelle stehend. Die Schlosskapelle St. Martin ist eine Chorturmanlage mit gotisch erhöhtem Westgiebel und kräftigen Schwalbenschwanzzinnen aus der zweiten Hälfte des 12. Jahrhunderts. Das über dem Gewölbe liegende profane Obergeschoss mit Stuckaturen und volkstümlichen Gemälden von 1725 diente wohl zu Verteidigungszwecken. Das Schloss ist in Privatbesitz und nicht zugänglich.

Schloss Aicholding

Schloss Unterallmannshausen

82335 Allmannshausen/ Gem. Berg

Landkreis Starnberg

Das Schloss liegt direkt am Starnberger See, südlich von Berg. Errichtet wurde das Schloss ursprünglich von Freiherr Ferdinand Josef von Hörwarth im Jahre 1669. Unterallmannshausen, das zur Hofmark Allmannshausen gehörte, verblieb bis zum Jahre 1800 im Besitz der Familie von Hörwarth und gehörte später den Grafen von Rambaldi, bis 1881 das Anwesen durch das Fabrikantenehepaar Boeringer im Villenstil der italienischen Renaissance vollständig umgebaut und durch Terrassenanlagen erweitert wurde. Nach dem Tod der Witwe Mathilde Boeringer übernahm ihr Schwiegersohn, Graf von Rambaldi, das Schloss, das später durch Heirat seiner Tochter an die Freiherrn von Kreß gelangte. Während des Zweiten Weltkrieges übernahm 1942 die NS-Volkswohlfahrt das Schloss, das nach Kriegsende an den Freistaat Bayern fiel. Seit 1969 ist das Jugendmissionswerk Wort des Lebens Pächter und nutzt das Schloss und das große Gelände für Jugendfreizeiten und Jungscharlager, und in der Nebensaison werden hier Schulklassen, Seminar- und Gemeindegruppen beherbergt.

Schloss Unterallmannshausen, Allmannshausen

Schloss Alteglofsheim

93087 Alteglofsheim

Landkreis Regensburg

Stadt und Schloss liegen südöstlich von Regensburg an der B 15. Urkundlich erwähnt ist das Geschlecht der Eglofsheimer seit dem 12. Jahrhundert, ab 1240 ist es als Lehensträger des Hochstiftes Regensburg benannt. Im Jahre 1266 kaufte Bischof Leo Thundorfer die Veste, die zu dieser Zeit vermutlich eine Wasserburg war, deren Bergfried bis heute erhalten ist. 1373 besaß Konrad IV. die Anlage, die 1394 an die Abensberger gelangte und 1434 an die bayerischen Herzöge ging. Denen folgten 1481 die Parsberger. Rund einhundert Jahre später wurde sie Eigentum des Erasmus Neustetter, Domherr zu Würzburg und Bamberg, und schon 1607 ging das Schloss an den Schad zu Mittelbiberach. Erste größere Erweiterungen vollzogen sich mit Johann Georg I. Freiherr von Königsfeld, als er 1658 die Herrschaft kaufte und 1685 in den Reichsgrafenstand erhoben wurde. Er ließ den spätmittelalterlichen Hauptbau um eine Raumsuite nach Süden erweitern und ab 1711 folgte die Anlage des Lustgartens. Die Vollendung der Schlosskirche im Erdgeschoss des Südflügels erfolgte 1687. Sein Enkel Reichsgraf Hans Georg II. von Königsfeld war 1717 bis 1731 kurbayerischer Gesandter am Immerwährenden Reichstag in Regensburg und baute das Landschloss von 1725 bis 1734 prächtig aus und erweiterte es, indem er sich an der Kunst des Münchner Hofes orientierte. Gleichzeitig erfolgte bis 1734 die Neuausstattung der östlich anschließenden „Schönen Zimmer“ mit Stuck von Johann Georg Üblher. Die barocke Erstausstattung mit sehenswertem stuckiertem Plafond von Giovanni Battista Carlone und Jacopo Tornino ist heute nur noch im sogenannten Kaisersaal zu finden. Im Jahre 1815 verstarb der letzte Graf von Königsfeld, worauf das Schloss von 1835 bis 1939 in das Eigentum der Fürsten Thurn und Taxis überging. Seit 1973 befindet es sich im Besitz des Freistaates Bayern und wird vom Bauamt der Universität Regensburg betreut. Von 1992 bis 2002 wurde die prächtige Anlage restauriert und die Musikakademie unterge-

Schloss Alteglofsheim

bracht. Hier finden Kurse in Musik und Tanz statt sowie Konzerte in den historischen Prunkräumen. Der Park ist tagsüber für die Öffentlichkeit zugänglich.

Wasserschloss Altfraunberg

Wasserschloss Altfraunberg

85447 Altfraunberg/ Gem. Fraunberg

Landkreis Erding

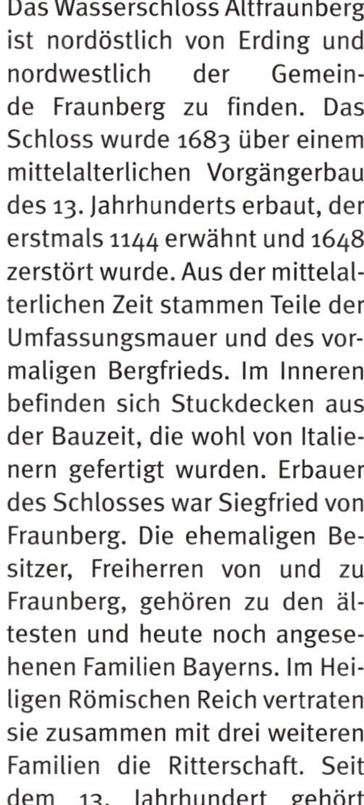

Das Wasserschloss Altfraunberg ist nordöstlich von Erding und nordwestlich der Gemeinde Fraunberg zu finden. Das Schloss wurde 1683 über einem mittelalterlichen Vorgängerbau des 13. Jahrhunderts erbaut, der erstmals 1144 erwähnt und 1648 zerstört wurde. Aus der mittelalterlichen Zeit stammen Teile der Umfassungsmauer und des vormaligen Bergfrieds. Im Inneren befinden sich Stuckdecken aus der Bauzeit, die wohl von Italienern gefertigt wurden. Erbauer des Schlosses war Siegfried von Fraunberg. Die ehemaligen Besitzer, Freiherren von und zu Fraunberg, gehören zu den ältesten und heute noch angesehenen Familien Bayerns. Im Heiligen Römischen Reich vertraten sie zusammen mit drei weiteren Familien die Ritterschaft. Seit dem 13. Jahrhundert gehört Fraunberg einem der ältesten Adelsgeschlechter Altbayerns, den Fraunbergern zu Fraunberg. Der Ort gehörte zum Kurfürstentum Bayerns, war jedoch eine geschlossene Hofmark, deren Sitz Altfraunberg war. Das Wasserschloss ist in Privatbesitz und nur äußerlich zu besichtigen.

Kurfürstliches Schloss Amberg

92224 Amberg

Kreisfreie Stadt

Kurfürst Ludwig III. von der Pfalz, Sohn und Haupterbe König Ruprechts III., ließ den ehemaligen Regierungssitz der Pfalzgrafen in Amberg nach 1417 zum wehrhaften Festungsschloss ausbauen, das auf halber Strecke zwischen Nürnberg

Kurfürstliches Schloss Amberg

und Schwandorf im Stadtzentrum liegt. Ursprünglich lag die kurfürstliche Residenz am alten Bering („Eichenforst“ und „Alte Veste“). 1417 begann man mit dem Bau eines Schlosses an der neuen Stadtmauer, das von 1449 bis 1476 Friedrich I. zu einer starken, gegen die Stadt abgeschirmten Veste ausbaute. Von den vier Trakten der zweiten Hälfte des 16. Jahrhunderts ist nur noch die große Kemenate mit einem Nebengebäude erhalten. Im Jahre 1557 brannte die mehrflügelige Anlage mit Innenhof aus und wurde im folgenden Jahr erweitert als Vierflügelanlage aufgebaut. 1601 bis 1603 folgten ein Umbau und die Aufstockung des Südflügels durch einheimische Handwerker nach dem Entwurf des Heidelberger Baumeisters Johann Schoch unter Vorgabe des Kurfürsten Friedrich IV. Durch einen erneuten Brand 1644 wurde die Anlage stark beschädigt. Der im 18. Jahrhundert errichtete Südflügel diente als Statthalterwohnung und die übrigen Teile wurden 1768 abgebrochen. Von 1900 bis 1903 erfolgte die Errichtung des Westflügels. 1967 wurde eine komplexe Renovierung vorgenommen. Bis auf die abgetrage-

N

0 10 20

Kurfürstliches Schloss Amberg, Grundriss

nen Zwerchgiebel zeigt der dreigeschossige Putzbau mit Satteldach, Volutengiebeln und dem polygonalen Treppenturm an der Nordseite den Zustand von 1603. Südöstlich befindet sich der unter Friedrich I. entstandene Torbau mit Tor, dessen Obergeschoss im 18. Jahrhundert abgetragen wurde. Die große mehrschiffige Halle des Südflügels mit Kreuzgratgewölben, in deren ersten Obergeschoss sich die Hauskapelle befindet, stammt noch aus dem 15. Jahrhundert. Heute werden im Wehrgang wechselnde Ausstellungen geboten und im Schlosshof Veranstaltungen durchgeführt. Seit der Restaurierung von 1990 bis 1994 dient das Schloss als Landratsamt. Ein Zugang führt durch den Park über eine Brücke, die sogenannte „Stadtbrille".

Schloss Amerang

83123 Amerang

Landkreis Rosenheim

Zwischen Chiemsee und Wasserburg steht auf einer bewaldeten Anhöhe der 1072 erstmals erwähnte Edelsitz unter einem Pato de Amirangen, der hier als Burgherr saß. Unter Christoph von Laimingen wurde 1512 die Schlosskapelle St. Georg in der Nordostecke des ersten Obergeschosses geweiht. Der aus Verona stammende Johann der Ältere von der Leiter kam 1522 durch Heirat in den Besitz von Amerang. Italienischer Flair sollte sich am Schloss durch seinen Enkel Hans Warmund, der das Schloss mit Arkaden im Stil der Renais-

Amberg, Zeughaus am Schloss

sance umgestaltete, widerspiegeln. Dessen Erbtochter heiratete 1607 Georg Sigmund aus dem österreichischen Geschlecht der Grafen von Lamberg, womit die bisherige Erbfolge endete. Sigmund ließ das Schloss im Stil des Barock und Rokoko umbauen. Erneut durch Heirat kam das Schloss 1821 an die Freiherrn von Crailsheim aus dem Frankenland. Der im Kern mittelalterliche Bau wurde in der zweiten Hälfte des 16. Jahrhunderts umgestaltet. Er stellt eine unregelmäßige polygonale Anlage mit Arkadenhof und Lauben mit Kreuzgewölben auf

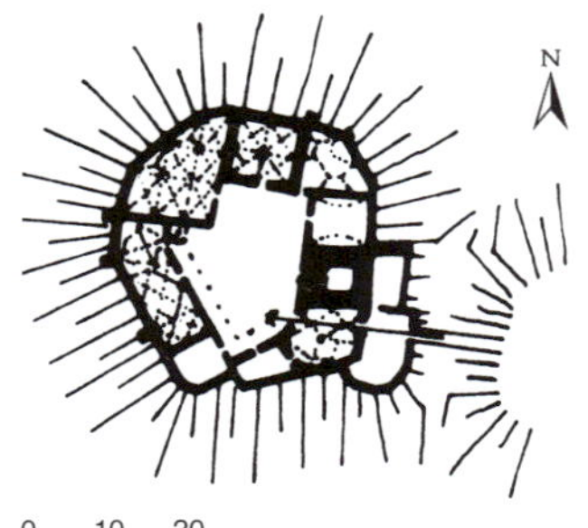

Schloss Amerang, Grundriss

Schloss Amerang

Säulen dar. Die beiden Obergeschosse werden durch umlaufende Arkaden auf toskanischen Säulen geziert. Der Rittersaal weist Freskenreste auf, die vermutlich von Christoph Faber um 1570 geschaffen wurden. Im Jahre 1976 wurde das Schlossmuseum neu gestaltet, eingerichtet und kleinere Sammlungen untergebracht. Das Schloss ist noch heute im Besitz der Freiherren von Crailsheim, die im Sommer Konzerte im Arkadenhof veranstalten.

Schloss Arnsberg

85110 Arnsberg / Markt Kipfenberg

Landkreis Eichstätt

Im Jahr 900 wurde Schloss Arnsberg, nordöstlich von Eichstätt und östlich über dem Ort gelegen, erstmalig erwähnt. Eine Urkunde existiert aus dem Jahre 1062 in Verbindung mit

dem Freiherrn Gottfried von Arnsberg. Von diesem höheren Adel waren nachweisbar fünf Generationen hier sesshaft. Gottfried I. von Arnsberg besuchte 1156 einen Hoftag bei Kaiser Friedrich I. Barbarossa zu Lauf/Pegnitz. Im 13. Jahrhundert erscheint Schloss Arnsberg als Lehen der Eichstätter Bischöfe und 1312 wird ein Heinrich von Wildenstein als Lehnsträger genannt. Herzog Heinrich der Jüngere von Bayern verpfändete die Burg im Jahre 1332 an Heinrich Wildensteiner zu Rotenberg, doch schon 1348 verpfändete Herzog Ludwig Schloss Arnsberg an die bekannten Minnesänger Hadmar und Ulrich von Laber. Diese wiederum übergaben es an das Geschlecht der Frauenhofer, die das Schloss von 1364 bis 1416 in ihrer Obhut hatten. Herzog Ludwig von Bayern erobert 1417 die Burg und lässt sie 1433 zerstören. Im Jahre 1473 verkauft Herzog Albrecht das Anwesen samt Herrschaft dem Bischof Wilhelm zu Eichstätt. Ab dieser Zeit blieb es fürstbischöflicher Besitz und zeitweiliges Sommerschloss, das von adligen Pflegern bis zur Säkularisation gehalten wurde, worauf es ab 1763 durch die Eichstätter Fürstbischöfe abgebrochen wurde und verfiel. Im Jahre 1832 ging das Schloss in Privatbesitz über und im 20. Jahrhundert begann der Wiederaufbau mit der Vorburg. 1972 erfolgte der Ausbau der Vorburg zum Hotel. Die malerisch gelegene Ruine zeigt noch Graben, Zwingmauer der Vorburg, einen Torbau und Rundturm aus gotischer Zeit, einen Bergfried und Teile der Schildmauer aus der ersten Hälfte des 13. Jahrhunderts.

Oben: Schloss Arnsberg

Unten: Arnsberg, Kapelle und Ruine am Schloss

Oberes Schloss Arnstorf

Oberes und Unteres Schloss Arnstorf

94424 Arnstorf
Landkreis Rottal-Inn

Gut 20 Kilometer nordwestlich von Pfarrkirchen sind in Arnstorf die beiden Schlösser zu finden. Auf der auf das 15. Jahrhundert zurückgehenden Wasserburg schufen die Reichsfreiherren von Closen einen repräsentativen Adelssitz, das **Obere Schloss**. Es stellt ein großes Gebäude mit deutlich wehrhaftem Charakter dar, der durch einen Burggraben mit steinerner Brücke unterstrichen wird. Die Familie von Closen war bereits früh Inhaber der Arnstorfer Hofmark, die ihnen unter Lehnshoheit des Kurfürstentums Bayern bis 1847 gehörte. Im Jahre 1766 wurden einige Mitglieder der Familie in den Grafenstand erhoben. Das Schloss ging im 19. Jahrhundert durch Heirat an den Grafen Deym über. Melchior Steidl, bekannt an den besten Fürstenhöfen, gestaltete 1714 zwei Prunkräume aus, darunter den sogenannten Kaisersaal mit mythologischen Szenen. In dem kleineren der beiden Prunkräume wurde im 19. Jahrhundert ein privates Theater eingebaut. Im Jahre 1715 erhielt die Schlosskapelle St. Katharina eine Umgestaltung mit einem Deckenfresko des genannten Künstlers. Johann Christoph Bendl wird die im Schlossinnenhof unter den Arkaden stehende Reitergruppe des heiligen Drachenkämpfers Georg zugeschrieben. Nachdem die Reichsfreiherren von Closen Anfang des 17. Jahrhunderts eine Teilung der Herrschaft vereinbart hatten, schuf sich der jüngere Zweig unten in der Marktsiedlung eine neue Residenz, das **Untere Schloss**. Ein auffallender Giebel und Ecktürme sowie das Portal mit der Madonnen-Nische darüber geben dem an sich schlichten Bau ein interessantes Aussehen.

Fürstbischöfliche Residenz Augsburg

86150 Augsburg
Kreisfreie Stadt

Die im 18. Jahrhundert errichtete barocke Residenz der Fürstbischöfe von Augsburg, im Zentrum der Stadt gelegen, entstand aus dem Umbau und der Einbeziehung älterer Gebäude. Von der mittelalterlichen Bischofspfalz aus den Jahren 1507/08 blieb der erhöhte Turm erhalten. Im Beisein Kaiser Karls V. wurde hier im Juni 1530 die „Confessio Augustana", das „Augsburger Bekenntnis" der evangelischen Reichsstände, verkündet. Den Hauptflügel von 1743 erstellte Johann Benedikt Ettl und den Nordflügel von 1750 bis 1752 baute Ignaz Paulus, vielleicht nach einem Entwurf von Franz Kleinhans. Der Südwestflügel und die Durchfahrt wurden 1902 anstelle der Pfalzkapelle und des Gardistenflügels errichtet. Eine gegliederte Schauwand gestaltete man an der Ostseite des Hauptflügels, wobei die Mitte der Fassade von über Eck gestellten Pilastern mit geschwungenem Gebälk und Rundbogen eingefasst und von geschweiftem Giebel mit Uhr und Fürstenhut aus Kupfer bekrönt wurde. Die schmucklose Westseite besitzt ein pilastergerahmtes Mittelportal und darüber einen Giebel mit Uhr. In dem mit gestaffelten Pilastern und hohen Voluten geschmückten Nordflügel befand sich der Festsaal, der 1752 hergerichtet und 1944 zerstört wurde. In der Ecke beider Flügel steht ein vierseitiger schmuckloser Turm, wohl aus dem Spätmittelalter, der 1507/08 mit flacher Kupferkuppel erhöht wurde. Der Innenbereich wurde größtenteils zu Amtsräumen umgebaut. Das festliche Treppenhaus im Westteil des Nordflügels wird von einer dreiläufigen Treppe mit marmoriertem Balustergeländer aus Holz dominiert. Heute ist die Residenz Sitz der Regierung von Schwaben.

Oben: Fürstbischöfliche Residenz Augsburg

Unten: Fürstbischöfliche Residenz Augsburg, Garten

Schloss Babenhausen

Schloss Babenhausen

87727 Babenhausen

Landkreis Unterallgäu

Das spätere Schloss, nordöstlich von Memmingen gelegen, wurde erstmals 1237 als Burg der Pfalzgrafen von Tübingen genannt, sie war ab 1378 im Besitz der Herren von Rechberg. Im Jahre 1538 verkauften die Herren von Rechberg ihren Besitz an Anton Fugger, der 1538 von Herzog Ulrich von Württemberg die Lehensherrschaft über Babenhausen erhielt. Das Rechbergschloss erhielt 1541 eine umfassende Umgestaltung zum Renaissanceschloss und einen Neubau der weiteren Flügel, vermutlich durch Quirin Knoll. 1737 bis 1762 erfolgten Umbauten im Neuen Schloss und im westlichen Quertrakt im Stil des Rokoko. Der Rechbergbau aus dem 15. Jahrhundert wurde im Innern von 1759 bis 1762 nach einem Entwurf von Johann Michael Fischer verändert. 1806 kam der Besitz an das Königreich Bayern, worauf 1845 die Fassadengestaltung mit Anklängen an die Neugotik eine einheitliche Form erhielt. Im Westflügel und im Neuen Schloss befindet sich seit 1955 ein Fuggermuseum. Die Anlage ist ein weitläufiger, im Wesentlichen um zwei Höfe angeordneter Komplex, dessen überhöhte Westfront mit Treppengiebel unter Einbeziehung der katholischen Pfarrkirche von imponierender Fernwirkung ist. Den ältesten Teil der Anlage bildet der Rechbergbau in der Südwestecke des westlichen inneren Schlosshofs. Südlich des Schlossbezirks liegt ein weitläufiger Park aus dem 19. Jahrhundert, dessen westlicher Teil als Ziergarten im französischen Stil angelegt ist. Ein quadratischer Gartenpavillon des mittleren 18. Jahrhunderts und ein Eckrondell zieren die Anlage. Schloss Babenhausen ist im Privatbesitz der Fürsten Fugger-Babenhausen.

Hohes und Unteres Schloss Bad Grönenbach

87730 Bad Grönenbach
Landkreis Unterallgäu

Hohes Schloss Bad Grönenbach

Das ehemalige **Hohe Schloss** ist seit 1901 im Besitz der Ursberger St.-Josephs-Kongregation und südlich von Memmingen, in der Nähe der Iller-Stauseen, auf einem hohen steilen Bergrücken westlich des Orts zu finden. Von der mittelalterlichen, bis 1260 von den Herren von Grönenbach bewohnten Burg ist im Kern der nordwestliche Teil der Anlage erhalten geblieben. Unter den Fuggern wurde die Anlage um 1612 erweitert und um 1690 der nordöstliche Anbau errichtet. Weitere Anbauten fügten 1700 die Fürstäbte von Kempten mit barocker Ausstattung hinzu. Drei Jahre später bauten vermutlich die Würdenträger auch die Südseite aus, nachdem diese beschädigt worden war. Die Anlage ist ein von tiefem Graben umgebener Gruppenbau zu drei bis fünf Geschossen unter Walmdächern. An der Südseite befindet sich die über eine moderne Brücke zugängliche rundbogige Toreinfahrt. Im Jahre 1695 erwarben die Fürstäbte von Kempten das Schloss und schmückten es innen reich aus. Besonders beeindruckend zeigt sich die über gewachsenem Felsen mächtig aufragende Westfront. Im Innern findet man reiche Stuckaturen, in den Obergeschossen Reliefs aus der Zeit um 1710 bis 1720. Zurzeit steht das Schloss leer. Führungen können bei der Kurverwaltung erfragt werden.

Das **Untere Schloss** steht im Zentrum des kleinen Städtchens und befindet sich in Privatbesitz. Es wurde 1563 als Witwen-

Unteres Schloss Bad Grönenbach

sitz durch die Grafen von Pappenheim errichtet und nach 1875 um das oberste Geschoss erhöht. Der dreigeschossige, quadratische Zeltdachbau wird von runden, mit geschwungenen Hauben bekrönten Ecktürmen geziert. Über der Tür prunkt eine Steinplatte mit von Engeln gehaltenem Wappen der von Pappenheim, bezeichnet mit der Jahreszahl 1563.

Fürstbischöfliches Schloss Bad Hindelang

Fürstbischöfliches Schloss Bad Hindelang

87541 Bad Hindelang
Landkreis Oberallgäu

Südöstlich von Immenstadt, nahe der österreichischen Grenze, liegt der Ort Bad Hindelang, der 1173 erstmals erwähnt wurde und 1429 das Marktrecht erhielt. 1477 gelangte er in den Besitz des Hochstifts Augsburg. Das ehemalige Schloss entstand von 1652 bis 1660 unter Fürstbischof Sigismund Franz, Erzherzog von Österreich, und wurde als Jagdschloss der Augsburger Fürstbischöfe genutzt. Im Jahre 1773 war Schloss Hindelang Besitz des Kurfürsten Clemens Wenzelslaus und 1779 diente es als französisches Feldspital. In den folgenden Jahrzehnten gab es recht unterschiedliche Nutzungen, so wurde das Schloss 1813 bayerischer Militärfohlenhof und ab 1844 ein Brau- und Gasthaus „Zum Hasen". Thomas Welchs erweiterte 1921 den Treppenhausanbau im Osten und seit 1922 war es Rathaus. Das Schloss stellt einen würfelförmigen, dreigeschossigen Walmdachbau dar, über dessen Eingang sich das Wappen des Fürstbischofs Christoph von Freyberg befindet. Noch heute fungiert das Schloss als Rathaus und Standesamt, in ihm werden auch wechselnde Ausstellungen gezeigt.

Burg Gruttenstein

83435 Bad Reichenhall
Landkreis Berchtesgadener Land

Die sagenhafte Burg der Hallgrafen findet man am Ausgang

von Bad Reichenhall in Richtung Berchtesgaden, abseits der B 20. Burg Gruttenstein wurde zum Schutz der Saline oberhalb der Solequellen als eine der ältesten Befestigungsanlagen im Reichenhaller Raum errichtet. Eine steinerne Burg, die den Hallgrafen als Amtssitz diente, hatte es wohl bereits im frühen 12. Jahrhundert hier gegeben. Als Reichenhall durch den Salzburger Erzbischof im Jahre 1196 zerstört wurde, fiel ihm auch Burg Gruttenstein zum Opfer, worauf der Bayernherzog um das Jahr 1218 ohne Genehmigung mit dem Wiederaufbau der Befestigung begann und somit die Schleifung, jedoch ohne Erfolg, gefordert wurde. Im Kampf um die herzoglich-bayerische Vormachtstellung wurde Gruttenstein forthin zum wichtigsten militärischen Stützpunkt des Bayernherzogs und Reichenhall blieb eine bayerische Stadt. Gegen Ende des 13. Jahrhunderts legte man in die Burg den Sitz eines herzoglich-bayerischen Pflegsbeamten, der von dort aus das Pfleggericht Reichenhall verwaltete. Somit bekam die Befestigung neben ihrer militärischen auch eine repräsentative Bedeutung, die mit fortschreitender Zeit und mit dem Abklingen der bayerisch-salzburgischen Auseinandersetzung zusehends wichtiger wurde. In Anbetracht der Nutzung als Verwaltungszentrum und Wohngebäude für hochrangige herzogliche Beamte musste auch der Komfort der Burg durch architektonische Auflockerung angepasst werden und erhielt somit schlossähnliche Elemente. Von 1809 bis 1866 diente die in den Stadtmauergürtel eingebundene Anlage als Garnison. Durch diese Bindung an die Stadt wurde die Burg in sechs Jahrhunderten mehrmals in kriegerische Konflikte einbezogen, von denen hier der Angriff durch den Bischof von Olmütz 1266 oder die Auseinandersetzung während des bayerischen Erbfolgekrieges 1505 und schließlich 1809 die Belagerung durch Tiroler Freiheitskämpfer zu nennen sind. Burg Gruttenstein befindet sich heute in Privatbesitz und kann nur von außen besichtigt werden.

Burg Gruttenstein, Bad Reichenhall

Schloss Baumgarten

84378 Baumgarten/
Gem. Dietersburg
Landkreis Rottal-Inn

Nördlich von Pfarrkirchen steht der Stammsitz der 1338 ausgestorbenen Edlen von Baumgarten, der bis zum 15. Jahrhundert mehrfach den Besitzer wechselte. Ab Mitte des 15. bis Mitte des 17. Jahrhunderts waren die Pienzenauer hier ansässig. Das heutige Schloss, im Wesentlichen aus dem 16. Jahrhundert, wurde später verändert. Zusammen mit der östlich vorgelagerten spätbarocken Schlosskirche bildet die Anlage eine malerische Baugruppe in Hanglage am Rand des Ortes. Das Schloss umschließt einen kleinen Rechteckhof mit Arkaden und in der Nordwestecke steht ein massiger quadratischer Turm. Zwei weitere kleinere Türme zieren die Nordseite. Der Zugang befindet sich östlich und führt über eine Brücke über den Schlossgraben. Die katholische Schlosskirche St. Bartholomäus in spätbarocken Formen entstand 1796 anstelle einer früheren Kapelle. Die Innenausstattung weist einen klassizistischen Stil der Bauzeit auf. Die Anlage befindet sich in Privatbesitz.

Schloss Baumgarten

Schloss Bedernau

87739 Bedernau/
Gem. Breitenbrunn
Landkreis Unterallgäu

Schloss Bedernau liegt südlich von Krumbach und südöstlich von Babenhausen auf einer Erhöhung nordwestlich der Kirche. Die umgebende Stützmauer der bestehenden Anlage, vermutlich aus dem 16. Jahrhundert, wurde im späten 19. Jahrhundert erneuert. Ein Umbau erfolgte in den Jahren 1764/65 unter Joseph Ignaz von Kretz, wobei wohl die Ringmauer mit ihren Türmen abgebrochen wurde. Seit 1782 ist das Schloss Besitz der Freiherren von Castell. Starke Veränderungen im Inneren erfolgten von 1966 bis 1968. Dem Betrachter zeigt sich ein kubischer Bau von drei Geschossen mit einem Pyramidendach und nördlich rechteckigem Mittelrisalit mit Treppenhaus. An den beiden Nordecken befinden sich freistehende niedrige Rundtürme mit Kegeldächern, vermutlich von 1810/11, die mit dem höheren Hauptbau durch Übergänge verbunden sind. Südöstlich befindet sich eine kleine Brücke zum Gang vor dem Herrschaftsoratorium der Kirche. Über dem Graben an der Südseite des Schlosses liegt eine weitere Brücke vom Ende des 19. Jahrhunderts mit neubarocker Balustrade. Das Schloss ist in Privatbesitz und nur äußerlich zu betrachten.

Schloss Bedernau

Königliches Schloss und Jagdschloss Berchtesgaden Schloss Adelsheim

83471 Berchtesgaden
Landkreis Berchtesgadener Land

Im landschaftlich beeindruckenden Berchtesgadener Land, ganz im Südosten Bayerns nahe der österreichischen Grenze südlich von Salzburg, stehen in Berchtesgaden drei Schlösser. Das **Königliche Schloss** ging aus dem 1102 bis 1105 gegründeten ehemaligen Augustiner-Chorherrenstift hervor und war vom 12. bis 18. Jahrhundert Regierungssitz der Berchtesgadener Landesherren. Die bayerischen Könige kamen oft zu Jagden in diese Region. Die romanisch-gotische Basilika neben dem Schloss, heute bezeichnet als Stiftsgebäude, wurde ab 1180 erbaut. Ab dem Jahre 1532 wurde das Schloss im Renaissancestil ausgebaut. Die Wittelsbacher Kurfürsten und Erzbischöfe von Köln regierten von 1594 bis 1723 das Kloster. 1725 und 1781 bis 1784 gestalteten die Stuckateure Joseph Höpp aus Burghausen und Peter Pflauder aus Salzburg die Fassaden. Nach der Säkularisation 1803 übernahm 1810 die bayerische Krone das Schloss. In dieser Zeit war es beliebter Jagd- und Sommersitz und wurde deshalb als „Königliches Wohnschloss" bezeichnet. Von 1887 bis 1912 war Prinzregent Luitpold als alljährlicher Jagd-

Jagdschloss Berchtesgaden

Königliches Schloss Berchtesgaden

herr im Berchtesgadener Land. Heute bietet das eingerichtete Museum eine reiche Ausstattung, die vom Wittelsbacher Kronprinzen Rupprecht zusammengetragen wurde, der hier von 1922 bis 1933 mit seiner Familie lebte. Die Führungen vermitteln einen Einblick in die Vielfalt unterschiedlichster Stilepochen und gleichen einem Streifzug durch die Kunstgeschichte von der Romanik mit dem Kreuzgang, über Gotik, Barock und Rokoko bis zum Biedermeier. In den Ausstellungsräumen werden unter anderem Prunkrüstungen, Waffen, Jagdtrophäen, darunter der stärkste bayerische Hirsch mit 18,3 kg Geweihgewicht, sowie Empire- und Biedermeiermöbel und Gemälde gezeigt. Vom Rosengarten hat man einen herrlichen Blick auf das Watzmannmassiv. Das Rehmuseum in der Stallung des Schlosses zeigt die wissenschaftliche Ausbeute der Wildforschungen von Herzog Albrecht von Bayern, für die er die Ehrendoktorwürde erhielt.

Das **Jagdschloss**, auch königliche Villa genannt, besitzt seitliche Giebelrisalite und einen überhöhten Mittelteil mit Loggien. Erbaut wurde es 1849

durch König Maximilian II. Westlich des alten Marktzentrums am Fuße des Kälbersteins gelegen, wurde es 1853 bezogen. Es war das erste Gebäude im Villenstil in Berchtesgaden. Maximilian II. hat die Villa für sich als eigenständige Residenz errichten lassen, um die Unabhängigkeit von seinem Vater Ludwig I. zu unterstreichen. Ihm stand nach dessen Abdankung aber auch das Wohnrecht im königlichen Schloss in Berchtesgaden zu.

Im **Schloss Adelsheim**, nördlich vom Zentrum gelegen, befindet sich ein Heimatmuseum. Hier können die Besucher die Beinschnitzerei, das Holzhandwerk und die Sammlung des Volkskundlers Prof. Dr. Rudolf Kriss sowie eine Ausstellung zu 500 Jahren Holzbildhauerei in Berchtesgaden besichtigen.

Schloss Adelsheim, Berchtesgaden

Schloss Blaibach

93476 Blaibach
Landkreis Cham

Der Schlossgasthof ist das älteste Gebäude in Blaibach, das südöstlich von Cham bei Bad Kötzting zu finden ist. Um 1370 trat ein Götlinger als erster Besitzer der Hofmark auf. Eine überlieferte Inschrift im Hauptraum des Erdgeschosses verweist darauf, dass Schloss Blaibach in den Jahren 1604/05 durch Wolf Albrecht Nothafft von Wernberg als Jagdschloss erbaut wurde. Das Geschlecht der Nothafft war von 1579 bis 1829 mit kurzer Unterbrechung Eigentümer der bestehenden Anlagen, wobei sich das Stammhaus in Wernberg bei Köblitz befand. Von 1672 bis 1678 begannen ein umfangreicher Innenausbau und der Bau der Wirtschaftsgebäude, die in den letzten Jahrzehnten zum großen Teil um- bzw. neu gebaut wurden. Seit 1850 war das Schloss in vierter Generation im Besitz der Familie Rösch, die hier bis 1933 eine eigene Brauerei hatte. Im Jahre 1974 wurde mit einem Pensionsbetrieb mit zwei Zimmern begonnen und von 1974 bis 1978 das Haupthaus renoviert, dem weitere Umbauten von 1983 bis 2000 folgten. Dem Besucher zeigt sich heute ein zweigeschossiger Treppengiebelbau mit rundbogigem Eingang, in dessen Erdgeschoss sich ton-

Schloss Blaibach

nengewölbte Räume mit ineinander greifenden Stichkappen und Wandpfeilern befinden. Im Flur des Obergeschosses zeigt sich eine originale Holzdecke mit Unterzug. Als Wohlfühloase mit Friseur, Wellness, Maniküre und Pediküre zieht es die Besucher an.

Deutschordensschloss Blumenthal

86551 Blumenthal/
Stadt Aichach
Landkreis Aichach-Friedberg

Die imposante Anlage des Deutschordensschlosses liegt südlich von Aichach malerisch an der Ecknach. 1384 verlegte man die Deutschordenskommende von Aichach nach Blumenthal, das bis zur Auflösung 1805 Sitz des Komturs war. Im Jahre 1806 ging es an die Fugger und ist seit 1872 zur Fürstlichen und Gräflichen Fuggerschen Stiftungsadministration gehörig. Die aus zahlreichen Gebäuden unterschied-

Deutschordensschloss Blumenthal

licher Zeit und Form bestehende Anlage umschließt einen weiten, unregelmäßig quadratischen Hof. Vom eigentlichen Schloss, einem vierflügeligen, von Wassergräben umgebenen Bau aus der zweiten Hälfte des 16. Jahrhunderts, ist lediglich der Südflügel erhalten geblieben, in dem sich die ehemalige Schlosskapelle befindet, heute katholische Kirche St. Maria. Diese wurde 1720 unter Komtur Johann Franz von Weichs umgestaltet. Das heutige Schloss in der Südwestecke entstand 1861/62 und wurde ab 1949 um das zweite Geschoss mit Walmdach erhöht. Die polygonalen Ecktürme stehen unter Zwiebelhauben. Ab 1952 befand sich hier ein Altersheim, das um 2005 aufgelöst und als Wohnanlage vermietet wurde. Zu besonderen Anlässen werden Veranstaltungen im Hof durchgeführt und in einem Nebengebäude befindet sich eine Gaststätte.

Schloss Brannenburg

83098 Brannenburg
Landkreis Rosenheim

Das heute als Privatschule genutzte Schloss mit der gepflegten Parkanlage, südlich von Rosenheim im Inntal am Fuße des Wendelsteins gelegen, war früher ein bayerischer Adelssitz und wegen der herrlichen Lage besonders bevorzugt. Es entstand von 1872 bis 1875 für Major Max Reinhardt unter Einbeziehung von Mauerteilen aus dem Jahre 1561. Schon immer gehörte der alte Ortskern als geschlossene Ortschaft zu Schloss und Hofmark Brannenburg. Herzog Heinrich hatte 1447 dem Erasmus Hanslanger Schloss und Pflegamt Brannenburg anvertraut. Im Jahre 1848 wurde das bis dahin bestehende Herrschaftsgericht aufgelöst. Gegen Ende des 18. Jahrhunderts und in der ersten Hälfte des 19. Jahrhunderts gab es hier eine bedeutende Künstlerkolonie mit den Malern Carl Rottmann, Carl Spitzweg, Wilhelm Busch, Karl Caspar und anderen. Es ist eine malerisch-romantische Anlage aus Haupt- und Nebengebäuden im Stile der englischen Hochgotik. Die

Schloss Brannenburg

Schlosskapelle Hl. Kreuz geht auf die Zeit um 1858 zurück. Das gesamte Anwesen befindet sich in Privatbesitz, kann aber äußerlich besichtigt werden.

Schloss Burgau

89331 Burgau
Landkreis Günzburg

Östlich von Günzburg, erhöht inmitten der Stadt Burgau, steht das heutige Schloss. 1147 erstmals urkundlich erwähnt wurden hier die „Herren von Burguo" und vermutet wird, dass die Entstehung der „Burg ob der Au" um 1100 einzuordnen ist. Die Edlen wurden 1212 zu Markgrafen geadelt und waren in Gefolgschaft von Kaiser Friedrich II. vertreten. Im Jahre 1324 belagerte Kaiser Ludwig IV. der Bayer vergebens Stadt und Burg. Harte Zeiten hatte die Region im Bauernkrieg 1525, im Dreißigjährigen Krieg und im Spanischen Erbfolgekrieg zu überstehen. Nach einem Brand von 1704 wurde das Schloss 1720 auf mittelalterlicher Grundlage erneuert. Burgau kam 1806 zum Königreich Bayern. Der Lehrer Norbert Schuster richtete 1908 im Schloss das erste Heimatmuseum ein, danach wurde es als Schule genutzt. Eine Außenrestaurierung erhielt die Anlage ab 1972. Heute zeigt sich ein polygonal geschlossenes Gebäude mit dreigeschossiger Hoffassade und Walmdach an der Nordseite und ein von Pilastern flankiertes Südportal mit Sprenggiebel. Im Jahre 1986 wurde in acht Räumen das städtische Museum mit heimatkundlichen Sammlungen, Geräten des Handwerks und Zunftwesens sowie der Torfwirtschaft eingerichtet. Ergänzt wird diese Ausstellung durch eine Münz- und Medaillensammlung, Zinngefäße, Fayencen, Trachten und Zeugnisse der Ortsgeschichte.

Schloss Burgau

Burg Burghausen

84489 Burghausen

Landkreis Altötting

Die Burganlage erstreckt sich über eine Länge von 1043 Metern und gehört zu den bedeutendsten ihrer Art in Mitteleuropa. Gelegen ist sie auf einem lang gestreckten Bergsporn über der Stadt und der Salzach, die zugleich die Grenze zwischen Deutschland und Österreich bildet. Auf österreichischer Seite wurde ein Plateau geschaffen, von dem man einen herrlichen Blick auf die Gesamtanlage hat. Das heutige Erscheinungsbild ist im Wesentlichen das Ergebnis ausgiebiger Um- und Ausbauten im späten 15. Jahrhundert, das die strategische Bedeutung der Landesfestung erkennen lässt. Im 13. Jahrhundert war die Burg die Zweitresidenz der Herzöge von Bayern-Landshut. Herzog Heinrich XIII. war es, der nach der bayerischen Landesteilung 1255 wesentliche, bis heute erhaltene Teile der Burg errichten ließ. Die wichtigste Bauperiode unter den niederbayerischen Herzögen, auch die „Reichen Herzöge" genannt, vollzog sich von 1393 bis 1503. Als die Witwe Herzog Friedrichs auf der Burg wohnte, war hier Ludwig der Gebartete von Bayern-Ingolstadt als Gefangener untergebracht.

Burg Burghausen

Das gleiche Schicksal ereilte den schwedischen Feldmarschall Graf Horn auf Burghausen. Auch die nachfolgenden Gemahlinnen wurden nach Burghausen von den Herzögen verbannt, deren bekannteste die polnische Königstochter Hedwig, die Braut der legendären Landshuter Hochzeit von 1475, war. In Bezug auf die Baugeschichte der Anlage ist weiterhin Georg der Reiche zu nennen, der aufgrund der Türkengefahr die Burg gegen Ende des 15. Jahrhunderts zur heutigen Größe und Stärke ausbauen ließ. Festungsbaumeister

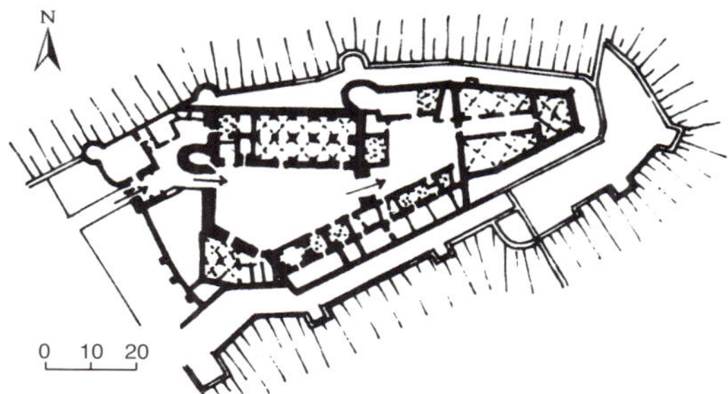

Burg Burghausen, Grundriss Innerer Schlosshof

Burghausen

Burg Burghausen

Ulrich Pesnitzer und andere Meister der Spätgotik hatten ihn dabei beraten. Als die Burg ihre Bedeutung als Festung verlor, wurde sie ab 1781 Sitz der Grenzkommandantschaft. Die barocke Außenbefestigung von 1600 hat man nach 1800 geschliffen. Weitere Abbrüche folgten periodischen Renovierungen. Der Palas ist das Kernstück der Hauptburg und die ältesten Teile stammen aus der zweiten Hälfte des 13. Jahrhunderts. Der Dürnitzstock gehört zum Baukonzept Heinrichs XIII. nach der Mitte des 13. Jahrhunderts. Nahtlos schließt sich ein großer Rechteckbau an die Kapelle mit Grabendächern und einem Zinnenkranz an. Unter Herzog Georg dem Reichen wurde im späten 15. Jahrhundert anstelle eines romanischen Vorgängerbaus, vermutlich durch den Baumeister Ulrich Pesnitzer, der Bergfried neu errichtet und mit dem Dürnitzstock verbunden. Im Hofwinkel vor der Kapelle liegt der Schatzkammerbau, bezeichnet mit der Jahreszahl 1484. Die Vorburg erstreckt sich über sechs Höfe und wurde ebenfalls von Vorgenanntem errichtet. Markant für diese Zeit sind die kurzen, zylindrischen Rundtürme mit steilen Kegeldächern. Die Abschnittsburg besteht mit ihrer Länge von über einem Kilometer aus sechs einzelnen Burgen. Heute beherbergt sie zwei Museen, das Burgmuseum im Palas und das Stadtmuseum in der Kemenate. Besucher der Burg werden mit einem Elektrofahrzeug zu den einzelnen Bauwerken gefahren.

Burg Burglengenfeld

93133 Burglengenfeld
Landkreis Schwandorf

Die weitläufige Burganlage ist südlich Schwandorfs, auf halber Strecke nach Regensburg, über der Stadt auf einem nach Westen gerichteten bergförmigen Vorsprung des Höhenplateaus am linken Ufer der Naab, zu finden. Es ist eine der ausgedehntesten romanischen Burganlagen Bayerns, mit vollständig erhaltenem Bering des 12. Jahrhunderts, ehemals mit Wehrgang versehen. Im 10. Jahrhundert wurde die erste Anlage einer Fliehburg errichtet, in die 1091 ein Bergfried durch die Herren von Lengenfeld gesetzt wurde. Die Ursprünge der Grafen von Lengenfeld und damit wohl auch der Burg lassen sich bis in die Mitte des 11. Jahrhunderts zurückverfolgen. Nach dem Tode Friedrichs III. erbte 1119 sein Schwiegersohn, Pfalzgraf Otto V. von Wittelsbach, die Burg, der sie von 1123 bis 1146 ausbauen ließ. Im Jahre 1172 ist eine erste urkundliche Erwähnung als „Castrum Lenginveldt" nachweisbar, und ab 1255 wurde Burg Lengenfeld mit Sitz eines Viztumamtes zum Zentrum des Nordgaues. Um- und Ausbauten erfolgten im 14./15. Jahrhundert. Im Landshuter Erbfolgekrieg 1504 wurde die Anlage gebrandschatzt und 1542 erhob man unter der Herrschaft von Pfalz-Neuburg Burglengenfeld zur Stadt. Erneut fiel die Herrschaft den Schweden zum Opfer, die sie in der Zeit von 1634 bis 1641 zerstörten. Bayern kam 1777 in ihren Besitz, worauf die Kernburg von 1806 bis 1814 abgebrochen wurde, bis der Kronprinz Ludwig Einhalt gebot und Sicherungsmaßnahmen eingeleitet wurden. Ab 1864 wurde mit Wiederherstellungsmaßnahmen begonnen. Dort, wo einst der Adel herrschte, richtete man von 1874 bis 1938 eine Anstalt für Verwahrloste ein, danach wurde die Burg Hitlerjugendheim, später Krankenhaus und Pflegeheim. Im Jahre 1967 ersteigerte Erich Heuser die Anlage und gründete ein heilpädagogisches Jugendheim, was an der Burganlage Veränderungen zur Folge hatte.

Die Zufahrt in den ehemaligen äußeren Burghof befand sich im Osten durch das Torhaus mit quadratischem romanischem Turm und spätgotischem

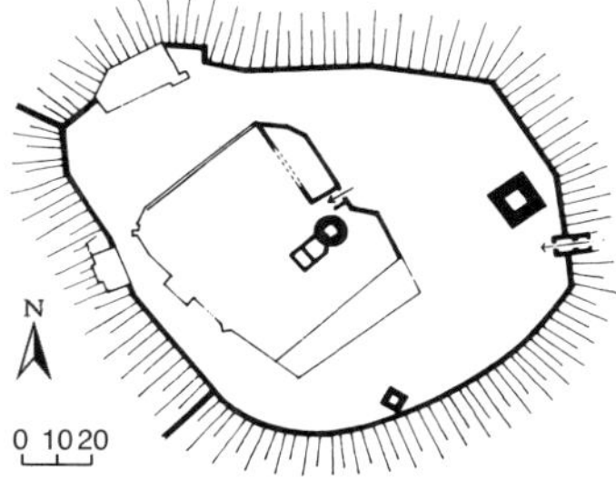

Burg Burglengenfeld, Grundriss

Vorbau, einst mit einer Schlagbrücke. Zur Deckung von Eingang und Angriffsseite diente der mächtige quadratische, um 1100 errichtete Bergfried, der sogenannte Sinzenhofer Turm. In unmittelbarer Nachbarschaft stand der ehemalige Zehentkasten, auch Zeughaus genannt, ein breiter gotischer Satteldachbau. Von der Stadtseite im Südwesten befand sich ein zweiter Zugang zur Burg, und an der Südostseite, nahe der Ringmauer, der sogenannte Pulverturm. Von der erhöht auf dem Plateau gelegenen inneren Burg, deren Bauten Alte und Neue Dürnitz, Schlosskapelle, Neuer Bau mit Fürstenzimmern den inneren Hof ehemals vollständig umschlossen, steht noch ein vorgelagerter runder Bergfried aus der ersten Hälfte des 12. Jahrhunderts.

Burg Burgrain

84424 Burgrain/Markt Isen
Landkreis Erding

Die von Bischof Atto von Freising um 800 gegründete Burg liegt zwischen Erding und Wasserburg, westlich von Haag in Oberbayern. Im Jahre 1025 wurden Burgrain und Isen der Kaiserinwitwe Kunigunde zur Nutzung übergeben. Zum Schutze errichteten die Erzbischöfe von Freising nach 1200 einen Bergfried. Von 1412 bis 1443 erfolgte eine Erweiterung der Burganlage. Dominikus Gläßl, Hofmaurermeister in Freising, errichtete 1719 die Schlosskapelle St. Georg im barocken Stil. Die Ausstattung aus der Erbauungszeit erfolgte durch Münchner und Freisinger

Burg Burglengenfeld

Hofkünstler. Der Laub- und Bandelwerkstuck sowie die Stuckkanzel sind von Nikolaus Lichtenfurtner und der Hochaltar von Franz Steffaner. 1802 wurde die Burg veräußert und darauf stark verändert. Beherrschend auf einem Höhenzug über dem Isental gelegen zeigt sich die Anlage, deren Südseite durch Halsgräben und Abschnittswälle gesichert ist. Der älteste Teil der Burg aus der Frühzeit des 13. Jahrhunderts ist der Bergfried in der Mitte der Südseite, der mit seinem Unterbau bis zu einer Höhe von 11,50 Metern gut erhalten ist. Die jetzigen Wohn- und Wirtschaftsgebäude wurden im 19. Jahrhundert erneuert. Die Gesamtanlage befindet sich in Privatbesitz und ein Zugang ist nicht möglich.

Burg Burgrain

Schloss Dachau

85221 Dachau
Landkreis Dachau

Die erste Sommerresidenz des Hauses Wittelsbach steht auf einer Erhebung der Stadt, die nordwestlich von München liegt. Von der Terrasse des Hofgartens hat man an klaren Tagen eine Aussicht bis zu den Alpen. Die erste, wohl eine hölzerne Burganlage war Sitz der Grafen von Dachau, einer Nebenlinie der Grafen von Scheyern, und wurde ab dem 11. Jahrhundert vermutlich am Giglberg in Mitterndorf und 1143 an der Wieningerstraße errichtet. Nach ihrer Zerstörung von 1403 legte man eine steinerne Burg auf der Anhöhe des heutigen Schlossberges an. Im Jahre 1546 wurde sie unter Herzog Wilhelm IV. und nochmals entscheidend 1558 bis 1577 unter Albrecht V. zu einem vierflügligen Renaissanceschloss umgebaut. Ausgeführt haben den Bau die Münchner Hofbaumeister Heinrich Schöttl bis 1570 und Wilhelm Egkl. Sehenswert ist der Festsaal mit prachtvoller Holzdecke aus verschieden gefärbten Hölzern, die der Müchner Hofkistler Hans Wiesreutter in den Jahren 1564 bis 1566 schuf und die heute zu den bedeutendsten Renaissancedecken Deutschlands zählt. Unter König Max Joseph I. von Bayern wurden 1809 drei der vier Schlossflügel abgerissen

Schloss Dachau

und nur der von Effner gestaltete barocke Festsaaltrakt blieb erhalten. Er wird nach der Restaurierung von 1978 heute für Konzerte und Festlichkeiten genutzt. Der mit unzähligen verschiedenen Rosenarten und weiteren Blumen sowie Grüngewächsen gestaltete Hofgarten zieht die Besucher in seinen Bann. In Terrassen gegliedert blieb er seit seiner Entstehung ab 1572 trotz wiederholter Umgestaltungen im Wesentlichen erhalten. Von mehreren Pavillons des 16. Jahrhunderts sind nur drei erhalten. Max III. Joseph ließ ab 1765 den hinteren Parkteil zum „Englischen Garten“ mit Staffagen neu gestalten, worauf spätere Veränderungen und die Aufgabe der unteren Gartenteile folgten.

Schloss Dillingen a. d. Donau

89407 Dillingen a. d. Donau
Landkreis Dillingen a. d. Donau

Am alten Kern der Kreisstadt, die zwischen Donauwörth und Günzburg liegt, steht die Schlossanlage. Die Grafen von Dillingen waren vom 10. bis 13. Jahrhundert einflussreiche Machthaber an der schwäbischen Donau. Schon im 10. Jahrhundert bestand hier eine Wehranlage zur Sicherung des Landes gegen die Ungarngefahr, die von den Hupaldingern, den späteren Grafen von Dillingen, bewohnt wurde. Eine erste steinerne Burg mit zwei quadratischen Bergfrieden und einem mittleren Palas entstand in der ersten Hälfte des 12. Jahrhunderts. Im Jahre 1258 ging die Festungsanlage in den Besitz des Hochstifts Augsburg über und wurde später bischöfliche Residenz. Ab der ersten Hälfte des 15. Jahrhunderts war hier der Sitz der Verwaltungs- und Gerichtsbehörde für das ganze Hochstift sowie die Regierung mit Hofkammer und Lehnhof. Bischof Peter I. von Schaumberg führte um 1450 einen umfassenden Umbau durch, dem von 1485 bis 1605 unter Kardinal Otto Truchseß von Waldburg eine Umwandlung der mittelalterlichen Wehrburg zur Renaissanceanlage folgte. Unter ihm entstand die Umgestaltung des vorhandenen Treppenturms im Hof zur Reitertreppe, die Bebauung der noch freien Südmauer im Anschluss an den Westflügel sowie der Anbau des Rundturms an der Südwestecke unter Leitung von Jos Riepp von 1554 bis 1556. Nach den 1595 erlittenen beträchtlichen Brandschäden baute Mayr 1596/97 im Auftrag von Bischof Otto von Gemmingen die Anlage wieder auf. Unter Bischof Johann Franz Schenk von Stauffenberg gestaltete Johann Caspar Bagnato 1737 bis 1740 den eleganten Ehrenhof und die Torhalle im Norden. Nach der Säkularisation war das Schloss zunächst Archiv, dann zeitweiliger Aufenthalt der königlichen Familie. Das Schloss hat trotz Umbaumaßnahmen stets seinen mittelalterlichen Wehrcharakter beibehalten. Die weithin die Donauebene beherrschende Anlage besteht aus vier ungleichen drei- bzw. viergeschossigen Flügeln, in denen sich heute das Finanzamt befindet.

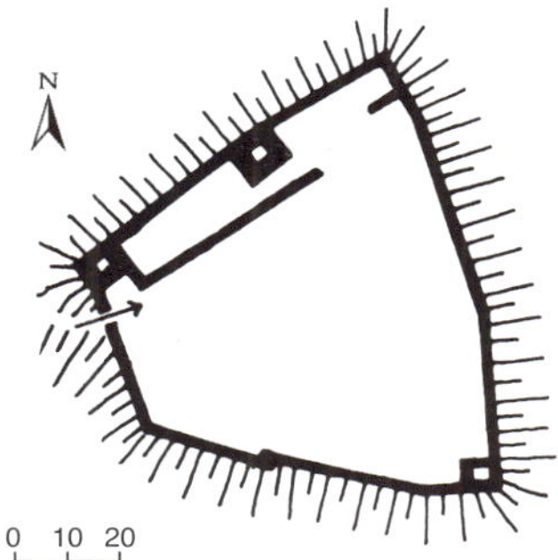

Schloss Dillingen, Grundriss

Schloss Dillingen

Herzogsburg Dingolfing

84130 Dingolfing

Landkreis Dingolfing-Landau

Der ehemalige zweigeschossige, reich gegliederte Herzogshof mit Treppengiebeln liegt oberhalb des Stadtzentrums. Von der Burg Ottos II. aus der Mitte des 13. Jahrhunderts ist heute nichts mehr vorhanden. Die Herzogsburg stammt aus der zweiten Hälfte des 15. Jahrhunderts. Die als Schauseite ausgebildete Westfassade ist ein besonders prächtiges Beispiel spätgotischer Profanarchitektur und besitzt eine reiche Fassadengliederung, Treppengiebel, Lisenen sowie eine restaurierte Bemalung aus dem 15. bis 18. Jahrhundert. Das stichbogige Portal ist mit profiliertem Gewände gestaltet. Im Jahre 1483 erweiterte man den Bau um eine Fensterachse nach Süden. Im Obergeschoss liegt die sogenannte Kapelle, ein Raum mit Kreuzrippengewölbe. Bis 1603 diente der Bau den Landesherrn als zeitweiliger Aufenthalt und Beamten als Dienstwohnung. Später ging er in Adelsbesitz über. Nachdem die Burg 1777 zeitweilig als Bierkeller genutzt wurde, richtete man fast 200 Jahre später, 1959, ein Heimatmuseum ein. Von 1996 bis 1999 erfolgte eine Generalsanierung und Neuausstattung. Zurzeit befindet sich die Herzogsburg wieder in Rekonstruktion und wird erweitert.

Herzogsburg Dingolfing

Burgruine Donaustauf

93093 Donaustauf

Landkreis Regensburg

Die weithin sichtbare Burgruine östlich von Regensburg wurde unter Bischof Tuto erstmals erwähnt. Die bestehende Anlage, vermutlich um 1200 mit Errichtung des Bergfrieds, stammt wohl aus der Zeit des Bischofs Reginward. Sie wurde jahrhundertelang umkämpft und wechselte häufig den Besitzer. Im Jahre 1355 wurde sie durch den Bischof von Regensburg an Kaiser Karl IV. verpfändet, der sie 1373 an die Wittelsbacher abtrat. Im Besitz der Freien Reichsstadt Regensburg ab 1385 verstärkte diese die Befestigung und hielt 1388 mit 170 Mann der Belagerung durch Bayern stand. Nachdem 1488 die Burg dennoch in bayerischen Besitz kam, ließ 1610 Herzog Maximilian I. sie erneut befestigen und mit Bastionen ausbauen. Der Plünderung und Schleifung durch die Schweden 1634 war die Anlage nicht gewachsen, sie wurde dem Verfall preisgegeben. Die Ruine kam 1812 an den Fürsten Thurn und Taxis und seit 1986 ist sie Eigentum der Gemeinde Donaustauf, die seit 1997 umfangreiche Erhaltungsmaßnahmen vornimmt. Die Burg war eine romanische Abschnittsburg und ungewöhnlich stark befestigt mit insgesamt fünf übereinander angelegten Torbauten und Zwingern in der westlichen Berghälfte. Am höchsten Punkt lag die Hauptburg mit Palas und Torturmkapelle, von weit her aus der Donauebene sichtbar. Erhalten geblieben sind von der Burgkapelle die Nord- und Westmauer mit halbrunden Wandnischen.

Burgruine Donaustauf

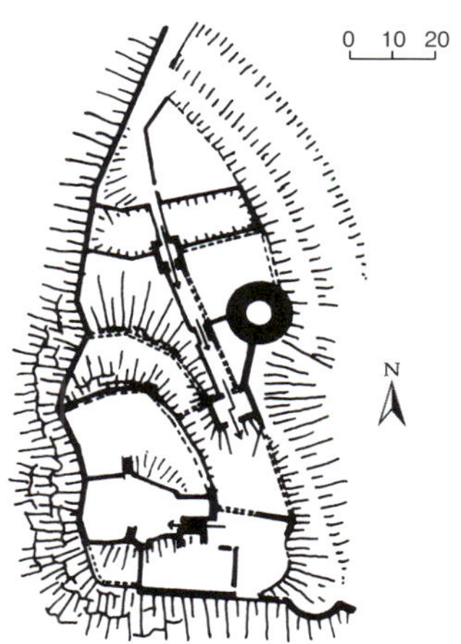

Burgruine Donaustauf, Grundriss

Schloss Eberstall

89343 Eberstall/
Markt Jettingen-Scheppach
Landkreis Günzburg

Das Schloss, bei Pferdeliebhabern und Reitsportlern weithin bekannt, liegt südlich von Jettingen. Die belegte Geschichte beginnt mit den Edlen von Eberstall, im Mittelalter eines der bedeutendsten Adelsgeschlechter Schwabens und nur dem deutschen König bzw. Kaiser zu Treue und Gefolgschaft verpflichtet. Darüber hinaus fungierten sie von 1160 bis 1294 als Schirmvögte über das Kloster Roggenburg im heutigen Landkreis Neu-Ulm. Doch mit dem Verfall des Staufer-Kaisertums büßten sie Mitte des 13. Jahrhunderts ihre hervorgehobene Stellung ein und mit dem Kampf der Zentralmacht im Heiligen Römischen Reich vollzog sich der Niedergang der Edlen von Eberstall. Erwähnt wurde der Sitz 1268. Die 1296 im bayerischen Besitz befindliche Burg wurde in die Auseinandersetzungen zwischen dem Augsburger Bischof und dem Markgrafen von Burgau einbezogen, eingenommen und schließlich gebrandschatzt. Im 15. Jahrhundert wird Eberstall als Veste des Herzogs erwähnt, nachdem sie wieder aufgebaut und erneut zerstört wurde. In der Folge wurden hier die Ritter von Seckendorf, von Schellenberg, von Knöringen und die Junker von Lichtenau nachgewiesen. Mit den Freiherren von Stain, die die Anlage 1504 ihrem Besitz in Jettingen hinzufügten, kehrte wieder mehr Ruhe ein. Im Jahre 1730 ging Eberstall an die Stauffenberger, die es nach 1747 mit Jettingen vereinten. Mit dem Tode von Graf Klemens starb 1833 die Wülfinger Linie der Schenken von Stauffenberg aus und die Amerdinger Linie trat die Erbfolge an. Der König von Bayern belehnte seinen Innenminister, den Fürsten von Oettingen-Wallerstein, mit Eberstall, und obwohl sich die Stauffenberger ernsthaft dagegen wehrten, kamen sie erst 1846 durch Rückkauf wieder in den Besitz des Gutes. Danach wurde der Besitz bis in das 20. Jahrhundert hinein teils verpachtet und teils für die eigene Landwirtschaft genutzt. Das mit Renaissancegie-

Schloss Eberstall

Schloss Edelstetten

beln geschmückte Schloss, ein Glanzpunkt herrschaftlicher Architektur, diente einst als Wohnung für den angestellten Jäger und bis 1927 für den Schlosskaplan. Das hier befindliche herrschaftliche Archiv wurde 1966 als Leihgabe an das Staatsarchiv Sigmaringen übergeben. Die Stallungen und das Gartengelände mietete der Reit- und Fahrverein Jettingen an und nutzt den Reitstall und Turnierplatz sowie die unterhalb gelegene Reit- und Dressurhalle. 1983 kaufte der Ulmer Norbert Löhlein das Schloss vom damaligen Eigentümer Graf von Stauffenberg, ließ es aufwendig mit der dazugehörigen St.-Anna-Kapelle sanieren und rettete es vor dem Verfall. Mehr als 20 Jahre wohnte die Familie im Schloss, bis es erneut als privater Wohnsitz veräußert wurde.

Schloss Edelstetten

86476 Edelstetten/
Markt Neuburg a. d. Kammel
Landkreis Günzburg

Die Fürstlich Esterhazy'sche Domänenverwaltung, deren Orts- und Klostername früher auch Ettlstetten lautete, liegt nördlich von Krumbach. Die erste urkundliche Erwähnung des gewaltigen Baus und der umfangreichen Gesamtanlage fällt in die Mitte des 12. Jahrhunderts. Im Jahr 1804 erwarb Fürst Nikolaus Esterhazy von Galantha das ehemalige adlige Damenstift mit der Stiftskirche St. Johannes Baptist und Johannes Evangelist und das Stiftsgebäude, welches seither als Schloss genutzt wird. Damit wurde Edelstetten zu einer

Reichsgrafschaft, doch 1806 fiel sie an das Königreich Bayern. Lediglich das Schloss mit seinen Besitzungen verblieb bis heute den Fürsten Esterhazy. Als im Jahre 1848 die Bauern ihre Freiheit erlangten, ging darauf auch die bis dahin bestehende Grundherrschaft auf den bayerischen Staat über. Eine Besichtigung des Schlosses ist nur äußerlich möglich.

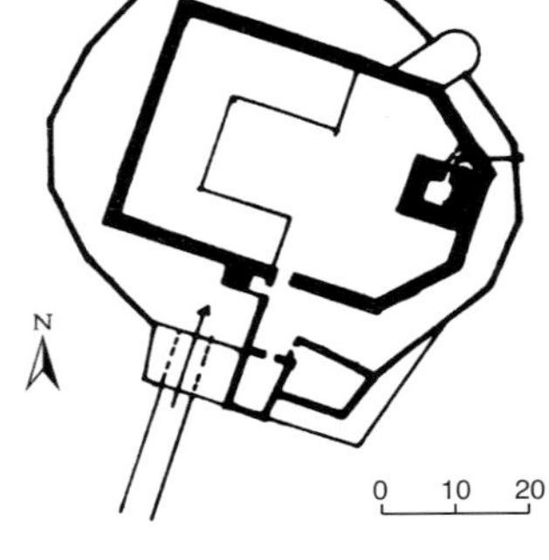

Schloss Egg, Grundriss

Schloss Egg

94505 Egg/Gem. Bernried
Landkreis Deggendorf

Das nördlich von Deggendorf in romantischer Lage stehende Schloss ist wohl die älteste und heute noch vollkommen erhaltene Burganlage in den Vorbergen des Bayerischen Waldes. Die vermutlich im 11. Jahrhundert gegründete Burg Egg diente von 1103 bis 1403 den Rittern von Eckh, Ministerialen der Grafen von Bogen, als Stammsitz. Im Jahre 1403 starb diese Familie aus und vielfache Besitzerwechsel waren die Folge. Im 18. Jahrhundert gelangte die Burg an die Familie Armansperg. Josef Ludwig Graf von Armansperg, den König Ludwig I. zum Kämmerer und Staatsminister erhoben hatte, zog sich 1837 auf seine Güter Loham und Egg zurück. Von 1839 bis 1842 ließ er die Burg nach Plänen von Ludwig Folz aus Regensburg ausbauen und durch Beseitigung von Nebengebäuden freilegen. Das Äußere der Anlage wurde durch die dekorativen neugotischen Zutaten wie Giebel, Erker und Türmchen in praktizierter Burgenromantik stark umgeprägt. Der gewaltige Hungerturm ist mit 45 Metern der höchste in ganz Bayern. Auch zur Dekoration und Möblierung des Schlosses dienten Pläne von Folz, die noch weitgehend erhalten sind. 1939 kam die Familie des Konsuls Georg Luitpold Hartl in den Besitz des Schlosses. Es wurde ein Hotelbetrieb eingerichtet und Festlichkeiten wie Hochzeiten und andere Veranstaltungen ausgerichtet. Das Schloss-Hotel befindet sich im 1589 gebauten Wirtschaftstrakt zu Füßen des Schlosses. Die musealen Einrichtungen, alle Festsäle, der Spiegelsaal, Roter und Blauer Salon, Rittersaal, Spielsaal und ein prunkvoller Konzertsaal versetzen die Besucher in eine Märchenwelt. Der 45 Meter hohe Burgturm kann bestiegen oder im Innern ein Verlies sowie eine Folterkammer besichtigt werden. Ein kleines Archiv gibt Aufschluss über die historischen Begebenheiten. Die romantische Burgkapelle lädt zum stillen Gebet ein.

Schloss Eichhofen

93152 Eichhofen/
Gem. Nittendorf
Landkreis Regensburg

Westlich von Regensburg, im Tal der Schwarzen Laber, liegt das Schloss im Ort Eichhofen, ein spätgotisches Giebelhaus. Im Kern an der Westseite steht eine romanische Kapelle, ehemals zur oberhalb gelegenen Burg

Schloss Egg

Schloss Eichhofen

Loch gehörend. Auf Leonhard Sauerzapf, der Eichhofen 1560 erwarb, geht der bestehende Schlossbau zurück. Dessen Ehewappen Sauerzapf-Rosenbusch, um 1600, ist über dem Hauptportal an der Ostfassade angebracht. Ein Umbau erfolgte unter Freiherrn W. von Rosenbusch und die neugotische Umgestaltung vollzog 1866 Ludwig Foltz. Seit 1936 ist das Schloss im Besitz der Familie von Braunbehrens, die es 1939 durch den Architekten Steinbach aus Aachen renovieren und dabei die neugotischen Bestandteile entfernen ließ. Es ist ein Traufseitenbau in Hanglage mit polygonalem Eckturm und Eckerker. Nach Norden und Süden weisen Stufengiebel. Im Inneren ist die großzügige dreigeteilte Raumdisposition aus der Erbauungszeit um 1560 erhalten. Teile der Ausstattung des 18. Jahrhunderts sind noch vorhanden. Die Gartenanlage mit kleinem Pavillon des 19. Jahrhunderts ist von Mauern umgrenzt. Heute bietet die Familie Schönharting (Logopädin/Craniosacraltherapeut) therapeutische Begleitung und Unterstützung an, veranstaltet Seminare, Kurse und Schlosskonzerte während der bekannten Eichhofener Sommer und bietet Übernachtungen im Schloss an. Der Brauereigasthof ist für seine gute Küche bekannt.

Willibaldsburg, Fürstbischöfliche Residenz und Fürstbischöfliche Sommerresidenz Eichstätt

85072 Eichstätt

Landkreis Eichstätt

Begründet wurde die weithin sichtbare, im Altmühltal in beherrschender Lage am südöstlichen Rande der Kreistadt auf einer Bergzunge thronende **Willibaldsburg** 1355 durch Bischof Berthold von Zollern an der Stelle des heutigen Gemmingenbaus. Bis ins 14. Jahrhundert regierten die Eichstätter Bischöfe von der Stadt aus. Den Schutz des Bistums besorgten die Grafen von Hirschberg, die

1355 ausstarben. Erweiterungen an der Burg folgten durch die Bischöfe Friedrich von Öttingen und Martin von Schaumberg. Diese erfuhr eine bedeutende Umgestaltung zum Fürstenschloss im Auftrage Konrads von Gemmingen, der für das geplante Projekt den Augsburger Baumeister Elias Holl ab 1593 heranzog. Sie stellten die Burg, zusammen mit dem Augsburger Rathaus, in die Reihe der beeindruckenden Bauten der Renaissance in Deutschland. Nahezu uneinnehmbar wurde sie jedoch während des Dreißigjährigen Krieges 1633 nach Belagerung und Androhung der Brandschatzung von der Stadt aufgegeben. Mit Verlegung des Regierungssitzes unter Bischof Franz Ludwig Schenk von Castell in die Stadt verwaiste die Burg. Ab dem Jahre 1781 legte man ein Zuchthaus und Spital in die Bauten und obwohl diese gegen Ende des 18. Jahrhunderts noch weitgehend intakt waren, ließ man sie verfallen. Das Königreich Bayern übernahm die Burg 1806 und verkaufte sie an Privat-

Willibaldsburg, Eichstätt

leute, die sie 1829 erneut an den Staat gaben. Dieser nutzte um 1850 die Anlage als Kaserne und bereits 1870 wurden große Teile der Burganlage abgetragen. Seit 1962 ist die Willibaldsburg im Besitz der Staatlichen Schlösserverwaltung Bayerns und beherbergt ein Museum. Dem Besucher stellt sich die Willibaldsburg im Osten mit einer Vorburg und umschließendem Innenhof vor. Die erste Anlage stammt vom Ende des 14. Jahrhunderts, während das heutige Erscheinungsbild auf die Zeit unter Bischof Christoph von Westerstetten zurückgeht. Aus dem Jahre 1731 befinden sich über dem Eingang eine Nische mit Figur des hl. Willibald und das Wappen des Bischofs von Katzenelnbogen, die Christian Handschuher zugeschrieben werden. Im mittleren Teil der Anlage steht der Schaumbergbau mit zwei Innenhöfen um 1575. Die erhaltenen Reste des Nordflügels mit Erker an der Südostecke und kleinem Schaumberg-Wappen beherbergen eine Burgschenke. Der Gemmingenbau belegt den Westteil der Anlage. Über dem Portal der Burg prangt das Wappen des Gabriel von Eyb, das Loy Hering zugeschrieben wird. Der Bau aus der Hochrenaissance, unter Einbeziehung älterer Fundamente, geht auf die Pläne von Elias Holl um 1609 zurück und zeigt den um einen Innenhof gelegten Dreiflügelbau, der von 1962 bis 1980 restauriert wurde. Der „Bastionsgarten" wurde 1998 eröffnet und erinnert an den einst von Fürstbischof Johann Konrad von Gemmingen und von Besler ab 1592 angelegten Garten. Die Burg besitzt eines der schönsten Naturkundemuseen in Deutschland. Zu sehen sind Fossilien aus dem Solnhofner Steinbruchbereich. Beim Anblick der Versteinerungen wird der Betrachter in eine rund 150 Millionen Jahre alte tropische Inselriff- und Lagunenlandschaft versetzt, die von Fischsauriern und Krokodilen, Korallenfischen und Krebsen, aber auch von Insekten und Flugsauriern bevölkert war. Große Aquarien mit lebendigen Riffkorallen, Korallenfischen und lebenden Fossilien zeigen die farbenprächtige Unterwasserwelt. In der Multivisionsschau über „Die Entwicklung des Lebens" sowie durch mehrere interaktive Computerprogramme kann man sein Wissen erweitern. Die Burgschänke lädt die Gäste zum Verweilen ein.

Die **Fürstbischöfliche Residenz**, heute als Landratsamt genutzt, liegt im Zentrum der Stadt. Der erste Bau erfolgte unter Bischof Heribert (1022–1042) anstelle des alten Klosters, und unter Bischof von Reichenau (1464–1496) entstand ein Neubau, welcher seit Verlegung des Regierungssitzes auf die Willibaldsburg „Alter Hof“ genannt und 1633 durch Brand zerstört wurde. Die bestehende Anlage, gebaut unter Einbeziehung von älteren Teilen Ende des 17. Jahrhunderts, wurde nach der Rückkehr des Bischofssitzes von der Burg in die Stadt begonnen. Sie stellt eine an die Südseite des Doms angeschlossene barocke Dreiflügelanlage dar, erbaut von Jakob Engel. Sehenswert ist das festliche doppelläufige Treppenhaus im Westflügel, 1768 von Pedetti in der Regierungszeit des Fürstbischofs Raimund Anton Graf von Strasoldo gestaltet. Der verspiegelte Festsaal im zweiten Obergeschoss ist ein prächtiges Rokokowerk.

Östlich der Stadt findet man die lang gestreckte barocke **Fürstbischöfliche Sommerresidenz** mit ihrer schönen Parkanlage. Genutzt wird die Residenz heute als Katholische Universität. Auch während der Säkularisation blieb die gesamte Anlage im Besitz des letzten Fürstbischofs Josef von Stubenberg, kam im Jahre 1817 an die Leuchtenberg und 1871/72 in den Besitz der Stadt. Von 1872 bis 1899 diente die Sommerresidenz als Kaserne und nach der Renovierung 1977 wurde sie Universität. Die symmetrische Schlossanla-

Fürstbischöfliche Sommerresidenz Eichstätt

ge, mit mittlerem Corps de Logis und schmalen Galerieflügeln, die in Eckpavillons enden, wurde 1735 bis 1737 unter Fürstbischof Franz Ludwig Schenk von Castell errichtet. Das Vestibül im Mittelbau führt in die ehemalige dreischiffige Sala terrena mit Stuckaturen in höchst eleganter Leistung des frühen Rokoko. Das Obergeschoss birgt den Vorsaal und den eineinhalbgeschossigen Hauptsaal. Der Garten befindet sich schon seit 1696 in fürstbischöflichem Besitz und ist weitgehend eine Schöpfung der zweiten Hälfte des 18. Jahrhunderts. In der Leuchtenbergzeit wurde er zum englischen Landschaftsgarten verändert. Von ehemals über 30 Gartenfiguren sind nur noch fünf erhalten geblieben.

Schloss Elmau

82493 Elmau/Gem. Krün

Landkreis Garmisch-Partenkirchen

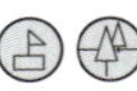  

Zwischen Garmisch-Partenkirchen und Mittenwald, in fantastischer Lage, abgeschieden im Tal mit Ausblick auf die Wettersteinwand im Süden, liegt Schloss Elmau. Es wurde zwischen 1914 und 1916 von Dr. Johannes Müller, einem natur- und kunstverliebten Schriftsteller, erbaut. Finanziert hat den Bau, der als Refugium für Künstler, hauptsächlich Musiker, dienen sollte, seine Mäzenin, Gräfin Waldersee. Doch der Enkel des Erbauers, Dietmar Müller-Elmau, stellte sich eine andere

Schloss Elmau

Schloss Englburg

Nutzung des Schlosses vor und machte es zu einem Zentrum für aktuelle Debatten mit Intellektuellen aus Europa, den USA und Israel. Genutzt wird das prächtige Schloss heute als Hotel, in dem auch Konzerte gegeben werden, denn es blickt auf eine lange Tradition von Klassik und Jazz zurück. Ende Oktober findet hier das bekannte Jazzfestival statt und zahlreiche Sport- und kulturelle Angebote wie Wellness und Golf werden den Gästen geboten.
Auch kosmopolitische Elmau-Symposien und Debatten zu Fragen der politischen Theologie und Philosophie, der Ideen und Zeitgeschichte sowie Foren zu aktuellen Fragen der Weltpolitik kommen hier nicht zu kurz. Neben einer großen Buchhandlung und regelmäßigen Lesungen von Autoren und Schauspielern bietet das Schloss den Gästen auch zwei wunderschöne Bibliotheken zum Arbeiten und Lesen an. Besonders musisch-literarisch interessierte Kinder finden hier neben vielen Abenteuern und Sportmöglichkeiten vielseitige Anregungen, vor allem zu den Kindermusikwochen und Literaturtagen.

Schloss Englburg

94104 Englburg/Gem.Tittling
Landkreis Passau

In beeindruckender Höhenlage im Vorgebirge des Bayerischen Waldes, westlich der Gemeinde Tittling, nahe der Kreisgrenze zu Grafenau-Freyung, steht das Schloss Englburg. Diese einstige typische Höhenburg und die nahe gelegenen Edelsitze Fürstenstein und Saldenburg haben dem Waldgebiet den Namen Dreiburgenland gegeben. Vermutet wird die Übernahme der Burg gegen Ende des 13. Jahrhunderts durch die mächtigen Herren von Hals, die sie als Stützpunkt zur Besiedelung und wirtschaftlichen Erschließung der rauen Gegend ausbauten. Das Adelsgeschlecht der Schwarzensteiner wird hier seit 1327 als Lehensträger bezeugt und die Burg schon drei Jahre später durch die Wittelsbacher zerstört. Schon 1394 erfährt die bereits geschädigte Burg erneut eine Zerstörung durch die Passauer Bürger. Die heutige Anlage, die im Kern noch erhalten ist, einschließlich der Kapelle, entstand beim Wiederaufbau durch Andreas I. von Schwarzenstein bis 1397. Nach 1579 erfolgten Veränderungen durch den Baumeister Sigmund Aug, der wohl die Ecktürme zufügte. Im Jahre 1617 ging die Englburg durch Heirat in den Besitz der Ritter, spätere Grafen von Traufkirchen über, war ab 1857 in bürgerlichem Besitz und brannte 1874 bis auf die Umfassungsmauern aus, worauf das Schloss bald wiederhergestellt wurde. Mit der Vorburg umschließen nachmittelalterliche Wirtschafts- und Verwaltungsgebäude einen Hof anstelle des ursprünglichen Beringes. Die Gebäude wurden in neuerer Zeit überformt. Der Hauptbau zählt in die Zeit um 1400. Er steht westlich auf der höchsten Erhebung des Felsens. An den Langseiten springen zwei kurze Flügel heraus, deren nördlicher im ersten Obergeschoss die Kapelle enthält. Die schlanken oktogonalen Ecktürme an der zum Hof gewendeten Giebelseite sind wohl noch aus dem 16. Jahrhundert. Die Kapelle St. Georg, um 1400 entstanden, ist mit kräftigen Rippen- und Kegelkonsolen gestaltet, der Altar ist spätbarock. Im Jahre 1929 erwarb der Orden der Englischen Fräulein die Schlossanlage. Er betreibt eine Ferienpension und führt Veranstaltungen im Rittersaal durch.

Burg Randeck

93343 Essing /VG Ihrlerstein

Landkreis Kelheim

Westlich von Kelheim, über dem Altmühltal gelegen, findet man die Burg Randeck. Erbaut wurde sie im 11. Jahrhundert von den

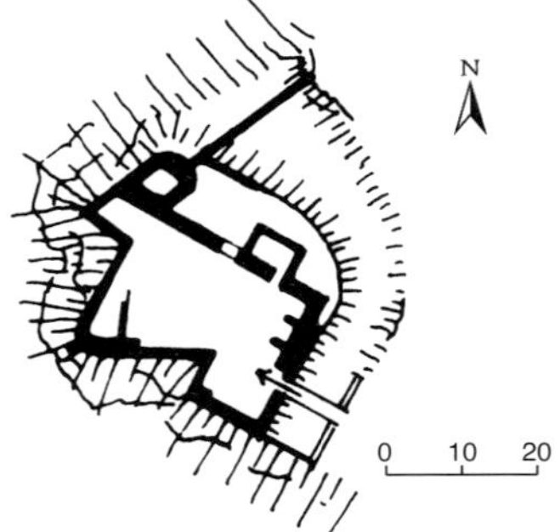

Burg Randeck, Essing, Grundriss

Geschlechtern der Rottenecker, Randecker und Abensberger, denen weitere fünf Herrschaftsbesitzer folgten. In den Jahren 1496 und 1634 wurde die Burg durch Kriege schwer brandgeschädigt. Unter Kronprinz Maximilian entstand 1840 der Turm. Die Gesamtanlage, zu der eine Ummauerung mit Rundstümpfen und eine Kapelle gehören, war einst über zwei Holzbrücken zugänglich. Neben der Burg befindet sich heute eine Ritterschenke. In der Anlage werden nach Anmeldung Führungen durchgeführt und Wissenswertes zur Geschichte erläutert.

Burg Randeck

Schloss Esting

82140 Esting /Gem. Olching
Landkreis Fürstenfeldbruck

Schloss Esting liegt zwischen Fürstenfeldbruck und München. Im 12. Jahrhundert ist eine Erwähnung des Ministerialengeschlechts „de Ehstingen“ nachgewiesen, die Mitte des 14. Jahrhunderts ausstarben. Das erste Schloss wurde im 13. Jahrhundert durch die Herren von Esting erbaut. Im Kern entstand der zweigeschossige Treppengiebelbau um 1700. Von 1666 bis 1689 entstehen der Neubau des Schlosses und die Weihung der Schlosskapelle. Der spanische Erbfolgekrieg 1704 brachte die Verwüstung des Dorfes durch die Truppen des Duke of Marlborough, die auch das erst kurz zuvor neu gebaute Schloss des reichen Kaufmanns Johannes Senser niederbrannten. Die wohl größte Ehre des Kaufmanns war der Empfang des Kurfürsten Max Emanuel als Jagdgast auf seinem Besitz. Verschiedene Eigentümer folgten im Laufe des 18. Jahrhunderts, zu denen unter anderem die Herren von Preysing und Hechenkirchen zählten. Ab 1764 erfolgte ein Umbau der Anlage, deren Vorwerk und

Schloss Esting

Torhaus in das 17. Jahrhundert zu datieren sind. Ein gotisierender Ausbau erfolgt 1919 und 1925 werden vom Olchinger Kunstmaler Karl Sonner die Wandmalereien in den Blendarkaden ausgeführt. Von dem in Privatbesitz befindlichen Schloss kann nur die lange, bemalte Torhausfront besichtigt werden.

Schloss Eurasburg

82547 Eurasburg
Landkreis Bad Tölz-Wolfratshausen

Das in Privatbesitz befindliche und als Wohnanlage genutzte Schloss liegt östlich vom Starnberger See und südlich von Wolfratshausen hoch über dem Westufer der Loisach. Einst stand hier nahe dem heutigen Schloss die ehemalige Burg der Iringe, deren Geschlecht bereits seit 833 bekannt ist. Sie wurde 1121 erstmals urkundlich als Iringesburg erwähnt. Mit dem Erlöschen der Iringer kam sie 1322 durch Heirat an die Thorer, die, wie ihre Vorgänger, in der Geschichte der Gegend eine bedeutende Rolle spielten. Im Jahre 1609 wurde das Anwesen an Herzog Wilhelm V. verkauft und 1626 von Herzog Albrecht, Bruder des Kurfürsten Maximilian, erworben. Dieser ließ die verfallene Burg abbrechen und 1626 bis 1630 weiter östlich das Schloss nach Plänen des Niederländers Peter Candid erbauen. Nach 1698 wechselten häufig die Besitzer des zur Talseite dreigeschossigen Spätrenaissancebaus, mit in der Mitte vortretendem breitem Turm. Zwei schlankere achteckige Türme fassen das Schloss ein. Die beiden kurzen vortretenden Flügel mit Volutengiebeln besitzen bergseitig nur zwei Geschosse. Wohl später gestaltete man die Pfeilerarkaden im Erdgeschoss des Hauptbaus. Karl Bauer, der Münsterbaumeister von Ulm, gestaltete 1909 die Katholische Schlosskirche Mariä Empfängnis, eine Stiftung der Gräfin Maria Tattenbach zum Andenken an ihren Vater, den Kommerzienrat Käss aus Augsburg und Mitbegründer der Isartalbahn. Das nach einem Brand bis auf die Außenmauern zerstörte Schloss wurde 1976 wieder aufgebaut.

Schloss Eurasburg

Burg Falkenberg

95685 Falkenberg

Landkreis Tirschenreuth

Hoch auf einem Granitfelsen in beherrschender Lage des Waldnaabtals, westlich von Tirschenreuth, steht Burg Falkenberg. Nachdem bereits 1154 eine Pilgerin van Valkenberch in einer Urkunde genannt wird, erscheinen später die Ritter Gottfried, Konrad I. und Gottschalk als Herren der Burg. Als 1252 mit Konrad II. die Falkenberger im Mannesstamm ausstarben, heiratete 1273 Landgraf Gebhardt V. von Leuchtenberg die Erbtochter Jutta von Falkenberg und kam in den Besitz der Burg. Nach seinem Tod 1294 verkaufte die Witwe die Burg an das Kloster Waldsassen, das bis zur Säkularisation 1803 in dessen Besitz war. Der Sohn Ulrich aus dieser Ehe vermählte sich mit einer Tochter des Burggrafen von Nürnberg und bildete damit einen weit verzweigten Stammbaum, mit den Häusern Wittelsbach und Hohenzollern, ja gar zu den beiden Königinnen Elisabeth von England und Juliane der Niederlande. Im 14. Jahrhundert vollzog man einen großzügigen Ausbau bis 1465 unter Abt Konrad, wodurch die Burg 1428 der Belagerung durch die Hussiten standhielt. Im Jahre 1571 fällt die unregelmäßig ovale Anlage mit engem, annähernd trapezförmigem Innenhof, im Osten und Südosten durch Halsgraben vom Hinterland getrennt, an die Kurpfalz und später an Bayern. Ein

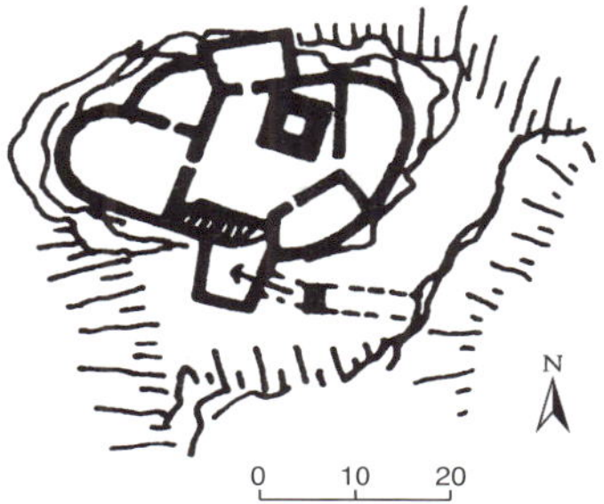

Burg Falkenberg, Grundriss

Burg Falkenberg

Verfall nach Beschießung, Einnahme und Verwüstung im Dreißigjährigen Krieg 1648 durch den schwedischen General Graf Königsmark war jedoch nicht aufzuhalten, und 1678 wird Burg Falkenberg als Ruine bezeichnet. Der Zugang zur Burg führte über eine Zugbrücke und den rechteckigen Torturm im Süden, dessen Obergeschoss ursprünglich die Burgkapelle enthielt. Im Burghof stand der quadratische Bergfried, dessen Quadermauerwerk bis zu 14 Meter Höhe erhalten blieb. Im Norden befindet sich der ehemalige Brunnenbau mit Spitzbogenzugang. Ab 1803 wurde die Anlage als Steinbruch missbraucht. 1840 erfolgten die ersten Instandsetzungen. Friedrich Werner Graf von der Schulenburg ließ von 1936 bis 1939 die Burg unter Verwendung des zum Teil noch erhaltenen Mauerwerks zu Wohnzwecken vom Architekten Franz Günthner aus Regensburg wieder herstellen. Graf von der Schulenburg war Gesandter in Teheran sowie Bukarest und von 1934 bis 1941 Botschafter in Moskau. Nach dem Hitlerattentat vom 20. Juli 1944 wurde er hingerichtet. 1988 begannen Instandsetzungsmaßnahmen und die Burg ist wieder in Familienbesitz. In den historischen Räumlichkeiten werden Konzerte und Lesungen gegeben sowie Führungen nach Anmeldung angeboten.

Burg Falkenstein

93167 Falkenstein

Landkreis Cham

Weithin sichtbar thront die Burg im Oberen Bayerischen Wald auf felsigem, dicht bewachsenem Granitkegel südlich von Roding. Seit dem 11. Jahrhundert war sie im Besitz des Regensburger Hochstifts und als Lehen Anfang des 12. Jahrhunderts den Regensburger Domvögten übereignet worden. 1130 von Herzog Heinrich dem Stolzen erobert, ging sie vorübergehend an die Hohenfelser, gefolgt von den Leutenbergern, bis sie 1332 die Wittelsbacher erwarben. So schnell hatte der Besitzerwechsel kein Ende gefunden, denn 1344 ging sie an die Stadt Regensburg und von 1347 bis 1379 als Pfand an die Herren von Satzenhofen. Unter Mithilfe der Frauen wurden 1428 die Hussiten abgewehrt, worauf der dem Bergfried vorgelegte Zwinger die Bezeichnung „Weiberwehr“ erhielt. Wiederum wechselten ab

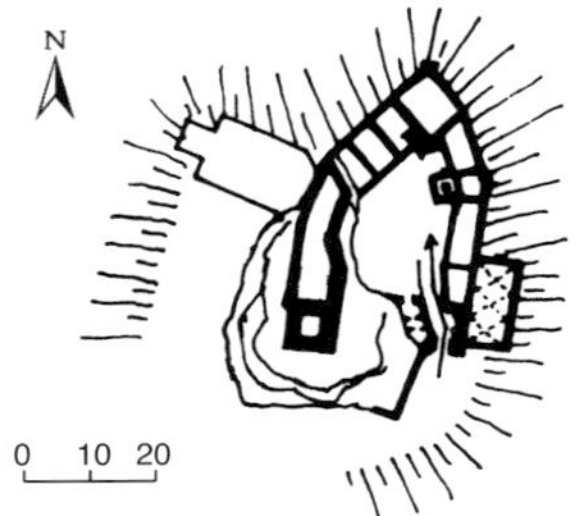

Burg Falkenstein, Grundriss

Burg Falkenstein

dem 16. Jahrhundert häufig die Besitzer der in der Gotik geringfügig und um 1619 größtenteils umgebauten Anlage. Um 1619 legte man die Hofarkaden und den Osttrakt an. Im Jahre 1634 nahmen die Schweden die Burg ein, doch ein zweiter Angriff 1641 wurde erfolgreich abgewehrt. Von 1664 bis 1829 war sie im Besitz der Grafen von Toerring. Doch seit der zweiten Hälfte des 18. Jahrhunderts wurde sie vernachlässigt und kam schließlich an das Haus Thurn und Taxis, das sie 1967 an die Marktgemeinde abtrat. 1979 waren nach fast zehn Jahren die umfangreichen Renovierungsarbeiten abgeschlossen und die Burg zum „Haus des Gastes“ umgestaltet. Hier gibt es heute Burgfestspiele, Theateraufführungen, ein Museum zum Thema „Wild und Jagd“ sowie Rittermahlessen. Die Burg ist von Süden über einen gewölbten Tordurchgang zugänglich. Diesem südlich gegenüber liegt der schlichte, lang gestreckte Bau des ehemaligen Zehentstadels, der 1780 zum Herrenhaus und später zum Forsthaus ausgebaut wurde. Der dreigeschossige Bergfried zeigt sich mit rundbogigem Einlass und abschließendem Zinnenkranz. Im Osttrakt befindet sich das Jagdmuseum. Im 17. Jahrhundert wurde die Schlosskapelle errichtet und 1988 renoviert.

Schloss Fellheim

87748 Fellheim/VG Boos
Landkreis Unterallgäu

Sebastian Reichlin von Meldegg wurde 1555 mit dem Kempten'schen Lehen Fellheim belehnt und errichtete 1557 das Schloss im Renaissancestil nördlich von Memmingen, nahe der A 7. Im Jahre 1633 wurde es zerstört und 1635 wieder aufge-

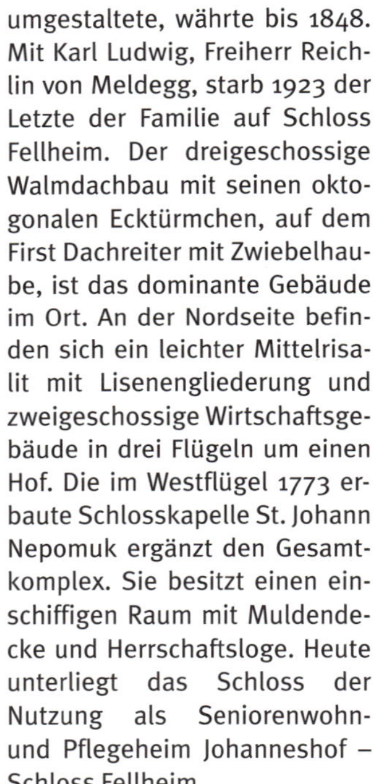

baut. Die Grundherrschaft der Familie, die es auch in der zweiten Hälfte des 18. Jahrhundert umgestaltete, währte bis 1848. Mit Karl Ludwig, Freiherr Reichlin von Meldegg, starb 1923 der Letzte der Familie auf Schloss Fellheim. Der dreigeschossige Walmdachbau mit seinen oktogonalen Ecktürmchen, auf dem First Dachreiter mit Zwiebelhaube, ist das dominante Gebäude im Ort. An der Nordseite befinden sich ein leichter Mittelrisalit mit Lisenengliederung und zweigeschossige Wirtschaftsgebäude in drei Flügeln um einen Hof. Die im Westflügel 1773 erbaute Schlosskapelle St. Johann Nepomuk ergänzt den Gesamtkomplex. Sie besitzt einen einschiffigen Raum mit Muldendecke und Herrschaftsloge. Heute unterliegt das Schloss der Nutzung als Seniorenwohn- und Pflegeheim Johanneshof – Schloss Fellheim.

Oben: Schloss Fellheim

Unten: Burgruine Flossenbürg

Burgruine Flossenbürg

92696 Flossenbürg
Landkreis Neustadt an der Waldnaab

Die Burgruine liegt hoch über dem Ort auf einem Granitfelsen, östlich der Kreisstadt, nahe der tschechischen Landesgrenze. Sie entstand in drei Bauphasen

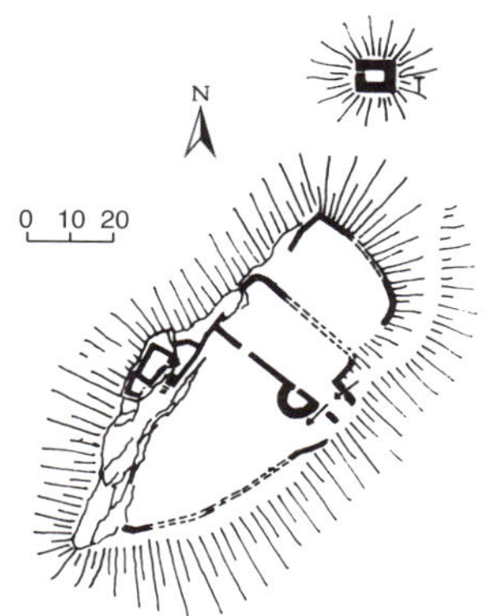

Burgruine Flossenbürg, Grundriss

vom Beginn des 12. Jahrhunderts bis um 1500. Graf Berengar von Sulzbach erwarb nach dem Tod seines Sohnes Gebhard II., der sich Graf von Floß nannte, die um 1100 mit einem Wohnturm errichtete Gipfelburg. Nach dem Aussterben der Sulzbacher 1188 hatte Kaiser Friedrich I. Barbarossa die Anlage angekauft, die 1212 vorübergehend an den böhmischen König Přemysl Ottokar ging und danach an Konrad IV. von Hohenstaufen gelangte. Nach dem Niedergang der Staufer wurde die Burg niederbayerisch und 1251 an Herzog Otto III. von Bayern verpfändet. Zahlreiche Besitzverhältnisse folgten auf diese Weise. Im Jahre 1505 erwarb sie Heinrich von Guttenstein. 1581 folgten bereits Abbrüche durch Pfalzgraf Friedrich III. zur Wiederverwendung für den Bau des Vohenstraußer Schlosses sowie später im 18. Jahrhundert für den Turm der Michaeliskirche in Weiden. Ein verheerender Brand zerstörte 1634, als Dragoner des Leibregiments Bernhards von Weimar einfielen, die Burg samt dem bereits 1280 als Markt bezeichneten Ort. Die Anlage, die zwei Burgenwohnungen aus der frühen und späten Romanik enthielt, veranschaulicht die Entwicklung zum bequemeren Wohnen des 12. und 13. Jahrhunderts.

Schloss Fockenfeld

95692 Fockenfeld/
Markt Konnersreuth
Landkreis Tirschenreuth

Nördlich von Mitterteich und östlich von Marktredwitz ist das heute als Salesianum, Schule und Internat für Spätberufene genutzte Schloss zu finden. Es wurde als Sommerschloss für die Äbte Alexander und Wigand von Deltsch 1750 bis 1770 von Philipp

Schloss Fockenfeld

Muttone erbaut. Bei der Generalsanierung von 1986/87 wurde die Vierflügelanlage um einen rechteckigen Innenhof stark verändert. Die rückwärtigen Trakte baute man im 20. Jahrhundert neu. Der zweigeschossige, lang gestreckte Wohntrakt zeigt eine eindrucksvolle Front mit dreigeschossigem Mittelpavillon und Doppelsäulenportal aus Granit. Das einst imposante dreischiffige Vestibül mit vier Mittelpfeilern ist heute verändert.

Fürstbischöfliche Residenz Freising

85354 Freising

Landkreis Freising

Hoch über der heutigen Kreisstadt, auf dem Domberg liegend, wurde ab 1314 die einstige Bischofsburg errichtet und 1519 zum Renaissanceschloss umgestaltet. Ab 1607 bis 1622 bekam es durch Umbau das jetzige Aussehen. Erhalten blieben die dem Ost- und Nordflügel vorgesetzten Arkaden im Hof mit Rotmarmorsäulen, vom Landshuter Bildhauer Stefan Rottaler gestaltet. Im Untergeschoss befinden sich zwei Säle mit Stuckierung aus dieser Zeit und datiertem Wappen von 1690. Über dem Ausgang zum Obergeschoss des nördlichen Laubenganges fällt ein Wandbild auf, der Stammbaum Bischof Philipps von Bayern. Im ehemaligen Nordostturm von 1617 ist die fürstbischöfliche Hauskapelle eingerichtet und in der Südostecke des ersten Obergeschosses liegen die fürstbischöflichen Zimmer. Das zweite Obergeschoss birgt einen Saal mit stuckierter Decke, gestaltet von Johann Baptist Zimmermann um 1715 bis 1720. Neben der Kapelle liegt der Zugang zum sogenannten Fürstengang, der die Verbindung von der Residenz zum Dom gewährt und 1682 wohl von Antonio Riva errichtet wurde. Er entstand unter Fürstbischof Johann Franz Eckher als Galerie und wurde mit Ansichten der Besitzungen des Hochstiftes Freising ausgestaltet. Von 1826 bis 1968 war die Fürstbischöfliche Residenz Priesterseminar. Heute befindet sich im Kardinal-Döpfner-

Fürstbischöfliche Residenz Freising

Haus das Bildungszentrum der Erzdiözese München und Freising sowie das Diözesan-Museum.

Schloss Wolfstein

94078 Freyung

Landkreis Freyung-Grafenau

Im Osten Niederbayerns, nahe der Grenze zur Tschechischen Republik, baute von 1191 bis 1204 der Passauer Bischof Wolfker auf einem bewaldeten, vom Saußbach umflossenen Bergsporn nördlich unterhalb des Ortes eine Wehrburg, welche im späten 16. Jahrhundert durch Fürstbischof Urban von Trenbach erneuert und zu einem Schloss umgewandelt wurde. Seit Mitte des 14. Jahrhunderts war die Burg Sitz eines Pflegrichters der Passauer Fürstbischöfe. Ohne Bering bilden die Bauten um den Hof eine wehrhaft geschlossene Anlage mit dem stattlichen Wohnbau mit Tordurchfahrt. Über dem Tor befindet sich ein rotmarmorner Wappenstein des Bischofs Ulrich von Trenbach mit Bauinschrift und der Jahreszahl 1590, heute nicht mehr lesbar. Das Schloss beherbergt seit 1982 die Galerie Wolfstein und seit 1989 ein Jagd- und Fischereimuseum sowie eine Schlosstaverne. In den Jahren 1985 bis 1988, nach Durchführung einer Bauforschung, folgte die bislang umfangreichste Generalsanierung. In der Galerie werden weiterhin Wechsel- und Sonderausstellungen gezeigt.

Schloss Wolfstein, Freyung

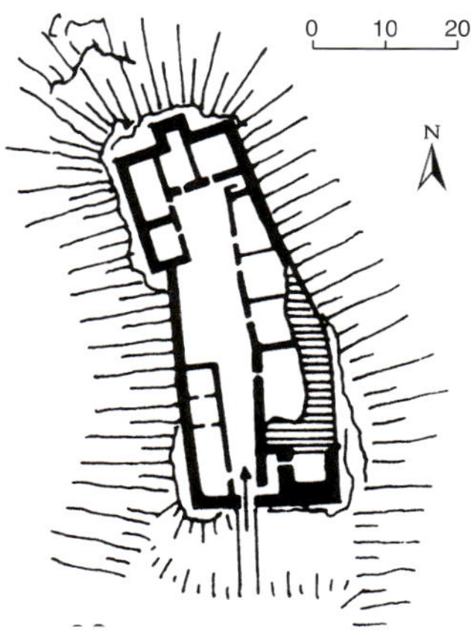

Schloss Wolfstein, Freyung, Grundriss

Wittelsbacher Schloss

86316 Friedberg

Landkreis Aichach-Friedberg

Östlich angrenzend an Augsburg steht das heutige Wittelsbacher Schloss. Die 1257 unter Herzog Ludwig II. dem Strengen auf einer dem Lechrain vorgesetzten Bergkuppe in Friedberg errichtete Höhenburg wurde um 1409 durch Herzog Ludwig den Gebarteten ausgebaut. 1541 wurde sie durch Brand zerstört. 1559 erfolgten, nach Plänen von Jörg Stern, ein weitgehender Wiederaufbau und die Erweiterung um den Westflügel durch Narziß Krebs. Ab 1567 diente das Areal als Witwensitz der Herzogin Christina von Lothringen. Nach den Schäden des Dreißigjährigen Krieges 1652 bis 1656 vollzog sich die Wiederherstellung durch Marx Schinnagl. 1754 ließ Kurfürst Maximilian III. Joseph von Bayern eine Fayence-Manufaktur im Wittelsbacher Schloss einrichten, die dort bis 1766 bestand. Ab 1789 war es Sitz der Forstverwaltung sowie ab 1803 ein Rentamt. Schon 1886 legte man ein Heimatmuseum in die Anlage. Restaurie-

Wittelsbacher Schloss, Friedberg

rung und Umbauten erfolgten an der zwei- bis dreigeschossigen Vierflügelanlage mit Sattel- und Pultdächern ab 1977. Im Osten steht ein quadratischer Torturm mit Vorwerk und Zeltdach, der 1552 unter Verwendung von Teilen des ehemaligen Bergfrieds aus dem 13. bis 15. Jahrhundert vollendet wurde. An der Ost-, Süd- und Westseite des unregelmäßig rechteckigen Hofs befinden sich korb- bzw. rundbogige Arkaden. Im Erdgeschoss des Westflügels liegt der zweischiffige sogenannte Rittersaal, ehemals wohl Dürnitz, mit sechs Kreuzrippengewölben. Am Fuße des Schlossberges besteht ein Mauerring mit zwei Schalentürmen. Im Heimatmuseum können wertvolle Sammlungen von Uhren, die Marien-Apotheke, Fayencen und mit reizvollen Dekoren verzierte Keramik besichtigt werden. Vervollständigt wird die Ausstellung mit Dokumenten zur Vor- und Frühgeschichte, Stadtgeschichte und durch vielseitige Sonderausstellungen.

Schloss Friedenfels

95688 Friedenfels

Landkreis Tirschenreuth

Im Naturpark Steinwald, westlich von Tirschenreuth und südlich von Marktredwitz gelegen, befindet sich der seit dem 16. Jahrhundert bis 1717 Nothaft'sche Besitz, der zuletzt in den Händen der Freiherrn von Gemmingen war. Das Schloss wurde nach einem Brand 1816 unter Einbeziehung von Bauteilen aus der zweiten Hälfte des 16. Jahrhunderts wieder aufgebaut. Um 1900 erfolgte ein Umbau und 1979 eine Renovierung. Es steht in einer weitläufigen Parkanlage mit weiter Sicht in das Umland und stellt einen stattlichen, dreigeschossigen Walmdachbau dar. Die Fenster sind mit Granitgewändern geziert und an der Südseite befindet sich ein turmartiger Vorsprung, dessen Brüstungsfelder Wappen- und Maßwerkreliefs enthalten. Nördlich liegen die um 1800 erbauten Ökonomiegebäude. Das Schloss ist in Privatbesitz und nicht zugänglich.

Schloss Friedenfels

Schloss Fronberg

92421 Fronberg / Stadt Schwandorf
Landkreis Schwandorf

Die Geschichte des Schlosses lässt sich urkundlich bis in das Jahr 1305 zurückverfolgen. Damals wurde zum Wiederaufbau der abgebrannten Burg ein Lehen an die Fronberger vergeben, dessen Nachfolgebau, das heutige Schloss, im nördlichen Stadtteil von Schwandorf liegt. Im Jahre 1504 beschädigte ein Brand die Anlage. Ab Mitte des 15. Jahrhunderts wechselten mehrfach die Besitzer, zu denen unter anderem seit den Fronbergern von 1521 bis 1586 die von Vestenberg, von 1601 bis 1622 Hans Wilhelm von und zu Guttenberg, von 1622 bis 1829 die Freiherrn von Spiering und seit 1875 die Freiherrn von Breidbach-Bürresheim zählten. Ungeklärt blieb bisher die Baugeschichte der bestehenden Anlage, die sich heute mit einem vierseitig umbauten Hof mit Renaissancearkaden im Norden und östlich anschließender Dreiflügelanlage, die sich zum Schlosspark hin öffnet, darstellt. Wilhelm Franz von Spiering ließ 1677/78 den Ostflügel mit der Schlosskapelle errichten. Unter Max Karl von Spiering, dessen Wappen sich am Torbau befindet, erfolgten die letzten wesentlichen Veränderungen, darunter auch die Neugestaltung des Schlossparks mit ehemaliger Orangerie. Die Petruskapelle, ein laternenbekrönter Rundbau außerhalb des Parks am Ende einer Kastanienallee, ist ebenfalls diesem zuzuschreiben. In Privatbesitz befindlich, kann die Anlage nur äußerlich besichtigt werden.

Schloss Fronberg

Schloss Fürsteneck

94142 Fürsteneck
Landkreis Freyung-Grafenau

Gegründet wurde Fürsteneck vermutlich durch den Passauer Fürstbischof Wolfker von Erla um 1190 als Grenzveste gegen das sich im Westen anschließende Bayern und dessen Herzöge. Das spätere Schloss ist 20 Kilometer nördlich von Passau zu finden, im waldreichen Gebiet

Schloss Fürsteneck

imposant auf einer Bergzunge, die von der Wolfsteiner Ohe umflossen wird. Es verblieb im Besitz der Passauer Bischöfe bis zur Säkularisation. Um 1570 wurde nach einem Brand unter Bischof Urban von Trenbach nach umfassender Renovierung das Landgericht untergebracht und die Anlage als Jagdsitz genutzt. Von 1745 bis 1747 wurde durch Kardinal Joseph Dominikus von Lamberg unter dem Baumeister Severin Goldberger die Barockkapelle St. Johann Baptist errichtet. Das Schloss ist eine Anlage in Form eines lang gezogenen Trapezes. Gegen den zugänglichen Teil des Berges liegt der Halsgraben, der zur Überbrückung durch eine massive Brücke ersetzt wurde. Der Torturm erhielt mehrfache Erneuerungen und der äußere Burghof wurde durch Wirtschaftsgebäude aus neuerer Zeit verändert. Zwischen dem äußeren und inneren Burghof steht der mächtige quadratische Bergfried, wohl noch aus der ersten Bauzeit, der ein Zeltdach mit Glockenhaube aus der Barockzeit trägt. Am Ende des inneren Burghofes befinden sich die Wohngebäude, deren äußere Mauern in den Bering eingebunden sind. Um 1700 erhielt die Anlage einen Umbau und wurde später mehrfach verändert. 1803 wurde Fürsteneck bayerisch und kam 1814 in Privatbesitz des Ordensbruders Konstantin Binder, der eine Schlossbrauerei mit Schankbetrieb einrichtete. Später ging Fürsteneck an Simon Georg, darauf 1842 an seinen Sohn Johann Georg. 1921 übernahm die Familie Forster das Schloss, ein altes Patriziergeschlecht aus Augsburg, in dessen Besitz es bis heute verblieb und für den Hotelbetrieb ausgebaut wurde. Auf dem ehemaligen Burggelände werden Theateraufführungen

Schloss Fürsteneck

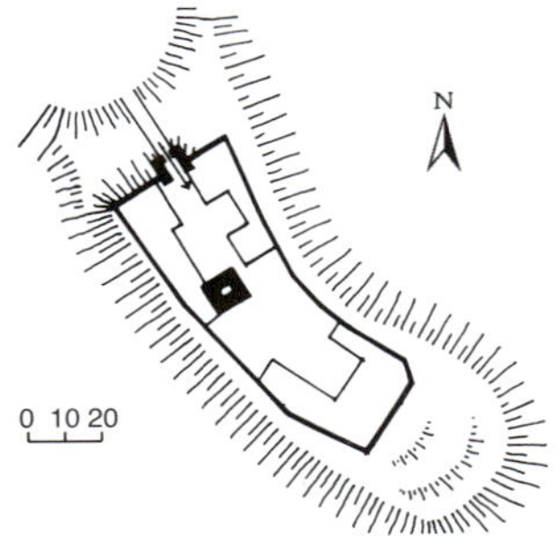

Schloss Fürsteneck, Grundriss

gezeigt und Gewerbemärkte organisiert sowie verschiedene Veranstaltungen durchgeführt.

Burg Fürstenstein

94538 Fürstenstein

Landkreis Passau

Nicht weit entfernt, westlich von Fürsteneck, liegt der Privatbesitz Burg Fürstenstein. Wie die nahe Englburg wurde vermutlich auch Fürstenstein im 12. Jahrhundert durch die mächtigen Herren von Hals als Grenzveste ausgebaut, 1330 zerstört und danach durch die bayerischen Herzöge als Burg Fürstenstein wieder errichtet. Unter der Pflegschaft der Herren von Schwarzenstein, die ab 1474 auf der Burg ansässig waren, erhielt die Anlage ihre Zweiteilung. Dem älteren, auf einer Felskuppe erhöht stehenden Oberschloss wurden nach Osten drei Flügel um einen geräumigen Hof angefügt, worauf das Untere Schloss 1570 unter Ortolf von Schwarzenstein und seinem Baumeister Sigmund Aug entscheidende Veränderungen zur Dreiflügelanlage erhielt. 1836 suchte die Burg ein Brand heim,

Burg Fürstenstein

worauf 1860 Bischof Heinrich von Hofstätter die Anlage erwarb und sie wieder aufbaute. Von 1893 bis 2001 fungierte der im Kern mittelalterliche, dreigeschossige Wohnflügel, dessen Trakte des Unterschlosses mit mehreren Türmen verstärkt sind, als Erziehungsheim. Die gesamte Anlage wurde durch den Umbau nach 1860 stark überformt. Der Park ist der Öffentlichkeit zugänglich.

Schloss Furth im Wald, Schlossturm

Schloss Furth im Wald

93437 Furth im Wald
Landkreis Cham

Das im Naturpark Bayerischer Wald nahe der tschechischen Grenze gelegene Furth im Wald wurde 1300 erstmals als Zollstätte genannt und 1332 durch Herzog Heinrich XIV. mit dem Stadtrecht bestätigt. Nach dem Abzug von Wallenstein verwüsteten 1633 die Schweden die Stadt. Anstelle des ehemaligen Spitals im Anbau des Stadtturms wurde 1922 in der ehemaligen Türmerwohnung ein Museum eingerichtet. Hier befand sich bis zum Jahr 1863 das herzogliche Pflegschloss, in dem 1802 Adalbert Müller, Schriftsteller und Bibliothekar, geboren wurde, der 1879 in Regensburg verstarb. Ein verheerender Stadtbrand am 29. Juni des Jahres 1863, bei dem die gesamte östliche Seite des Stadtplatzes ein Raub der Flammen wurde, hatte auch die Gebäude des Vorderschlosses vernichtet. Im neugotischen Stil, als Ersatz für den Bergfried des mittelalterlichen Pflegschlosses, wurde der Stadtturm 1866 erbaut. Den heutigen Bau errichtete man 1867 für ein Spital und nach 1925 wurde es als Schulhaus genutzt. Von 1978 bis 1981, nach einer Sanierung, bekam die Anlage eine museale Einrichtung, das erste deutsche Drachenmuseum. Im Jahre 1999 begann innerhalb des Hauses eine Umstrukturierung, in deren Rahmen unter der Bezeichnung „Glas–Licht–Spiegel“ ein Kindermuseum entstand.

Hohes Schloss Füssen

87629 Füssen

Landkreis Ostallgäu

Ein wunderbares Panorama der Alpen eröffnet sich dem Reisenden, wenn er in Füssen einfährt, das zwischen der Landesgrenze zu Österreich und dem Forggensee liegt und den Blick auf das Hohe Schloss freigibt. Unter der Herrschaft Herzog Ludwigs des Strengen wurde 1291 eine Burg auf dem heutigen Schlossberg errichtet. Diese wurde nach der Übernahme durch den Augsburger Bischof Friedrich I. Spät von Faimingen 1322/23 erweitert und bereits 1363 in die Stadtbefestigung einbezogen. Eine ausgedehnte Bautätigkeit vollzog sich unter Bischof Friedrich II. von Zollern im Jahre 1489. Der Schmalkaldische Bund nahm 1546 das heutige Wahrzeichen der Stadt ein. Auch Bischof Johann Christoph von Freyberg veränderte 1680 unter Umgestaltung von Zimmern im Nord- und Westflügel sowie der Veitskapelle durch Johann Schmuzer das Schloss. In den Jahren 1798/99 diente es als österreichisches Zentrallazarett und kam 1800 in französische Hand. Der bayerische Kronprinz Maximilian nutzte den historischen Bau um 1829 zeitweise als Sommersitz. 1862/63 erfolgten wiederum Umbauten im Südflügel und die Nutzung als Amtsgericht und Gefängnis. Seit 1931 wurde im Hohen Schloss die Staatsgalerie Füssen untergebracht und 1982 die Städtische Gemäldegalerie eröffnet. Den Besuchern wurde

Kloster und Hohes Schloss Füssen

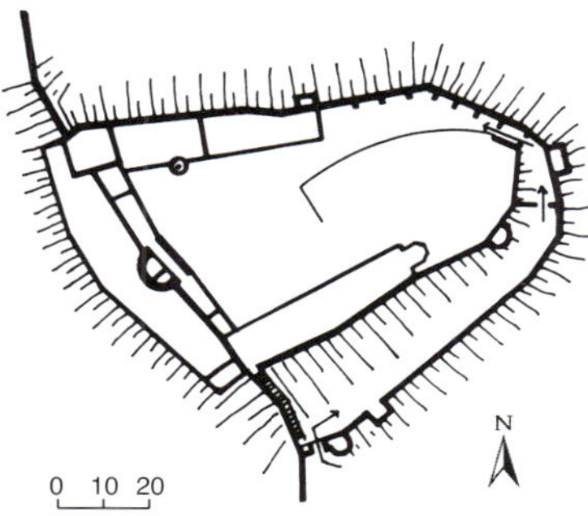

Hohes Schloss Füssen, Grundriss

im Jahre 2003 der Fallturm als Aussichtsturm erschlossen.

Das Hohe Schloss ist eine mit drei Flügeln um einen lang gestreckten Hof angeordnete und durch eine turmbewehrte Mauer und Tore gegen Westen geschlossene Anlage von beträchtlichen Ausmaßen auf einem nach Norden, Süden und Westen steil abfallenden Plateau. Von außergewöhnlichem Umfang sind die illusionistischen, um 1499 angeblich von Fidelis Eichele nach Sgraffito-Vorlagen ausgeführten und seitdem mehrfach erneuerten Wandmalereien. In der Mitte des Westflügels steht der hohe, bis 1291 erbaute fünfgeschossige Gefängnisturm. An der Nordwestecke befindet sich der mächtige Storchenturm, ursprünglich Hohes Haus genannt, der bis 1292 erbaut und von 1322 bis 1363 mit Treppengiebeln versehen wurde. Der sogenannte Fürstenflügel wurde 1494 um das zweite Geschoss erhöht und nach Osten verlängert. In ihm befindet sich der Rittersaal mit vorzüglicher spätgotischer Holzdecke um 1500, der 1936 ursprünglich farbig gefasst wurde. An der Nordostecke steht der zwischen 1486 und 1505 erbaute Dreifaltigkeitsturm, dessen Treppengiebel schlanke Zinnen zieren und in dessen drittem Obergeschoss die Dreifaltigkeitskapelle liegt.

Oben und unten: Hohes Schloss Füssen

Schloss Gablingen

86456 Gablingen
Landkreis Augsburg

Das Schloss, welches nordwestlich von Augsburg im kleinen Städtchen Gablingen steht, war von 1527 bis 1889 im Besitz der Fugger, und seitdem gehört es zum Dominikanerinnenkloster St. Ursula in Augsburg. Der Satteldachbau, im Kern aus dem 16. Jahrhundert, wurde im 18. Jahrhundert verändert und bildet dreigeschossig mit der Pfarrkirche eine eindrucksvolle Architekturgruppe. Verbunden ist diese westlich durch einen gedeckten Gang über der Durchfahrt. Im südlichen Bereich befinden sich ein polygonaler Eckerker und in der Mitte der Südfront ein Rechteckportal von 1586. Darüber liegt ein Rundfenster mit schmiedeeisernem Gitter aus S-Kurven und Fuggerlilie. Nördlich steht ein turmartiges Treppenhaus mit Zwiebelhaube. Die östlich im rechten Winkel angebauten Nebengebäude stammen aus dem 19. Jahrhundert. Zum Tal vorgelagert liegt ein terrassierter Garten mit Ummauerung des 16. Jahrhunderts. Die Anlage befindet sich in Privatbesitz und kann nur äußerlich besichtigt werden.

Schloss Gablingen

Schloss Garatshausen

82340 Garatshausen/ Gem. Feldafing
Landkreis Starnberg

Das Schloss liegt am Starnberger See, südlich von Feldafing. Nachweislich war hier von 1565 bis 1834 der Sitz einer Hofmark. Im 15. Jahrhundert gehörte Garatshausen, damals bestehend aus einem Hof und zwei Mühlen, dem bayerischen Herzog Albrecht IV. Dieser überließ den Ort 1494 Kaspar Weiler. Diese Münchner Patrizierfamilie ließ sich im 16. Jahrhundert das heutige Schloss errichten und residierte hier bis 1699. Es folgte ein reger Besitzerwechsel, zu dem auch 1834 als Eigentümer Herzog Max in Bayern, aber auch die Schrenk und Vieregg sowie La Rosée zählten. Im Jahre 1899 ging das Anwesen an die Fürsten von Thurn und Taxis. Franz II., einst König von Sizilien und Neapel, ein Schwager des Fürsten von Thurn und

Schloss Garatshausen

Taxis, bewohnte zeitweilig das Schloss. Heute stellt sich die Schlossanlage als ein viergeschossiger Bau über annähernd quadratischem Grundriss mit vier Eckerkertürmchen dar. 1888/89 erfolgten ein vollständig neuer Innenausbau sowie der Anbau des über eine kleine Schlosskapelle verbundenen dreiflügligen Neuen Schlosses nach Plänen von Max Schultze. Darin befindet sich der Spiegelsaal aus der Zeit um 1910 in klassizistischen Jugendstilformen mit umlaufendem Fries. Das Schloss kann nur von außen innerhalb des großzügigen Parkgeländes, auf dem sich heute der Neubau des Altenheimes des Landkreises Starnberg befindet, eingesehen werden. Ein Café und eine Galerie stehen dem Besucher im Außenbereich des Schlosses offen.

Schloss Fußberg

82131 Gauting

Landkreis Starnberg

Mitten im Park liegt das Ensemble des ehemaligen Hofmarksschlosses mit Remise, das einst nordöstlich außerhalb des Ortes an einer Würmschleife lag und vom Fluss an zwei Seiten umschlossen wurde. Zu finden ist Gauting nördlich von Starnberg. Schloss Fußberg wurde 1342 erstmals urkundlich erwähnt. Seit dem 12. Jahrhundert saß hier das Geschlecht der Fuß, die Wittelsbacher Ministeriale waren und 1224 ausgestorben sind, auf einer von der Würm und Wassergraben umgebenen kleinen Burg mit achteckigem Turm. Bereits seit dem Hochmittelalter wechselte es

Schloss Fußberg, Gauting

mehrmals den Besitzer, die es von einer Wehranlage bis zur Fabrikantenvilla veränderten. Schloss Fußberg erhielt ab 1420 das Hofmarksrecht und wurde unter anderem von den Familien Part, Pütrech, Dichtl und Weiler bewohnt. Ludwig Dichtl baute um 1565 an den Wehrturm Wohnräume, Wirtschaftsgebäude und einen Badetrakt an. Zu dieser Zeit wurde die nicht erhaltene Gesamtanlage beschrieben und bei Wening 1701 abgebildet. 1621 bezogen die Prälaten des Klosters Andechs das im Dreißigjährigen Krieg stark beschädigte Anwesen und gestalteten es 1721 nach Plänen Paul von Dießens in einen Landsitz um, worauf nach dessen Auflösung einschließlich der Hofmark 1803 ein erneuter häufiger Besitzerwechsel stattfand. Im Jahre 1890 zog mit dem weit gereisten und hoch gebildeten Theodor Freiherr von Hallberg-Broich, dem Eremit von Gauting, ein skurriler Freigeist ein, der von seinen Reisen Pflanzen für den Park mitgebracht hatte. Ihm folgten im Besitz der Bankier Freiherr von Hirsch und der Bildhauer Rudolf Schwanthaler, dessen zwei Skulpturen den Saal zieren. Dr. Julius Haerlin, Inhaber der Gautinger Papierfabrik, erwarb Schloss Fußberg, den dreigeschossigen Walmdachbau mit Dachbelvedere, 1893 und seine Erben gaben das Areal an die Gemeinde ab. Nach der Renovierung 1999 wurden Schloss und Salettel vermietet, eine Gaststätte eingerichtet und die Remise zum Veranstaltungssaal umgestaltet.

Wasserschloss Gebelkofen

93083 Gebelkofen/ Gem. Obertraubling

Landkreis Regensburg

Der vierflüglige Gebäudekomplex, erstmals 1200 erwähnt, wurde durch die Herren von Gebelkofen, die im 11. Jahrhundert hier ansässig waren, erbaut und liegt südlich von Regensburg am Ortsrand von Gebelkofen. Ursprünglich war es eine Niederungsburg. Später kam das Wasserschloss in den Besitz der Weichser, Nothafft, Auer und Lerchenfelder als Grundherren. Im Dreißigjährigen Krieg von 1618 bis 1648 wurde Gebelkofen stark zerstört. Viele Höfe gingen in Flammen auf und die Pest besiegelte das furchtbare Kriegselend. Nach der Zerstörung entstand 1750 das Schloss neu. Von 1799 bis 1815 wurden napoleonische Truppen einquartiert. Im Jahre 1803 wurde die geistliche Grundherrschaft durch die Säkularisation aufgehoben, und 1848 wurde per Gesetz auch die Gerichtsbarkeit in den Hofmarken hinfällig. Heute ist die Anlage im Besitz einer Immobilienverwaltungs-GmbH, die hier einige Wohnungen vermietet.

Schloss Geltolfing

94330 Geltolfing/
Gem. Aiterhofen
Landkreis Straubing-Bogen

Geltolfing liegt südlich von Straubing an der B 8. Zu Beginn saßen hier die Herren von Geltolfing, von denen Ortwin de Geltolfing bereits 1170 erwähnt wird. Das Geschlecht starb im 16. Jahrhundert aus. Das Rittergeschlecht von Straubing ist ebenfalls auf Geltolfing nachgewiesen. Nach wiederholter Teilung der Hofmark wurde 1425 Hans II. Sattelboger zu Geltolfing mit dem Sitz zu Szannt belehnt. Erbaut wurde das Schloss um 1595. Es ist eine vierseitige, zweigeschossige Weiherhausanlage mit geräumigem Innenhof, die von barockisierten Veränderungen aus der Zeit von 1776 bis 1780 geprägt ist. Gegen den Hof öffnen sich die zweigeschossigen Flügel mit Ausnahme der Ostflanke, die aus einfachen korbbogigen Arkaden und Lauben besteht. Die Anlage ist be-

Oben: Wasserschloss Gebelkofen

Unten: Schloss Geltolfing

wohnt und bei Feiern im Dorf oder des Schützenvereins sowie privaten Festlichkeiten wird eine gastronomische Betreuung gewährleistet. Jeden dritten Freitag im Monat gibt es ein Harley-Davidson-Treffen vom MC Straubing im Schlossbereich. In Privatbesitz befindlich ist die Anlage nur zu den Veranstaltungen zugänglich.

Schloss Gessenberg

83329 Gessenberg/
Markt Waging am See
Landkreis Traunstein

Nordöstlich von Traunstein, unmittelbar bei Waging am See, findet man auf einer Anhöhe versteckt Schloss Gessenberg. Die Edlen von Gozenperc wurden 1147 erstmals urkundlich erwähnt. Die Burg befand sich von 1498 bis in das 19. Jahrhundert im Besitz der Auer von Gessenberg, vormals von Winkel. Das Schloss war ein von einem breiten Wassergraben umgebener einfacher Bau des späten 17. Jahrhunderts, wohl auf älterer Grundlage. Den dreistöckigen Bau zieren vier überkuppelte Erkertürmchen. Die Schlosskapelle St. Mariä Himmelfahrt steht südwestlich außerhalb des ehemaligen Grabens und ist ein kleiner Zentralbau von 1664, offenbar in Anlehnung an die heilige Kapelle in Altötting errichtet. Das Schloss, eine dreigeschossige Anlage der Renaissance mit Eckerkertürmen und Halbwalmdach, ist Privatbesitz und nicht zugänglich.

Schloss Gessenberg

Schloss Glött

89353 Glött/VG Holzheim
Landkreis Dillingen a. d. Donau

Das Schloss der Grafen Fugger liegt im südlichen Bereich des Ortes und dieser wiederum südlich von Dillingen. Seit 1869 ist es eine Pflegeanstalt der Regens-Wagner-Stiftung. Anton Fugger hatte es 1537 erworben, worauf das Schloss von 1550 bis 1560 durch Veit Widenmann neu gebaut wurde. Im Jahre 1932 bekam die ursprünglich von einem breiten Wassergraben umzogene, zweigeschossige Dreiflügelanlage mit Walmdächern und runden Ecktürmen eine Verlängerung des Ost- und Westflügels nach Süden sowie einen Südtrakt. Westlich der nördlichen Einfahrt liegt das Treppenhaus mit Balustergeländer und geschnitzten Stützen, um das Jahr 1790 gestaltet. Im nordwestlichen Turm liegt ein Raum mit klassizistischen Groteskenmalereien an den Wänden, und im Ostflügel befindet sich die Kapelle mit einem pilastergegliederten, flach gedeckten Saal.

Schloss Glött

Schloss Greifenberg

86926 Greifenberg

Landkreis Landsberg am Lech

Greifenberg liegt am nordwestlichen Ende des Ammersees und östlich von Landsberg am Lech an der A 96. Als der letzte Graf von Andechs 1248 starb, gelangte die Veste in den erblichen Besitz eines ihrer Ministerialgeschlechter, in dem der Taufname Grypho (Greif) besonders gebräuchlich war. Im Jahre 1230 wird ein Gripho de Vindaowe und 1257 ein Gripho de Greifenberg als Dienst- und Lehensmann des Herzogs Otto von Meran genannt. Hans der Greif nahm 1396 am Kreuzzug König Sigismunds gegen die in Ungarn eingefallenen Türken teil. Sultan Bajesid ließ nach seinem Sieg tausende von Rittern und Mannen der Kreuzfahrer hinrichten, darunter auch Hans den Greif. Er war der Letzte seines Geschlechts. Die Veste Greifenberg kam als mütterliches Erbgut an die Schweiker von Gundelfingen, die 1404 ihr Erbe teilten. Das Anwesen kam später an Elisabeth, die Gemahlin von Herzog Ernst, die es wiederum an ihre Enkel, die Herzöge Albrecht und Wolfgang, weitergab, die sich lange um das Erbe schlugen. Herzog Wolfgang kam 1474 in den Gesamtbesitz und wurde als Burgvogt eingesetzt. Seit 1507 kam Greifenberg an die Freiherren von Perfall, die bis 1848 die Hof-

Greifenberg

Schloss Greifenberg

mark innehatten. Das Schloss ist im Kern ein mittelalterlicher Rechteckbau um einen Innenhof auf dem ehemaligen Burghügel und über eine Brücke des tiefen Halsgrabens zugänglich. Nach einem Brand von 1760 baute Leonhard Matthäus Gießl die Anlage zum Teil neu auf. Die Schlosskapelle St. Georg zeigt ein Deckenbild des Heiligen als Drachentöter und im Hintergrund das Schloss, das 1775 von Ignaz Baldauf geschaffen wurde. Im Jahre 1808 wurde in Bayern die Leibeigenschaft aufgehoben und 1849 die Abgaben an die Hofmarksherren sowie die Pfarrer durch den Staat abgelöst. Wie schon die Greifen übten auch die Herren von Perfall in ihrer Hofmark die niedere Gerichtsbarkeit aus. Der einstige steinerne Richterstuhl aus dem Jahre 1442 fand seinen Platz unter einer mächtigen Blutbuche im Schlosspark. Greifenberg wurde in den Kriegswirren jeweils in Mitleidenschaft gezogen. Schon bei den Auseinandersetzungen zwischen den Herzogsbrüdern Albrecht und Wolfgang wurde die Burg schwer beschädigt. Im Dreißigjährigen Krieg legten die Schweden Feuer. Im spanischen und österreichischen Erbfolgekrieg wurde die gesamte Gegend um den Ammersee verwüstet. 1796 zogen feindliche Franzosen durch Greifenberg, die 1805 als Freunde Bayerns wiederkamen, und Napoleon I. verbrachte eine Nacht im Greifenberger Schloss. Der Landarzt Josef Hasinger von Greifenberg entdeckte 1833 in der Nähe seines Hauses eine Mineralquelle und errichtete ein Badehaus, das von König Ludwig I. und Königin Therese besucht wurde. Franz Freiherr von Perfall lenkte bis 1947 als Bürgermeister die Geschicke der Gemeinde. Bei Hundeliebhabern ist das jährliche Hundefestival im Schlosspark bekannt.

Jagdschloss und Neues Schloss Grünau

86633 Grünau/
Stadt Neuburg a. d. Donau
Landkreis Neuburg-Schrobenhausen

Pfalzgraf Ottheinrich erbaute für seine Frau Susanna das bezaubernde **Jagdschloss** östlich der Stadt, inmitten der großen Eichen- und Buchenwälder in der Flussniederung nahe der Donau, als Wasserschloss mit doppeltem Graben. Es ist eine Anlage aus zwei Schlossbauten, die noch weitgehend Formen der Spätgotik und der Renaissance aus dem mittleren 16. Jahrhundert zeigen. Das alte Schloss entstand unter Verwendung eines älteren Baukörpers ab 1530 durch den Baumeister Hans Knotz, mit Turmanbau und Rechteckbau in gotischer Tradition mit Treppengiebeln. Eine umfassende Renovierung erfolgte von 1974 bis 1980. Die Wand- und Deckenfresken in den Räumlichkeiten stammen vom Augsburger Maler Jörg Breu d. J., die 1555 durch Hans Windberger restauriert und in weiteren Räumen ergänzt wurden. Darunter befindet sich ein großes Relief mit Jagdszenen aus der ersten Hälfte des 16. Jahrhunderts, das Loy Hering zugeschrieben wird. Sehenswert auch der Kamin auf toskanischen Säulen in der Jungfrauenstube aus dem 17. Jahrhundert. Heute ist im Schloss der Sitz des Auenzentrums, doch werden hier auch kulturelle Veranstaltungen durchgeführt, wie beispielsweise Konzerte oder die seit 2005 jährlich im Mai stattfindenden Gartentage.

Das **Neue Schloss** nördlich der Stadt stammt ebenfalls von Knotz und wurde ab 1537 durch Hans Heckel errichtet. Den weiteren Ausbau vollendete Michael Schaler aus Ulm. Ab 1817 wurden die Stallungen und das Jägerhaus abgebrochen. Eine Renovierung bekam das Schloss von 1975 bis 1980. Es ist ein beherrschender Bau des Gesamtkomplexes, mit zweigeschossigem Langbau und hohem Satteldach sowie niedrigen runden Ecktürmen. Die Anlage ist Wittelsbacher Privatbesitz.

Jagdschloss Grünau

Burg Grünwald

82031 Grünwald
Landkreis München

Bereits im 12. Jahrhundert gab es hier eine Turmburg der Grafen von Andechs. 1293 tauschte Herzog Ludwig der Strenge den Klosterhof „Gruoninwalde“ ein und errichtete über dem östlichen Steilhang der Isar, südlich angrenzend an München, eine Burg. Herzog Johann II. benutzte die Burg als Liebesnest, indem er sich hier mit einer schönen Schneidermeistertochter traf. Ihr gemeinsamer Sohn Johann wurde 1443 Bischof von Freising. Herzog Albrecht IV. vollzog 1486/87 eine grundlegende Erneuerung, aus deren Zeit der Torturm erhalten blieb. Von 1319 bis 1490 war hier der Sitz des oberbayerischen Jägermeisters. Im 17. Jahrhundert wurde eine Verstärkung der Befestigung vorgenommen. Herzog Albrecht V. ließ Mitte des 16. Jahrhunderts einen Lust- und Tiergarten anlegen, der jedoch im Laufe der Zeit an Bedeutung verlor. Ab 1698 diente die Burg als Adelsgefängnis und Pulvermagazin, ging dann ab 1879 in Privatbesitz des Münchner Bildhauers Paul Zeiler über. Im Jahre 1976 kaufte der Freistaat die Burg, renovierte sie und richtete 1977 ein Museum mit Ausstellungs- und Depoträumen der Prähistorischen Staatssammlung ein. Das heutige Aussehen ist geprägt vom Ausbau des 15. Jahrhunderts, mit Überformungen des 19. Jahrhunderts. Im Burgmuseum befinden sich Ausstellungen zur Burggeschichte und zur Vor- und Frühgeschichte von München und Umgebung sowie das römische Lapidarium. Neben der Burg steht das Schlosshotel.

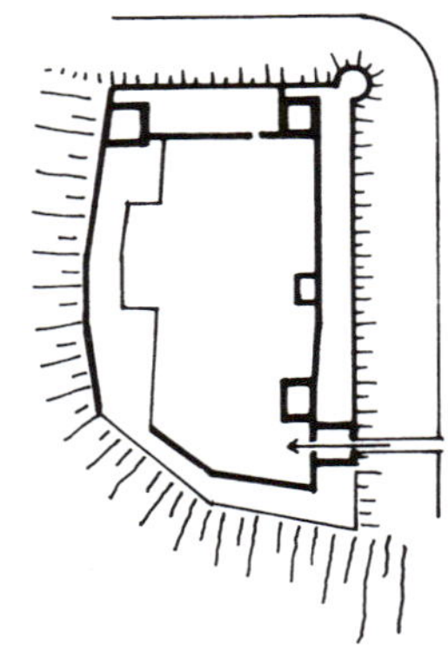

Burg Grünwald, Grundriss

Burg Grünwald

Rosenschloss Schlachtegg

89423 Gundelfingen a. d. Donau
Landkreis Dillingen an der Donau

Gundelfingen an der Donau liegt südwestlich der Kreisstadt Dillingen und schon 1270 wurde in alten Urkunden erwähnt, dass auf dem heutigen Schlossareal zunächst eine Kapelle errichtet wurde. Später soll hier ein dem Abt von Eichenbrunn unterstelltes Frauenkloster gestanden haben. Aus dem Jahre 1462 erhielt sich die Kunde, dass, während der Belagerung der Stadt, Kaspar von Westernach bei einem Ausfall im Kampfgewühl bei Schlachtegg, einer Dammaufschüttung in Brenznähe, gefallen sei. Später wurde dieser Name auf die Ansiedlung übertragen, womit das heutige Schloss, erbaut zwischen 1553 und 1560, auf historisch gewachsenem Boden steht. Dort hatte bis 1554 eine Kapelle gestanden, die dann abgebrochen wurde. Im Jahre 1555 wird Schlachtegg Hofmark. Nord- und Südflügel des Schlosses, mit dem zinnenbekrönten Giebel, dürften aus der Erbauungszeit stammen, während der angefügte Ost-West-Flügel wohl in der ersten Hälfte des 17. Jahrhunderts unter Einbeziehung der ehemaligen Friedhofskapelle St. Michael entstanden ist. Die heutige Kapelle St. Michael im Stile des Rokoko entstand um 1770. Über die Jahrhunderte ist ein häufiger Besitzerwechsel bis in die Gegenwart zu verzeichnen. Seit 1992 ist das Rosenschloss Sitz des Fachverbandes Deutscher Floristen, Landesverband Baden Württemberg e. V. und Bayern e. V. In den Jahren von 1998 bis 2001 erfolgte eine Gesamtsanierung des Schlossgebäudes.

Rosenschloss Schlachtegg, Gundelfingen

Schloss Günzburg

89312 Günzburg
Landkreis Günzburg

Das Schloss liegt inmitten der Stadt und ging im Jahre 1274 an die vorderösterreichische Markgrafschaft Burgau, worauf es fünfhundert Jahre lang habsburgisch-österreichischer Besitz war. Hier hatte Hans Stein auf

Günzburg

Schloss Günzburg

Ronsberg 1452 einen Vorgängerbau errichtet. Das Schloss wurde von 1577 bis 1586 unter Erzherzog Ferdinand II. von Tirol für seinen Sohn Karl, den späteren Markgrafen, durch Alberto Lucchese grundlegend umgestaltet und erneuert. Um 1609 ließ Markgraf Karl von Burgau durch Antonio Serro und Giulio Basso das Schloss innen verändern. 1703 brannte der Hauptbau aus. An der westlichen Langhausseite befindet sich die Rokokokapelle aus den Jahren 1754/55. Nach den Zerstörungen im Jahre 1703 setzte Valerian Brenner und 1769/70 nochmals Joseph Dossenberger der Jüngere den Bau wieder instand. Prinzessin Marie Antoinette, die künftige Gemahlin des späteren französischen Königs Ludwig XVI., hält sich 1770 auf ihrer Brautfahrt im Schloss auf.

Es ist eine schlichte, viergeschossige Flügelbauanlage mit Mansard- und Walmdächern, rechteckig um den Schlossplatz angeordnet. An der Südwestecke steht ein quadratischer Befestigungsturm der Stadtmauer aus dem 14./15. Jahrhundert. Ein Stadtbrand 1735 brachte den Bewohnern große Not. Als die 1945 entstandenen schweren Kriegsschäden behoben waren, wurde das Schloss zum Rathaus und Sitz mehrerer Behörden. Das Museum wurde im ehemaligen, von 1755 bis 1757 erbauten Piaristenkolleg eingerichtet und zeigt in 13 Räumen römische Archäologie, Stadtgeschichte und Ausstellungen zur Mineralogie.

Schloss Guttenburg

84559 Guttenburg/
Markt Kraiburg am Inn
Landkreis Mühldorf am Inn

Der ehemalige Stammsitz der Grafen von Tauffkirchen liegt hoch über dem rechten Inn-Ufer am Rand einer Hochterrasse südöstlich von Waldkraiburg und ist durch einen künstlichen mittelalterlichen Halsgraben von der Hochfläche abgetrennt. Fünf verschieden lange dreigeschossige Flügel mit Satteldächern und wenig hervortretenden Eckerkern prägen das Gesamtbild der Anlage. Im Wesentlichen entstand sie um 1660 bis 1670 über spätmittelalterlicher baulicher Grundlage, deren Gebäude einen unregelmäßig fünfseitigen Hof umschließen. Bauliche Veränderungen wurden im späten 19. Jahrhundert und zuletzt 1927 an den Fassaden vorgenommen. Im Nordflügel liegt die ehemalige Schlosskapelle. Das Treppenhaus mit dem großen Vestibül wurde um 1670 errichtet. Im ersten Obergeschoss des Nordostflügels liegt der Saal, in dessen vorgelagerten Räumen schwerer Stuck, unter anderem mit Kaiserbüstenreliefs, um 1670 eingebracht wurde. Im zweiten Obergeschoss des Torturms befindet sich eine Stuckdecke mit Dianarelief. Der Schlossgarten, südlich des mittelalterlichen Halsgrabens, war einst barock angelegt. Vier Pavillons des späten 17. Jahrhunderts befanden sich an den Ecken, von denen der nordwestliche nicht mehr vorhanden ist. Die Pavillons sind innen stuckiert, besonders bemerkenswert der südwestliche. Der ehemalige barocke Marstall an der Gartenostseite ist ein Kopfbau mit barocker Schweifgiebelfassade aus der Zeit um 1700. Schloss Guttenburg befindet sich in Privatbesitz, wird vom Eigentümer Nico Forster liebevoll restauriert und zu einem Museum ausgestaltet. Eine Golfanlage befindet sich vor dem Schloss.

Schloss Guttenburg

Haag in Oberbayern

Burg Haag

83527 Haag in Oberbayern
Landkreis Mühldorf am Inn

Die ausgedehnte Burganlage steht nördlich von Wasserburg am Inn auf einem Moränenzug des Inn-Gletschers und wurde spätestens im 12. Jahrhundert begründet. Ihre Anfänge gehen in die Zeit der Ungarneinfälle um 936 zurück. 1200, in der romanischen Zeit, wurde die Burg vergrößert und der Wohnturm als Bergfried erhöht. Unter Graf Siegmund erhielt die Burg 1481 ihre größte Ausdehnung. Im 16. Jahrhundert baute man sie zur Residenz aus. 1804 wurde sie bis auf wenige Reste abgebrochen. Der 40 Meter hohe Bergfried steht in der Mitte des inneren Burghofes, dessen romanischer Teil aus der Zeit um 1200 stammt. Das siebente Geschoss wurde um 1500 in verputztem Ziegelmauerwerk mit Pyramidendach aufgesetzt. An den vier Ecken befinden sich Erkertürmchen, in denen die Wächterstuben lagen. Von 1751 bis 1767 wurde die Unterburg in ein Jagdschloss umgestaltet. Infolge der Säkularisation wurden von 1804 bis 1815 vor allem die gotischen und barocken Bauteile abgebrochen. Im Jahre 1985 erfolgte eine Außenrenovierung, wobei die großen aufgemalten Schimmelwappen der Grafen von Haag am oberen Turm aufgedeckt und nach Befund rekonstruiert wurden. Die Burg beherbergt ein Museum mit sieben Modellen der Burg Haag sowie historische und moderne Pläne, Gemälde und Ansichten von 1557 bis 1815 und den Sitz des Geschichtsvereins.

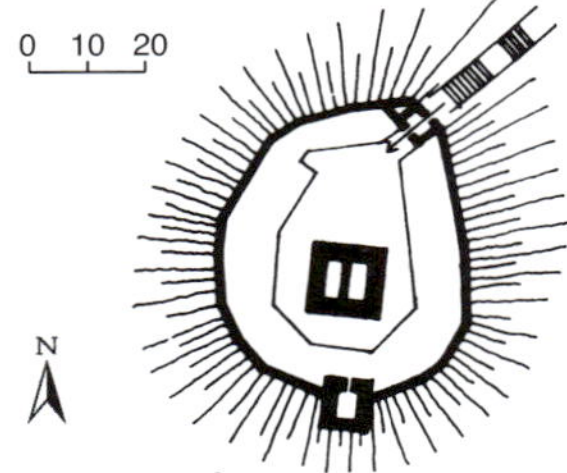

Burg Haag, Grundriss

Burg Haag

Schloss Haggn

94362 Haggn/Gem. Neukirchen

Landkreis Straubing-Bogen

Die ehemalige Wasserburg, heute Schloss, liegt nordöstlich von Straubing. Die Anlage wurde 1336 erstmals als Sitz des Johann Heinrich Steinberger im Hacken genannt. Dietrich Steinberger starb 1414 und war vermutlich der Letzte seines Geschlechts. Er hatte seinen Besitz an Wilhelm und Kaspar, Söhne des herzoglichen Marschalls Berchthold Zenger, verkauft. Wilhelms Sohn Andreas erwarb auch die Burg Wildenforst bei Metten. Er starb im Jahre 1452. Als seine Tochter Cecilia kinderlos starb, stritten sich Ulrich Waldau und Georg Eschlbeck als nachfolgende Familienangehörige um das Erbe, das Ulrich Waldau zugesprochen wurde. Seine Nachfolger waren Georg I. und dessen Sohn Georg II. Dominikus. Da Letzterer nur vier Töchter hatte, gelangte Haggn über seine Schwester Anna an deren Gemahl Balthasar Türriegl, den Pfleger von Mittenfels. Um 1500 werden die Heuraus, Margaret von Frauenberg und Alhard von Paulsdorf als Besitzer genannt. Balthasar Türriegls Sohn Burkhard verkauft 1559 die Hofmark an den Degenbergischen Pfleger zu Schwarzach, Balthasar Khürmreuter. In der weiteren Folge wechselte das Schloss häufig die Besitzer, da es innerhalb der Linien oder durch Heirat weitergegeben wurde. 1681 kam Hans Christoph Asch in den Besitz von Haggn, ihm folgten sein Sohn Joseph Leopold Alois und zuletzt Ignatz Franz Alois von Asch. Mit ihm starb das Geschlecht der Asch auf Haggn aus. Im Jahre 1857 kam der Besitz an den Schwiegersohn des Ignatz Alois von Asch, Anton Freiherr von Schrenk. Dessen Sohn Leopold Freiherr von Schrenk Notzing erbte Haggn und erweiterte den Grundbesitz. Baron von Schrenk hatte auf seinem Grundbesitz die Anlage eines Elektrizitätswerkes begonnen und lieferte den Orten Haggn und Neukirchen

Schloss Haggn

Strom. Seinen Besitz, den er in ein Fideikommiss umwandeln ließ, ging durch Erbschaft an Otto Freiherr von Berchem. Heute ist Marilies Falck, eine geborene Freiin von Berchem, mit ihrer Familie Besitzerin des Schlosses. Der heutige Wohnbau, ehemals von einem Graben umgeben, entstand im 17. Jahrhundert durch Umbau der mittelalterlichen Burg. Die Türme des Schlosses sind mit verschindelten Zwiebelhauben versehen. Der südliche kleinere Trakt enthält im Erdgeschoss die Schlosskapelle. Zur bemerkenswerten Ausstattung des Schlosses zählen zwei Renaissanceöfen mit farbig glasierten Figurenreliefs und Ornamenten. Das Ökonomiegebäude des 17. Jahrhunderts ist dem Schloss vorgelagert. Eine Schlossgaststätte „Zur Einkehr“ im ehemaligen Wirtschaftshof des Schlosses lädt zum Verweilen ein.

Schloss Haimhausen

Schloss Haimhausen

85778 Haimhausen

Landkreis Dachau

Nordöstlich von Dachau waren im 12. Jahrhundert die Grafen von Valley ansässig. 1281 wurde Schloss Haimhausen als Castrum zum ersten Mal urkundlich erwähnt. Von 1590 bis 1794 war das Schloss Hofmarkssitz der Viepeck, der späteren Reichsgrafen von Haimhausen. Es wurde wohl um 1689 bis 1694 als Lusthaus im Stil einer italienischen Villa neu gebaut und 1747/48 durch Umbau unter Einziehung des Schlösschens nach Entwurf François de Cuvilliés d. Ä. erweitert. Veränderungen im Inneren erfolgten um 1833, 1893 bis 1897 und durch Hinzufügen der Freitreppe nach dem Vorbild von Nymphenburg. Eine erneute Renovierung der Dreiflügelanlage aus dem 18. Jahrhundert, mit kurzem Ehrenhof an der Ostseite und dem dreigeschossigen Hauptbau mit Walmdach, wurde von 1983 bis 1988 vorgenommen, die Seitenflügel zweistöckig aufgeführt. Im Erdgeschoss befindet sich die Wagendurchfahrt mit Tonnengewölbe über toskanischen Säulen. An der Ostseite liegt der Eingangsportikus, an der Gartenseite im Westen die zweiläufige Freitreppe. Den Innenbereich erschließt man über ein zentrales Treppenhaus mit doppelläufiger Treppenanlage. Im zweiten Obergeschoss auf der Ostseite liegen die Repräsentationsräume und der zentrale Salon bzw. der Festsaal. Das Treppenhaus und mehrere Räume sind im Stil des Rokoko stuckiert und wurden vom Regensburger Architekten Max Schultze entworfen. Kostbarkeiten im Festsaal und in der Kapelle sind die Fresken von Johann Georg Bergmüller. Die Schlosskapelle Zum gegeißelten Heiland ist heute ein evangelischer Betsaal, mit reichem Stuck und Deckengemälde geziert. Das Schloss wird als Bavarian-International-School genutzt. Angrenzend befindet sich eine Schlossklause.

Schloss Haldenwang

89356 Haldenwang

Landkreis Günzburg

Östlich von Günzburg, bei Burgau, und südlich über dem Ort liegt das romantisch anmutende Schloss, das die Freiherren von Freyberg seit 1524 im Besitz hatten. Der dreigeschossige Hauptbau mit Satteldach stammt im Kern aus dem 16. Jahrhundert und wurde im 17./18. Jahrhundert überformt. 1859/60 wurde er in neugotischen Formen nach

Schloss Haldenwang

Plänen von Georg von Stengel verändert und ein Anbau für Kapelle und Bibliothek hinzugefügt. Diese erhielten 1911/12 eine Veränderung. Der Wintergarten wurde 1921/22 erhöht. Am südlichen Teil zieren Zinnengiebel das Schloss, flankiert von polygonalen Eckerkern und im Osten und Westen von Treppengiebeln. Der oktogonale Turm präsentiert sich mit erneuertem Zinnenkranz. Das anschließende, lang gestreckte Nebengebäude zu zwei Geschossen wurde von Stengel 1859/60 geschaffen. Eine umfassende Restaurierung erfolgte ab 1983. Das in Privatbesitz befindliche Schloss vermietet Räumlichkeiten für Feiern, die in diesem schönen Ambiente gern genutzt werden.

Harburg

Harburg

86655 Harburg

Landkreis Donau-Ries

Als die Harburg am Rand des heutigen Naturparks Altmühltal auf steilem Felsen hoch über dem Ort, nordwestlich von Donauwörth, errichtet wurde, war sie Reichsbesitz und Eigentum des Kaisers und wurde von Ministerialen verwaltet. Erwähnt wurde sie erstmals 1150 als Besitz der Staufer. Sie ist heute eine der größten, ältesten und besterhaltenen Burgen Süddeutschlands. 1295 wurde sie an die Grafen von Oettingen verpfändet, die sie jedoch erst 1493 bis 1549 als ihre Residenz wählten. Noch im Jahr der Inbesitznahme ließ Graf Wolfgang I. von Oettingen, auch der Schöne genannt, den Saalbau errichten. Ab 1596 wurde der Fürstenbau in der heutigen Gestalt durch Graf Gottfried zu Oettingen hinzugefügt. Über 100 Jahre später, von 1717 bis 1721, ließ Fürst Albrecht Ernst II. einen neuen barocken großen Saal und die Kirche gestalten. Ab 1731 ging die Burg nach dem Aussterben der gräflichen Linie Oettingen-Oettingen in den Be-

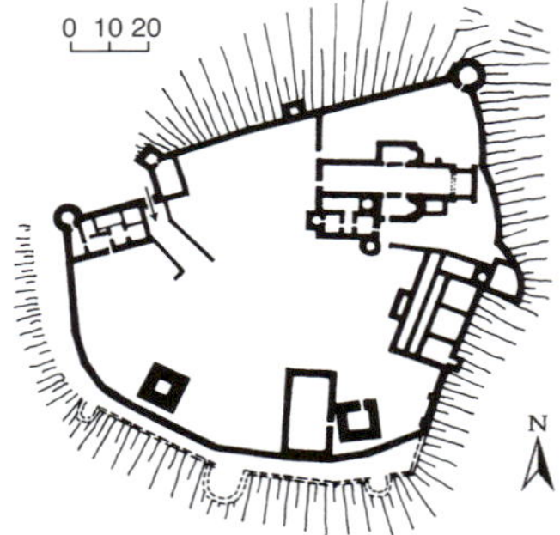

Harburg, Grundriss

Harburg

sitz der 1774 in den Fürstenstand erhobenen von Oettingen-Wallerstein über. Rege Bautätigkeit vollzog sich von 1743 bis 1819, als die meisten Wirtschaftsgebäude der Vorburg entstanden. Erneuerungsmaßnahmen am Fürstenbau folgten von 1839 bis 1869. Der architektonische Zustand aus dem 18. Jahrhundert blieb in wesentlichen Teilen erhalten. Dies gilt auch für den großen, dem Gelände angepassten Mauerring und die Türme. Zwischen den beiden Toren befindet sich ein malerisches Torwärterhäuschen von 1703 mit vorgesetztem Geschützturm. An der südlichen Mauer stehen der nach 1840 errichtete Wasserturm und der Weiße Turm von 1665 mit fünf Geschossen. Zum Hof der Hauptburg führt das 1616 erneuerte Schlosstor mit Fallgitter und darüber liegendem Wehrgang. Im inneren Bereich liegt die Burgvogtei, ein Giebelbau des 16. Jahrhunderts, und südlich davon der Kastenbau, der einstige Marstall. Der quadratische Bergfried des 13. Jahrhunderts mit Gefängniszellen wird als Diebsturm bezeichnet und ist der älteste Teil der Burg. Besucher können die Kirche, den Wehrgang, Weißen-, Dieb-, Faul- und Gefängnisturm sowie das Gerichtsgebäude im weiten Areal besichtigen. Im Innern verzückt der Festsaal die Burginteressierten. Die vorher in Maihingen befindlichen fürstlichen Kunstsammlungen kamen 1948 in die Harburg. Zu verschiedenen Anlässen werden Feste im Burghof, Konzerte, Hochzeiten und Empfänge sowie Trauungen in der Burgkapelle St. Michael abgehalten.

Harburg, Hotelbau

Sommerschloss Hardeck

95698 Hardeck/
Markt Neualbenreuth
Landkreis Tirschenreuth

Das Sommerschloss Hardeck, das um 1708 auf steil abfallendem Felsen als Jagd- und Sommersitz der damaligen Klosteräbte von Waldsassen errichtet wurde, liegt unmittelbar an der tschechischen Staatsgrenze bei Neualbenreuth. Es ist ein zweigeschossiger Walmdachbau mit Eckrustika und Steinrahmungen, an dessen Schmalseiten sich polygonale Standerker befinden. Das frühere hier befindliche „Castrum Hardekke“ gehörte als Ministerialsitz zu dem Burgenkranz rund um Eger. Im Jahre 1316 ging die Burg mit den dazugehörigen Besitztümern von den Leuchtenbergern auf das Kloster Waldsassen über. Bevor 1864 die bayerisch-böhmische Grenze endgültig festgelegt wurde, gehörte von 1591 das Gebiet abwechselnd zur Stadt Eger und dann wieder zum Stift Waldsassen. Bis zum Umbau zu einem barocken Schloss war Hardeck Richter- und Pflegeamt des Klosters Waldsassen. Da sich das Kloster in Geldnot befand, wurde die Burg zwischen 1300 und 1400 zweimal verkauft und wieder zurückgekauft. Dadurch entging sie dem Verfall. Johann Ruderer erwarb das Schloss, das nach der Säkularisation von 1803 40 Jahre leer stand, 1844 vom bayerischen Staat. Die Räume wurden in der Folge als Färberei, Gastwirtschaft (im alten Turm) und für landwirtschaftliche Zwecke genutzt. Eine Sanierung, die im Jahr 2001 abgeschlossen wurde, gab dem Schloss ein neues Aussehen. Die Privateigentümer haben keine Einwände dagegen, dass Besucher vom Hof aus den historischen Bau besichtigen.

Sommerschloss Hardeck

Schloss Hart

83533 Hart/Gem. Edling
Landkreis Rosenheim

Der zweigeschossige Satteldachbau mit Erkerturm von 1640, um 1900 verändert, ist in Hart, südwestlich von Wasserburg am Inn, zu finden. Der Hauptbau mit Schlosskapelle und einer doppelgeschossigen Arkadenreihe öffnete sich nach Süden zu einem vierseitigen Wirtschaftshof. Urkundlich erwähnt wird Hart erstmals im Jahre 1509. Bis 1627 gehörte es zu Regensburg. Der Pfleger zu Wasserburg, Jakob Hauser, kaufte 1640 das Gut, erbaute das Schloss und starb bald darauf. Danach erwarb die Patrizierfamilie Schobinger aus München das Anwesen und verkaufte es 1671 an den Bischof Albrecht Siegmund von Freising, der auch Herzog in Bayern und der Pfalz war. Dieser ließ die Kapelle errichten. Als er kein Interesse mehr am Schloss zeigte, verkaufte er es kurze Zeit später an den fürstbischöflichen Hofkammerrat Franz Rudolf Holzner von Schönbichl, der es bald darauf wieder verkaufte. In weniger als 50 Jahren wechselte das Anwesen fünfmal den Besitzer. Einer von diesen war Lidl von Bourbula, der während des Türkenkrieges vom bayerischen Kurfürsten Max Emanuel 1687 beauftragt wurde, aus ungarischen Freiwilligen ein Husarenregiment aufzustellen. Im Schloss wird ein Restaurant mit Biergarten betrieben und den Besuchern stehen ein Kinderspielplatz sowie der Garten zur Verfügung.

Schloss Hart

Schloss Haslangkreit

86556 Haslangkreit/ Markt Kühbach

Landkreis Aichach-Friedberg

Seit 1399 gehörte das Areal, das südwestlich von Schrobenhausen zu finden ist, in den Besitz derer von Haslang. Verkauft wurde es 1840 an die Grafen von Maldeghem und ist noch heute in Privatbesitz. Den heutigen Namen hat der Ort von den Freiherren und späteren Grafen von Haslang, die seit dem frühen 14. Jahrhundert hier ansässig waren. Sie dienten den bayerischen Herzögen und Kurfürsten als Pfleger in den altbayerischen Landgerichten von Aichach bis Reichenhall sowie als Offiziere und als Räte in München. Der Letzte der Familie Haslang lebte zeitweilig als kurbayerischer Gesandter in London. Ursprünglich stand hier eine Wasserburg, die um 1675 bis 1680 durch einen Schlossneubau, bestehend aus vier Flügeln um einen rechteckigen Hof, unter Verwendung älterer Teile ersetzt wurde. Im 19. Jahrhundert wurde der südliche Trakt abgebrochen und es entstand eine offene, dreigeschossige Dreiflügelanlage mit hohen, geschweiften Giebeln. Im Inneren findet man stuckierte Decken aus der Zeit um 1675 bis

Schloss Haslangkreit

1680 sowie einen Kachelofen mit Reliefs Kaiser Leopolds I. und der Kurfürsten. Im Westflügel liegt die katholische Schlosskapelle St. Georg mit dem Altar von 1678 und einem Gemälde der Verkündigung Mariä.

Burg Heimhof

92289 Heimhof / Gem. Ursensollen

Landkreis Amberg-Sulzbach

Gut 15 Kilometer südlich von Amberg liegt die Burg malerisch auf einer zur Lauterach steil abfallenden Anhöhe. Das Geschlecht der Haimenhofer ist seit der Mitte des 13. Jahrhunderts urkundlich belegt. Ab 1331 befand sich die Burg als Lehen in den Händen des Klosters Kastl. Vom Ende des 16. Jahrhunderts bis in das 19. Jahrhundert hinein gehörte es der Familie von Loefen und nach 1855 begann der allmähliche Verfall. Ab 1922 wurde die Anlage gesi-

Burg Heimhof

chert und durch Bodo Ebhardt erfolgten erste Aus- und Umbauten, die später von Ernst Maier vervollkommnet wurden. Das Erscheinungsbild der in die Gotik zurückgehenden Anlage wird geprägt durch einen hohen Palas und unregelmäßigen Innenhof sowie die runden, turmartig ausgebauten Eckerker mit Kuppeldächern. Der Hauptbau geht wohl in das 14. Jahrhundert zurück. Die Schlossgebäude des ausgehenden 16. Jahrhunderts wurden weitgehend verändert. Um 1610 wurden im Osttrakt reiche Wand- und Deckenstuckaturen eingearbeitet. Das Schloss ist in Privatbesitz und es wird kein Zutritt gestattet.

Schloss Herrenchiemsee

83256 Herrenchiemsee/ Gem. Chiemsee

Landkreis Rosenheim

Schloss Herrenchiemsee ist einer der prachtvollsten Schlossbauten, den man heute auf einer Insel des Chiemsees besichtigen und bewundern kann. König Ludwig II. von Bayern, auch als „Märchenkönig" bezeichnet, der als 18-Jähriger im Jahre 1864, nach dem Tode seines Vaters, den Thron bestieg, wollte ein „Neues Versailles" schaffen und

Schloss Herrenchiemsee, Famabrunnen

somit dem französischen „Sonnenkönig" Ludwig XIV. nacheifern. Als er Versailles auf seinen Reisen 1867 und 1874 nach Paris aufmerksam in Augenschein nahm, war er von seinem Vorhaben regelrecht besessen. Es war der große und letzte ehrgeizige Plan des herrschenden Wittelsbachers. Ludwig II. kaufte 1873 vier Holzhändlern die Herreninsel ab, um sie vor Abholzung zu bewahren und hier seinen Traum Wirklichkeit werden zu lassen, obwohl er ein Liebhaber der Berge war. Die Pläne für Bau und Ausstattung waren vom König bis ins Detail vorgegeben und vom Architekten Georg von Dollmann ausgearbeitet worden, der jedoch ab 1883 durch Julius von Hofmann abgelöst wurde. Erste Pläne lagen 1868 vor und im Mai 1878 wurde für Herrenchiemsee der Grundstein gelegt, drei Jahre später stand der Rohbau in der Mitte der Insel. Im Jahre 1881 waren der barocke Außenbau und die Repräsentationsräume, zu denen die Spiegelgalerie und das Paradeschlafzimmer zählen, fertiggestellt. Seine Privatgemächer bewohnte der „Märchenkönig“ nur neun Tage im Herbst 1885. Zwei Jahre nach seinem Tode 1886 wurde das Schloss der Öffentlichkeit geöffnet. Die im Osten befindliche Lindenallee kann man vom Paradeschlafzimmer aus erblicken und der unvollendete Kanal im Westen hätte es erlaubt, per Schiff bis vor das Parterre des Gartens zu fahren. Sehenswert sind das Treppenhaus mit Prunktreppe, Stuckmarmor, Gemälde und Figuren, das der Gesandtentreppe von Schloss Versailles nachgebildet wurde. Das Herzstück ist das Paradeschlafzimmer mit dem Prunkbett, das Schauplatz der Morgen- und Abendaudienzen des Königs war, wogegen der Spiegelsaal mit seinen 52 Kandelabern, 33 Lüstern und vielen vergoldeten Vasen das Vorbild von Versailles noch übertrifft. Eine große Zahl von weiteren prächtigen Räumen, Salons und Sälen steht dem Besucher zum Bestaunen offen. Wegen Geldmangels wurde der Seitenflügelrohbau abgebrochen und die Vollendung des Schlosses eingestellt. Das äußere Gesamtbild zeigt eine zweigeschossige Dreiflügelanlage mit östlichem Ehrenhof, eingebettet in eine wunderschöne Parkanlage, die

Schloss Herrenchiemsee

Schloss Herren-chiemsee

zur Fertigstellung durch den Hofgartendirektor Möhl für 1892 geplant war. Zahlreiche Brunnenanlagen mit vielfältiger architektonischer Gestaltung befinden sich vor der Schauseite des Schlosses in einer kunstvoll gestalteten barocken Gartenanlage. Der prachtvolle Latonabrunnen ist eine Nachbildung des Brunnens in Versailles. Ebenso beeindruckend sind auch der Fama- und Fortunabrunnen. Das Kloster der Augustiner-Chorherren, das sogenannte Alte Schloss, ist heute Hotel mit sehenswerten Barockräumen, nahe der Schiffsanlegestelle auf der Insel.

Schloss Herrnfehlburg

94372 Herrnfehlburg/
Gem. Rattiszell
Landkreis Straubing-Bogen

Die ursprüngliche Burg der Grafen von Bogen, später der bayerischen Herzöge, stand anstelle des heutigen Schlosses, das nördlich von Straubing an der B 20 eine schlichte Baugruppe im Landschaftsbild darstellt. Im 14. Jahrhundert saßen hier die Velberger, danach folgte mehrfacher Besitzwechsel. Der bestehende zweigeschossige Walmdachbau ist im Kern spätgotisch

Schloss Herrnfehlburg

und wurde gegen Ende des 17. Jahrhunderts barock verändert. Im rückwärtigen Bereich schließt sich ein Satteldachtrakt an, in dessen Verlängerung die Schlosskapelle steht. Auf einer Tafel ist festgehalten: „In Dankbarkeit gewidmet dem größten Wohltäter der Kirche Herrnfehlburg, dem achtbaren Johann Ettl, Brauereibesitzer von Straubing, gestorben 10.04.1917 im Gottes gesegneten Alter von 94 Jahren." Im Jahre 1907 ließ dieser das hiesige Priesterhaus erbauen und schenkte 40 000 Mark zur Dotierung einer eigenen Seelsorgestelle in Herrnfehlburg. Auf dem in Privatbesitz befindlichen Schloss wird eine Gaststätte betrieben.

Schloss Hexenagger

93336 Hexenagger/
Markt Altmannstein
Landkreis Eichstätt

Im Naturpark Altmühltal, südlich von Riedenburg auf einer vorspringenden Bergzunge im Schambachtal, malerisch über der Siedlung gelegen, befindet sich das erstmals 982 erwähnte Hexenagger. Dietrich von Hexen-

Schloss Hexenagger

agger fiel im Gefolge Kaiser Ottos gegen die Sarazenen. Die Anlage wechselte in der Folge mehrfach die Besitzer, darunter fielen die Abensberg, die Herzöge von Bayern, Kurfürst Karl Albrecht, Fürst Portia und weitere. Das Schloss ist eine über mittelalterlichem Vorgängerbau errichtete Anlage vorrangig des 16. bis 18. Jahrhunderts. Von der mittelalterlichen Burg sind nur noch Reste erhalten geblieben. Vom romanischen Bergfried besteht noch ein Stumpf. Die Reste der ehemaligen Vorburg wurden im 18. und 19. Jahrhundert zu Ökonomiegebäuden ausgebaut. Die Wohnanlage ist ein stattlicher Treppengiebelbau des 16. Jahrhunderts, deren Innenbereich mit Treppenhaus und Fluren im 17. und 18. Jahrhundert weitgehend neu gestaltet wurde. Die Schlosskapelle St. Johannes und Paulus entstand von 1625 bis 1629. Der mehrfach gegliederte Turm mit Blendarkaden und Zwiebelhaube wurde über einem Wehrturm des ehemaligen Berings erbaut. Über dem Portal findet man die Wappen derer von Muggental und von Stinglheim von 1727. Der Schlossgarten des 18. Jahrhunderts mit Pavillon wird von einer Mauer umschlossen. Das Schloss ist Privatbesitz, doch zu besonderen Anlässen oder Veranstaltungen der Gemeinde wird das historische Areal einbezogen.

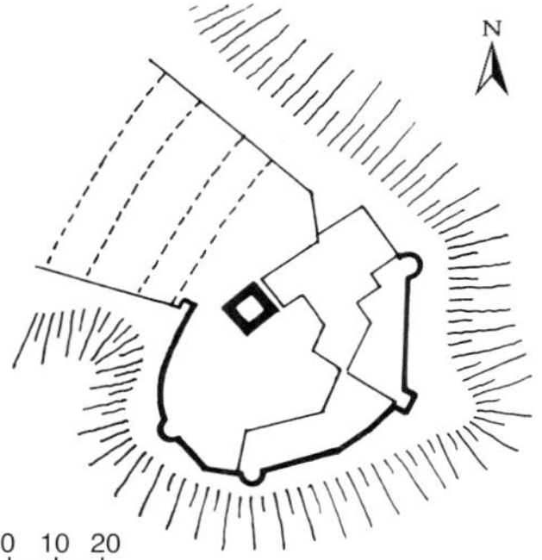

Schloss Hexenagger, Grundriss

Pflegschloss Hirschau

92242 Hirschau

Landkreis Amberg-Sulzbach

Nördlich von Amberg an der B 14 steht am Marktplatz in Hirschau das Ensemble der Pfarrkirche, Rathaus und Pflegschloss. Sicherlich war die einstige Veste, welche von den Grafen von Sulzbach im 12. oder 13. Jahrhundert gegründet wurde, eines der ersten Gebäude des Ortes und vermutlich deren Jagdschloss in den wildreichen Wäldern. Auch der Böhmenkönig Wenzel der Fromme wird in der Geschichte als Besitzer oft mit Hirschau in Verbindung gebracht, obwohl dessen Regierungszeit Mitte des 10. Jahrhunderts deutlich zu früh wäre. Nachweislich stand Anfang des 14. Jahrhunderts an gleicher Stelle eine Veste, die 1474 abbrannte. Danach wurde das Schloss bis 1478 fertiggestellt. Geschützt war diese noch burgähnliche Anlage mit Vorhof durch einen Wassergraben. Erhalten blieben aus dieser Zeit das Schlossgebäude und ein Teil der nördlichen Stadtmauer. In die alte Veste und später in das Schloss legte man ein Pflegamt. Nachdem das Areal 1817 in Familienbesitz der Dorfner übergegangen war, wurde 150 Jahre lang eine Schlossbrauerei und ab 1819 eine Gastwirtschaft betrieben, in der man noch heute bewirtet wird. Bei der Renovierung der alten Schlossgaststätte 1987 wurde diese um einen neuen Trakt mit Küche, Restaurant und neuen Fremdenzimmern ergänzt. Von 1981 bis 1988 erfolgte eine Sanierung der dreigeschossigen Anlage, an dessen westlicher Traufseite sich ein Sandsteinerker mit der Bezeichnung „1478 Wilhalm Tondorffer“ (Pfleger in Hirschau) befindet.

Pflegschloss Hirschau

Schloss Hirschberg

Schloss Hirschberg

82362 Hirschberg/
Stadt Weilheim
Landkreis Weilheim-Schongau

Das versteckte und unauffällige Schloss wurde von 1745 bis 1747 von Georg Wenzelslaus von Knobelsdorff gebaut und 1912 im Jugendstilbarock neu errichtet. Ende der 30er-Jahre des vorigen Jahrhunderts erwarb die NSDAP das Anwesen, worauf es hier bald zu einem Treffen mit Benito Mussolini nebst Gattin kam. 1944 diente es Partisanen als Zufluchtsort. Auch der ungarische Reichsverweser von Horthy wohnte im Schloss. Nach Kriegsende nahmen US-Soldaten hier Quartier, darauf folgten ukrainische Priester, Salesianer-Mönche und schließlich 1961 der BND. Auch von Letzterem wurde das Anwesen für geheime Treffen hochrangiger Mitglieder genutzt und mit einem taktisch-operativen Bereich ausgestattet. Die zum Ende des Zweiten Weltkrieges angebrachte Tarnfarbe, als Schutz gegen Luftangriffe, wurde erst 1976 entfernt. Zum Schloss, das sich heute in Privatbesitz befindet, gehört das anliegende Strandbad vom Haarsee.

Schloss Hochaltingen

86742 Hochaltingen/ Gem. Fremdingen
Landkreis Donau-Ries

In einer gepflegten Parklandschaft, idyllisch eingebettet westlich des Ortskerns, steht das ansehnliche Schloss. Es war jahrzehntelang im Besitz der Ordensgemeinschaft der Dillinger Franziskanerinnen. Ab 1283 war es Besitz des Hauses Hürnheim-Niederhaus. Errichtet wurde der Bau 1551 unter Verwendung älterer Teile und in den Jahren 1591 und 1764 umgebaut. Im Jahre 1578 ging das Schloss durch Heirat an die Freiherrn von Welden und wurde 1764 an Oettingen-Spielberg verkauft. Dem Betrachter zeigt sich eine dreigeschossige Dreiflügelanlage um einen weiten Hof, deren breite Hauptfront nach Osten mit Ecktürmen geziert ist. Über dem Hauptportal befindet sich das Wappen der Hürnheim-Niederhaus, Welden und Oettingen-Spielberg. Hofseitig wird das Schloss durch Arkaden geschmückt. Im südöstlichen Eckturm liegt die Kapelle aus der Erbauungszeit mit dem Altar aus der Mitte des 16. Jahrhunderts. Im rückwärtigen Bereich des Schlosses schließt sich eine gepflegte Park- und Gartenanlage an. Das integrierte Café ist sonntags auch für Gäste geöffnet.

Schloss Hochaltingen

Schloss Höchstädt a. d. D.

89420 Höchstädt a. d. Donau
Landkreis Dillingen a. d. Donau

Die imposante, um einen fast quadratischen Hof angeordnete Vierflügelanlage zu drei Geschossen mit vier runden Ecktürmen ist heute das Wahrzeichen der Stadt, die nordöstlich von Dillingen liegt. Schloss Höchstädt ist eines der herausragenden Denkmäler des ehemaligen Fürstentums Pfalz-Neuburg. Sehenswert und von Bedeutung ist die Schlosskapelle zum gekreuzigten Heiland mit Wand- und Deckenfresken, vom Neuburger Hofmaler Mang Kilian 1601 geschaffen.

Im 12. Jahrhundert amtierten auf der Burg Reichsministeriale. Pfalzgraf Philipp Ludwig von Neuburg ließ in den Jahren 1589 bis 1603 das Schloss durch die Baumeister Sigmund Doctor und Gilg Vältin aus Graubünden errichten. Gebaut wurde das Schloss anlässlich seiner Eheschließung mit der Herzogstochter Anna von Jülich-Cleve-Berg, um dieser einen anspruchsvollen Witwensitz zu sichern. Graubündner Maurer bauten 1589 bis 1603 nach Entwürfen von Lienhart Grieneisen einen spätrenaissancen Neubau, in den der bestehende mächtige ehemali-

Schloss Höchstädt a. d. D.

ge Bergfried der Burg integriert wurde. Als Witwe lebte hier von 1615 bis 1632 die Herzogin Anna, und während ihr Sohn Wolfgang Wilhelm aus politischen Gründen in Neuburg die Gegenreformation durchführte, hielt sie hier am evangelischen Glauben fest. Europäische Geschichte schrieb Höchstädt durch eine Schlacht, der eine Dauerausstellung zum Thema „Brennpunkt Europas 1704 – Die Schlacht von Höchstädt" gewidmet ist. Die Brücke wird 1789 durch einen Damm ersetzt und ab 1879 bis 1928 wird das Schloss Amtsgericht und Finanzamt, dem in dieser Zeit um 1911 das große Treppenhaus in der ehemaligen Dürnitz hinzugefügt wurde. Von 1946 bis 1967 war im Schloss ein Altersheim untergebracht und 1980 erfolgte eine Restaurierung mit anschließender Einrichtung als Museum. Am Eingang liegt das große, von Säulen flankierte Rundbogenportal, das im Segmentbogengiebel das Allianzwappen von Pfalz-Neuburg/Jülich-Cleve trägt. Im Westflügel liegt die hohe, kreuzgratgewölbte ehemalige Kapelle. Neben der schon genannten Ausstellung gibt es noch das Deutsche Fayencenmuseum. Des Weiteren werden auf Schloss Höchstädt Konzerte, Vortragsreihen und Lesungen veranstaltet, im Dezember außerdem Christkindlmärkte mit Krippenausstellung.

Schloss Hofberg

Schloss Hofberg

84103 Hofberg/Gem. Postau

Landkreis Landshut

Südlich von Landshut findet man den Stammsitz der Edlen von Köllnbach. Sie wurden 1230 erstmals erwähnt und waren noch im 15. Jahrhundert hier ansässig. Im 17. Jahrhundert war das Schloss im Besitz der Haunsperg, die die heutige Anlage seit 1695 unter Franz von Haunsperg anstelle eines Vorgängerbaus errichteten. Ab dem 18. Jahrhundert ging der Besitz an die Grafen Arco-Valley. Der Gesamtkomplex, bestehend aus Schloss, Ökonomiegebäuden und Torturm, umgrenzt einen weitläufigen Hofbereich. Der dreigeschossige Schlosstrakt, dessen zweites und drittes Geschoss an der Giebelfassade durch Pilaster zusammengefasst ist, steht auf der Nordseite und hat einen schmalen Innenhof. Im Segmentbogengiebel des Portals befindet sich eine Wappenkartusche der Grafen Arco. Die Anlage ist privat und nur äußerlich einsehbar.

Schloss Hohenaschau

83229 Hohenaschau/
Gem. Aschau im Chiemgau
Landkreis Rosenheim

Das Schloss steht auf einem Höhenrücken im breiten Priental, südwestlich des Chiemsees. Es ist eine umfangreiche Höhenburg aus mittelalterlicher Ringburg um einen Innenhof, Bergfried mit Burgtor im Zentrum und westlich anschließender Vorburg mit Schlosskapelle. Ursprünglich war sie Besitz des Erzstiftes Salzburg und wurde um 1158 den Grafen von Falkenstein-Neuburg übertragen. Der Bau wurde um 1170 durch die Brüder Konrad und Arnold von Hirnsberg gegründet und ging von 1328 bis 1374 in den Besitz der Mautner. Von der Anlage des 12. Jahrhunderts sind der Bergfried, Ringmauer und Unterbau der äußeren Umfassungsmauern erhalten geblieben. Die Vorburg stammt wohl aus dem 13. Jahrhundert. Später übernahmen die Herren von Freyberg die Burg. Ab 1556 erfolgte unter Pankraz von Freyberg der Ausbau zum Renaissanceschloss. Der bayerische Herzog Albrecht V. ließ den Schlossherrn Pankraz von Freyberg wegen seiner Hinwendung zum Protestantismus zeitweise gefangen halten, bis er 1565 auf dem Schloss starb. Hohenaschau war im 16. Jahrhundert durch Bastionen zu einer der stärksten Burgen im Voralpenland ausgebaut worden. Benigna von Freyberg heiratete 1610 Johann Christoph von Preysing und so ging die Herrschaft von Hohenaschau an diese Familie über. Die Grafen von Preysing hatten den Besitz bis 1853. 1875 ging er durch Kauf an die Freiherren von Cramer-Klett. Unter den Preysings entstand die 1637/38 gebaute Schlosskapelle und die Erneuerung des Saaltraktes im Südflügel unter der Leitung von Enrico Zuccalli, in Vereinheitlichung des Außenbaues von 1672 bis 1682. Das Schloss wurde Mittelpunkt des Verwaltungssitzes ihrer Herrschaft und übte eine ganze Reihe von Hoheitsrechten aus, wie das Recht der Hoch- und

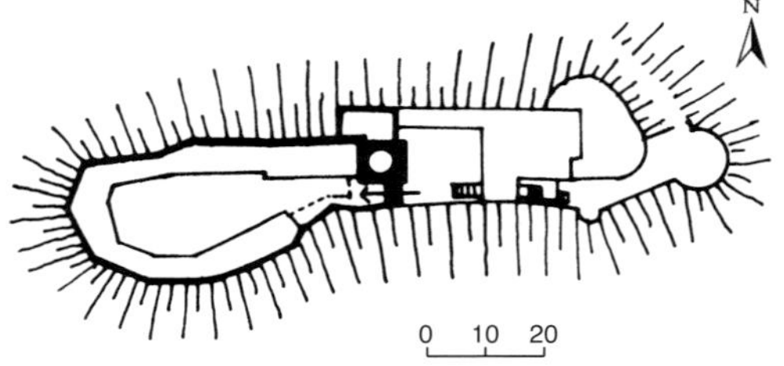

Schloss Hohenaschau, Grundriss

Schloss Hohenaschau

Blutgerichtsbarkeit. Im Spanischen Erbfolgekrieg wurde 1704 das Schloss eingenommen. Von 1738 bis 1740 wurde der Westbau und doppelstöckige Vorbau an der Südseite des Bergfrieds umgebaut. Im Jahre 1809 kam es erneut zur Plünderung der Burg durch die aufständischen Tiroler. Max Ostenrieder aus München gestaltete von 1905 bis 1908 die Vorbauten am Bergfried und den zusätzlichen Gästetrakt. Bei Kriegsende 1918 errichtete man in Hohenaschau ein „Krüppelheim“. Heinrich Himmlers Leibarzt, Karl Gebhardt, betrieb zwischen 1926 und 1933 ein „Lehrlingsübungslager“ in Hohenaschau. Noch bis 1942 gehörte das Schloss der Familie von Cramer-Klett, dann verkaufte der bekannte Schriftsteller Ludwig Benedikt Cramer-Klett das Schloss an die Reichsmarine, die es als Erholungsheim nutzte. Seit 1960 ist das Schloss Ferienwohnheim der Bundesvermögensverwaltung. Im ehemaligen Benefiziatenhaus ist seit 1988 das Prientalmuseum zu besichtigen und im Sommer werden Schlosskonzerte gegeben. Ab 2006 wurde das Schloss gründlich saniert und 2008 fand hier die bayerische Landesausstellung „Adel in Bayern“ statt. Vor der herrlichen Schlosskulisse werden täglich Flugschauen mit Greifvögeln durchgeführt. Ein Hotel befindet sich unterhalb des Schlossberges.

Schloss Hohenburg

83661 Hohenburg/ Markt Lenggries

Landkreis Bad Tölz-Wolfratshausen

In der Zeit von 1712 bis 1718 wurde in Hohenburg bei Lenggries anstelle einer 1707 abgebrannten Burg, 300 Meter weiter östlich auf steilem Fels gelegen, eine neue errichtet. Von 1566 bis um 1800 war sie Stammsitz der Augsburger Familie Hörwarth. Im Jahre 1886 erfolgte eine umfassende Veränderung zum Schloss, das seit 1956 Heimschule der Ursulinerinnen und Mädchengymnasium ist. Es stellt einen lang gestreckten, dreigeschossigen Baukörper mit Mezzanin und zwei Eckrisaliten dar und über dem hofseitigen Mittelrisalit befindet sich ein Glockenturm. In der Nordostecke des Schlosses liegt die katholische Schlosskapelle St. Johann Baptist, die 1722 geweiht wurde. Der kleine tonnengewölbte Saal enthält ein erneuertes Deckengemälde und einen Rokokoaltar.

Schloss Hohenburg

Wasserschloss Hohenkammer

85411 Hohenkammer

Landkreis Freising

Das Wasserschloss steht im Tal der Glonn, 13 Kilometer westlich von Freising. Seit dem 11. Jahrhundert sind auf der ehemaligen Burg die Herren von Kammer bezeugt, Ministeriale der Grafen von Scheyern. Das ehemalige Wasserschloss wurde um 1550 von den Herren von Camer erbaut, wohl unter Nutzung älterer Mauerteile. Von 1551 bis 1801 war die Anlage im Besitz der Freiherrn von Haslang, in deren Zeit, 1684, das Schloss umgebaut wurde. Mehrere Besitzer folgten, deren Bekanntester der Verleger Goethes und Schillers, Johann Friedrich Freiherr von Cotta, um 1800 war. Im Jahre 1917 wurde das Schloss Eigentum der Genossenschaftsorganisation Hohenkammer. Renoviert wurde die geschlossene Vierflügelanlage mit erkerartigen Ecktür-

men und vorgestelltem Torturm 1973 bis 1975. Die unteren Geschosse des Ostflügels weisen Rustika auf und der Hof ist mit Arkadengängen gestaltet. Im ersten Obergeschoss des Südostflügels befindet sich ein Saal mit Stuckdecke um 1700 und an der Wand zeigen sich Landschaftsdarstellungen des 18. Jahrhunderts. Im dritten Obergeschoss des Nordwesttrakts liegt ein Zimmer mit Felderdecke und Wappen von 1701. Heute ist das Schloss ein Tagungshotel und im Besitz der Münchner Rückversicherungsgesellschaft, die es umfassend sanieren ließ.

Wasserschloss Hohenkammer

Schloss Höhenried

82347 Höhenried/
Gem. Bernried
Landkreis Weilheim-Schongau

Der Hofgrund zu Schloss Höhenried, das nordöstlich von Weilheim am Starnberger See liegt, wurde 1914 von der im Jahre 1884 in St. Louis geborenen Miterbin der Anheuser-Busch-Brauerei, Wilhelmina Busch, und ihrem ersten Ehemann August Eduard Scharrer aus Stuttgart erworben. Als August Eduard verstarb, heiratete Wilhelmina 1933 ihren Leibarzt, Dr. Carl Bor-

Schloss Höhenried

chard, von dem sie sich einige Jahre später scheiden ließ. Im Jahre 1937 erfüllte sich ihr Traum, auf diesem Gelände ein Schloss zu errichten, das 1939 fertiggestellt wurde. Ihre Freude währte nicht lange, da sie Bernried verlassen musste und in die Schweiz übersiedelte. Das Schloss wurde 1943 beschlagnahmt und für zwei Jahre eine orthopädische Klinik einquartiert. Nach Kriegsende nahmen die Amerikaner das Schloss bis 1946 unter Beschlag. Wilhelmina Busch kehrte 1946 zurück und heiratete im Jahr 1948 den amerikanischen Generalkonsul Samuel Woods, den sie 1942 in der Schweiz kennengelernt hatte. In den darauffolgenden Jahren ließ das Ehepaar den großen Park nach seinen Plänen umgestalten, mit Mississippi-Weiher und Gehege mit weißen Hirschen, die bis heute Bestand haben. Nach einer Herzoperation 1952 verstarb Wilhelmina Busch-Woods und ihr Ehemann folgte ihr 1953. Eine Erbengemeinschaft verkaufte das Schloss 1955 an die LVA Oberbayern, heute Deutsche Rentenversicherung Bayern Süd. 1967 wurde auf dem Gelände die Klinik Höhenried im weitläufigen Park neu errichtet. Das Schloss ist jetzt Tagungshotel.

Schloss Neuschwanstein Schloss Hohenschwangau

87645 Hohenschwangau/
Gem. Schwangau
Landkreis Ostallgäu

Von den Königsschlössern Ludwigs II. ist wohl **Neuschwanstein,** eingerahmt von einer prächtigen Alpenlandschaft nahe bei Füssen, das schönste und gleichzeitig das meistbesuchte Schloss Deutschlands. Es steht auf einem zerklüfteten

Felsen hoch über der Pöllatschlucht und dem Alpsee. Ludwig II. ließ es an Stelle der Ruine Vorderhohenschwangau als „Neue Burg Hohenschwangau“ errichten, die erst nach dem Tod des Königs 1886 den Namen Neuschwanstein erhielt. Der Theatermaler Christian Jank und der spätere königliche Hofbaudirektor Eduard Riedl lieferten die Entwürfe. Es entstand ein monumentaler neuromanischer Bau, der die vom König gewünschten Erinnerungen an die Bühnenbilder von Richard Wagners Opern „Lohengrin“ und „Tannhäuser“ verkörperte. Unter Baurat Eduard Riedl erfolgte 1869 die Grundsteinlegung und 1873 war der Torbau vollendet. Ab 1874 begann Architekt Georg Dollmann mit seiner Arbeit und 1880 stand der Palas im Rohbau, bekam seine Ausmalung der Wohnräume 1881 und Ludwig II. bezog 1884 sein Domizil. Im gleichen Zeit-

Schloss Neuschwanstein, Hohenschwangau

Oben und unten: Schloss Neuschwanstein, Hohenschwangau

raum wurde der Sängersaal ausgemalt, jedoch erst ab 1933, zum 50. Todestag von Richard Wagner, zu Konzerten genutzt.

Der König erlebte jedoch nur noch die Fertigstellung des fünfstöckigen Palas, da er 1886 mit dem Psychiater von Gudden im Starnberger See ertrank, als er auf Schloss Berg verbannt war. Nur 102 Tage weilte er auf Neuschwanstein, wogegen sein „Freund" Richard Wagner das Schloss nie betreten hat. Die Gesamtanlage war ohne Bergfried und Kapelle teils in vereinfachten Formen erst 1892 fertiggestellt worden. Die Südansicht beeindruckt durch die abwechslungsreiche Gestaltung mit Arkadenfenstern, Balkonen, Zinnen, Erkern und Türmen. Inspiriert zur Gestaltung seines neuen Schlosses wurde der „Märchenkönig" wohl von seinem Besuch auf der Wartburg in Thüringen. Im Juni 1886 wurde Schloss Neuschwanstein der Öffentlichkeit übergeben, 1945 entging es einer Sprengung durch deutsche Truppen nur knapp. Millionen Menschen besuchten seither die prachtvolle Anlage.

Bevor Schloss **Hohenschwangau** aus der herrlichen Voralpenlandschaft hervortrat, gab es schon 1090 eine erste Erwähnung als Lehen der Herren von Swangow, denen 1191 die Staufer folgten. 1397 wird eine mittelalterliche Burg erwähnt. Die vier Söhne Ulrichs von Schwangau teilen sich 1428 die Herrschaft mit den Burgen Schwanstein, dem heutigen Hohenschwangau, Frauenstein, Vorder- und Hinterhohenschwangau auf. Im Jahre 1538 wird Schwanstein an Hans Paumgartner, einen Augsburger Kaufmann, verkauft, der den Umbau der Burg zum Renaissanceschloss durch Lucio de Spari unter Verwendung alter Teile vollzieht. Das Schloss wird ab 1567 Wittelsbacher Besitz. Ab 1809 ist ein häufiger Wechsel der Eigentümer zu verzeichnen und das Schloss wird im gleichen Jahr im Tiroler Krieg beschädigt, bis Kronprinz Maximilian, der spätere König Max II.

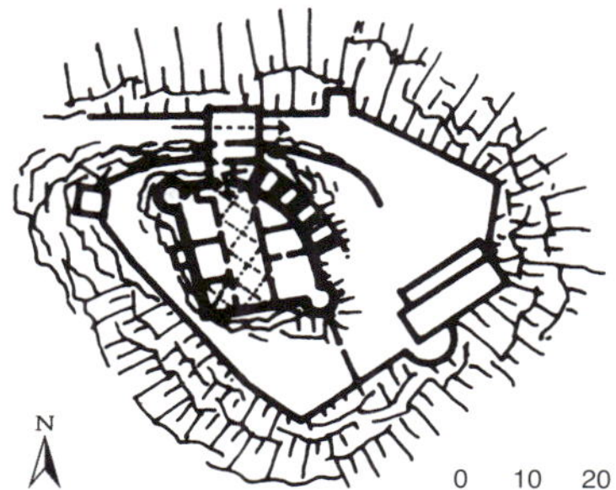

Schloss Hohenschwangau, Grundriss

von Bayern, Vater von Ludwig II., 1832 den Landstrich mit Anwesen erwirbt. Dieser lässt 1838 nach Plänen des Architekten und Malers Domenico Quaglio das Schloss im Tudor-Stil erneuern und bewohnte es be-

Schloss Hohenschwangau

reits 1836. Nach dem Tode Quaglios 1837 setzte Joseph Daniel Ohlmüller die Arbeiten fort. Georg Friedrich Ziebland beendete diese von 1839 bis 1854. Der viergeschossige Bau mit seinen Ecktürmen erhielt, wie das preußische Gegenstück Stolzenfels am Rhein, ein neugotisches Gepräge. Eine umfassende Außensanierung erfolgte ab 1977, zuletzt 2006, und zeigt heute die musealen Wohnräume. Eine schöne kleine Gartenanlage mit kunstvoll gestalteten Brunnen und Plastiken ziert den Vorbereich des Schlosses.

Schloss Hopferau

87659 Hopferau

Landkreis Ostallgäu

Sigmund-Friedrich von Freyberg zu Eisenberg erbaute 1468 in Hopferau, nordwestlich von Füssen, ein Jagdschloss als Treffpunkt des Adels. Aus der Gründungszeit stammt der mächtige dreigeschossige Wohnbau. Der einflügelige Bau im nordwestlichen Bereich wurde im 18. Jahrhundert um einen Trakt erweitert. Seinen Treppengiebel

Schloss Hohenschwangau

Schloss Hopferau

mit den Ziererkern erhielt er erst 1830 bis 1840 und bauzeitlich entstand im zweiten Stock ein getäfelter Saal mit spätgotischer Holzdecke. Noch vor seinem Tod 1507 ließ Sigmund die geweihte Schlosskapelle errichten, die man 1899 zur Ortskirche vergrößerte. 1803 ging mit der Säkularisation die Herrschaft Hopferau an den bayerischen Staat und um 1830 bis 1840 wurde das Schloss durch Domenico Quaglio, der zeitgleich auch am nahen Schloss Hohenschwangau tätig war, neugotisch verändert. Der Besitz wechselte 1839 an den Freiherrn von Punikau. In den Jahren 1910 und 1937 führten die ehemaligen Besitzer, Kunstmaler Paul Segisser und danach der Bildhauer Georg Halbich, Renovierungen am Schloss durch, das nach 1999 durch die Kulturstiftung im Schloss Hopferau e.V. instand gesetzt und modernisiert wurde. Bestechend ist das stilvolle Interieur, bestehend aus wertvollen Tapeten, Möbeln, historischen Kachelöfen und einem sehenswerten Glasbild des späten 16. Jahrhunderts. Die Eröffnung eines Schlosshotels erfolgte im Jahre 2003.

Oberes und Unteres Schloss Ichenhausen

89335 Ichenhausen
Landkreis Günzburg

Das seit 1927 als Rathaus genutzte **Obere Schloss** steht nahe dem Zentrum in Ichenhausen, einem Ort südlich von Günzburg. Unter der Ortsherrschaft der Edlen von Roth wurde Ichenhausen 1406 das Marktrecht verliehen. Das Schloss erbaute 1566 Hans Friedrich von Roth,

Ichenhausen

Oben: Oberes Schloss Ichenhausen

Unten: Unteres Schloss Ichenhausen

doch schon 1574 wurde es an die Freiherren vom Stain zum Rechtenstein verkauft. Eine Restaurierung des mehrfach veränderten Satteldachbaus mit vorkragendem Obergeschoss erfolgte ab 1982. Die Giebelfront mit Putzgliederung besitzt polygonale Eckerker. Der westlich stehende Anbau wurde erst 1982 errichtet.

Im Jahre 1697 wurde unter Franz Marquard vom Stain anstelle der mittelalterlichen Burg das **Untere Schloss** errichtet. Das ab 1980 umfassend renovierte Schloss war seit 1860 im Gemeindebesitz und diente als Schulhaus. Es stellt ein stattliches, dreigeschossiges Gebäude mit Satteldach und hohen, mehrfach gestuften auf Voluten ansetzenden Schweifgiebeln dar. Über dem Portal befindet sich das steinerne Wappen der Stain/Freyberg. Im zweiten Obergeschoss liegt der Festsaal mit üppig ausgestatteten Deckenstuckaturen in Blattwerk, Akanthusranken und Laubkränzen aus der Zeit um 1715 bis 1720, vermutlich von Gaspare Mola gefertigt. In den vorhandenen Eckfeldern findet man die Putten der vier Jahreszeiten und über dem Kamin eine Stuckfigur der Göttin Diana. Die Türen bestechen mit feinen Holzeinlegearbeiten. In einem Nebengebäude befindet sich seit 1984 das bayerische Schulmuseum. Gezeigt wird im Museum die Geschichte des Lernens und Lehrens von den Anfängen menschlicher Unterweisung bis in die heutige Zeit. Anhand zahlreicher Exponate in zehn Abteilungen kann sich der Besucher über das Lernen und die Kulturentwicklung, beginnend in der Steinzeit über die Sumerer, Ägypter, Römer, die Zeit des Mittelalters und die Neuzeit bis in die Gegenwart informieren.

Vöhlinschloss

89257 Illertissen
Landkreis Neu-Ulm

Das heute zum Amtsgericht und Heimatmuseum umfunktionierte Schloss findet man südlich von Neu-Ulm in Illertissen, gelegen nahe der A 7, in dominierender malerischer Lage östlich über dem Illertal und der Stadt, auf einer Bergzunge des Hochlandes. Es wurde 1339 als Burg der Grafen von Kirchberg an der Stelle des jetzigen vorderen Schlosses erstmals erwähnt. Bis 1510 war die Burg im Besitz einer Nebenlinie dieser Familie und kam 1520 an die Familie Vöhlin, die ab 1550 den heutigen Schlossbau errichten ließ. Max III. Josef, Kurfürst von Bayern, erwarb 1756 von Vöhlin die verschuldete reichsritterschaftliche Herrschaft Illertissen und ein Behördensitz wurde in das Schloss gelegt.

Von 1526 bis 1529 baute Erhard II. Vöhlin das Hintere Schloss, doch 1549 brannte dieses vollständig ab. Daraufhin entstand auf den alten Grundmauern im Stil der Ulmer Patrizierhäuser ein neuer Bau mit einem Rittersaalflügel. Ein kompletter Neubau des bereits um 1523 wiederhergestellten Vorderen Schlosses wurde 1595 vollzogen, und ab 1705 wurden umfangreiche Veränderungen durch Hans Jakob Bittlinger vorgenommen. Es entstand der sogenannte Französische Bau und unter Johann Joseph Christoph Vöhlin wurde um 1720 bis 1730 das Hintere Schloss barockisiert. Die Frohnveste des mittelalterlichen Südostflügels musste dem 1911 begonnenen Neubau des ehemaligen Finanzamtes weichen. Nach Kriegsschäden 1945 und einem Brand 1947 richtete man das Schloss wieder her. Heute stellt sich die Architekturgruppe als unregelmäßiger, einen langen Hof umschließender Komplex dar. Den Zugang gewähren eine Brücke und ein Torturm zum Vorderen Schloss, das zusammen mit der Kapelle den Hof begrenzt. Verbindungsbauten leiten zum Hinteren Schloss und dem anschließenden Französischen Bau. Von diesem zum ehemaligen Finanzamt schließt eine

Vöhlinschloss, Illertissen

Arkadengalerie den Hof ab. Das Vordere Schloss ist ein dreigeschossiger Rechteckbau mit Satteldach, dem sich das Hintere Schloss in ähnlicher Bauweise mit polygonalen Erkertürmen anschließt. Das Heimatmuseum im Vorderen Schloss wurde 1983 eröffnet und zeigt Sammlungen zur Vor- und Frühgeschichte, aus dem Handwerk und der Volkskunst, der Geschichte der Stadt sowie der Familie Vöhlin. Verschiedene Skulpturen und Gemälde des 15. bis 18. Jahrhunderts ergänzen die Ausstellung. Von 1997 bis 2000 wurden auf Initiative des Vereins für Heimatpflege Illertissen und Umgebung e.V. der Barocksaal wiederhergestellt und die weiteren Räume restauriert.

Neues Schloss Ingolstadt

Neues Schloss Ingolstadt

85049 Ingolstadt

Kreisfreie Stadt

Erwähnt wird die Stadt erstmals 806. Das noch vorhandene Alte Schloss ließ der Wittelsbacher Herzog Ludwig der Strenge um 1255 als erstes Burghaus errichten. Die Blütezeit begann 1392, als durch die dritte Landesteilung Ingolstadt Hauptstadt des Herzogtums Bayern-Ingolstadt wurde. Ludwig der Gebartete gab 1418 den Auftrag zum mächtigen Schlossbau, unter Einbeziehung des Feldkirchner-Tores, der zu den schönsten gotischen Profanbauten zählt. Durch die Heirat seiner Schwester Isabeau mit dem französischen König Karl VI., dem Wahnsinnigen, bekam das Schloss den französischen Flair, und die Landshuter Herzöge sorgten von 1450 bis 1492 für den Ausbau. Im Jahre 1651 stirbt nach einer Wallfahrt Kurfürst Maximilian I. im „Stüblein" neben der unteren Kapelle. Ab 1701 diente das Schloss als Kaserne und ab 1803 bis 1806 als Zuchthaus. Die Franzosen ließen 1800 den Festungsgürtel schleifen, den der Baumeister Leo von Klenze 1828 neu errichtete. Französische Kriegsgefangene wurden 1813 und 1870/71 im Schloss untergebracht. Zahlreiche Veränderungen vollzogen sich bis in das 19. Jahrhundert und das Jahr 1945 richtete Kriegsschäden an. Bereits ab 1925 beherbergte das Schloss ein Stadtmuseum und das städtische Archiv. Nach 1945 diente es als Filialgalerie der Bayerischen Staatsgemäldesammlungen. Wieder aufgebaut wurde die prächtige Anlage von 1965 bis 1983 für die museale Nutzung. Im Schloss befindet sich seit 1972 das Bayerische Armeemuseum mit einer reichen Ausstattung an Waffen, Uniformen und Ehrenzeichen, Fahnen und Standarten. Sammler zieht besonders die Zinnfigurensammlung mit dem Diorama der Schlacht von Leuthen mit fast 17 000 Figuren an.

Die Schlossanlage befindet sich in der Südostecke des erweiterten Mauerrings. Der ausgemauerte Wassergraben im Norden und Westen, auch der „Klaffer" genannt, blieb bis heute erhalten. Innerhalb des Schlossberings liegt der Palas und die Statthalterei, durch einen Graben vom Schlosshof mit Zeughaus, Wirtschaftsgebäuden und Tor getrennt. Der Palas, ein verputzter dreigeschossiger Ziegelbau mit hohem Satteldach und vier Türmen, ist der Hauptbau der Schlossanlage. Im Erdgeschoss liegt nördlich vom Eingang die Dürnitz, ein riesiger Saal mit Kreuzrippengewölben aus der Zeit um 1450. Im ersten Obergeschoss befindet sich das sogenannte Tanzhaus, ein schlichter Saal mit Sternengewölbe, vermutlich um 1485 entstanden, und südlich davon liegt der Schöne Saal, wohl von 1487. Die untere Kapelle mit figuraler und ornamentaler Wandmalerei zählt wohl in die Zeit um 1490. Im zweiten Obergeschoss befindet sich die obere Kapelle aus der Zeit um 1490.

Neues Schloss Ingolstadt, Torhaus

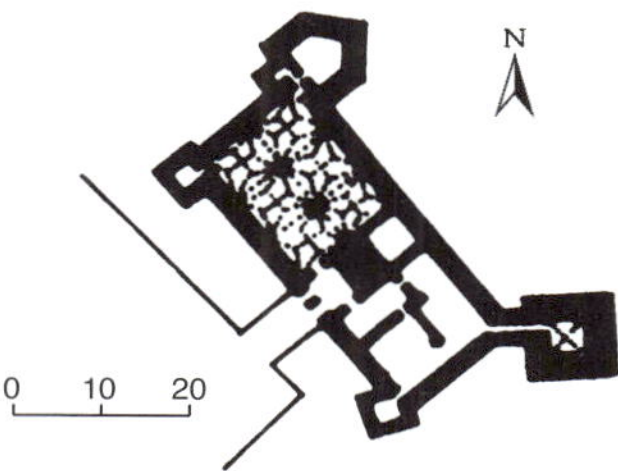

Neues Schloss Ingolstadt, Grundriss

Ising

Schloss Ising

83339 Ising/Gem. Chieming
Landkreis Traunstein

Das heutige Internat und Gymnasium Landschulheim Schloss Ising steht am Rande des Ortes, der wiederum am nordöstlichen Ende des Chiemsees liegt. Der einstige Untermaierhof wurde im Laufe der Zeit zu einer Villa ausgebaut und erhielt erst in neuerer Zeit die Bezeichnung „Schloss". Im Jahre 1803 besiegelte Kaiser Franz II. das Schicksal der Klöster. Der Sohn Michael von Jakob Haigermoser übernahm 1820 das Anwesen und ließ es 1840 großzügig umbauen. 1864 verkaufte er seinen Besitz an Franz von Liel, einen königlich bayerischen Rittmeister, der weitere Umbauten vornahm und ein zweigeschossiges Herrenhaus vom Typ einer Villa schuf. Doch noch vor Übernahme durch den sächsischen Major Czermak 1891 erhöhte Karl Liel, der Sohn des Franz, den achteckigen Turm um zwei Geschosse mit Zinnenkranz. Im Jahre 1891 beauftragte Leo Czermak den Kunstmaler Buscheck, Leiter des Kostümwesens am damaligen Münchner Hoftheater, die Villa großzügig umzubauen und zu erweitern, worauf eine unregelmäßige Dreiflügelanlage mit nach Osten offenem Hof entstand. Im Stile der Romantik waren nach Fertigstellung 1892 beim Bau die Formen der Neuromanik, Neugotik und des Neubarock vermischt.

Major Leo Czermak, Präsident des Bayerischen Automobil-

Schloss Ising

clubs, liebte das gesellschaftliche Leben, was zur Folge hatte, dass viele bekannte Persönlichkeiten im Schloss aus und ein gingen. Zu ihnen zählte auch der Kronprinz Rupprecht von Bayern, der eigens zur Vermählung von Czermaks Tochter Marie kam. Den Garten gestaltete Franz Schecher entsprechend dem Zeitgeist zum englischen „Schlosspark" um. Im Jahre 1923 brach durch ein Gewitter ein Brand im Schloss aus und zerstörte den Bau fast völlig, nebst der kostbaren Inneneinrichtung. Nach dem Neuaufbau entstanden durch Weglassung der vielen Kunstformen am Bau klare Strukturen. Wegen Geldmangels verkaufte die Familie Czermak 1934 das einstige Gut Ising an den Industriellen Witt-Magalow aus Weiden, der das Schloss gründlich sanieren ließ. 1953 ging der einstige Untermaierhof an den Zweckverband Bayerische Landschulheime.

Schloss Ismaning

85737 Ismaning

Landkreis München

Im Jahre 1319 gelangte die damalige Grundherrschaft des nördlich von München gelegenen Ismaning an Freising. Ein Schloss mit Kapelle wurde hier schon

Schloss Ismaning

1530 nachgewiesen. Dieses wurde von 1716 bis 1718 durch Dominikus Gläsl und Johann Baptist Zimmermann zur fürstbischöflichen Sommerresidenz ausgebaut. Um 1756/57 bekam es Erneuerungen durch Leonhard Matthäus Gießl für Kardinal Johann Theodor von Bayern. 1816/17 gestaltete Leo von Klenze das Schloss zu einem Landsitz für Eugène Beauharnais Herzog von Leuchtenberg um. Im Kern geht es wohl auf das erste Drittel des 18. Jahrhunderts zurück. Eine äußerliche Renovierung bekam das Schloss 1966, die Renovierung der historischen Säle folgte in den Jahren 1981/82.

Schloss Ismaning ist ein dreiflügliger, zweigeschossiger Putzbau mit Walmdach, in dessen Südwestecke sich der Napoleonsaal befindet, im pompejanischen Stil mit Wand- und Deckenmalerei ausgestaltet. Im Schlosspark steht das 1981 sanierte ehemalige Tee- und Billardhaus, das heute eine Galerie beherbergt. Das

Jettenbach

Schloss mit den beiden Prunkräumen aus der Zeit um 1840 dient heute als Rathaus, die weiteren Gebäude werden für kulturelle Zwecke genutzt. Das Schlossmuseum und die Sitzungsräume des Gemeinderates befinden sich im Kutschenbau, und im ehemaligen Gärtnerhaus ist die Bücherei untergebracht. In der klassizistischen Orangerie ist das Kalmann-Museum zu finden und in der Galerie im Schlosspavillon werden wechselnde Ausstellungen gezeigt.

Schloss Jettenbach

84555 Jettenbach/
Gem. Kraiburg a. Inn
Landkreis Mühldorf am Inn

Südlich von Waldkraiburg liegt Jettenbach, dessen Schloss am Innufer auf einem schmalen vorstoßenden Geländerücken steht und von den Herren von Jettenbach 1255 als Erbe in den Besitz der Grafen von Toerring kam. Das Anwesen stellt einen zweigeschossigen, geschlossenen Vierflügelbau um einen rechteckigen Innenhof dar. Das Schloss wurde ab 1715 auf spätmittelalterlicher Grundlage durch den kurfürstlichen Generalfeldmarschall und Minister Ignaz Felix Graf Toerring-Jettenbach erbaut und nach Brandschäden von 1855 in schlichter Form wiederhergestellt. Im Westtrakt liegt das Treppenhaus und in der Südwestecke die Hofdurchfahrt. Über dem Bogen an der Westseite befindet sich ein Wappenstein aus dem 16. Jahrhundert, mit nachträglich eingehauener, bemerkenswerter Jahreszahl 1148. Im Südflügel liegt die Katholische Kuratie und Schlosskirche St. Vitus, nördlich die Sakristei mit dem obergeschossigen Oratorium mit Übergang zum östlichen Schlosstrakt. An der Südseite steht ein barocker schmaler Turm mit Zwiebelhaube. Drei Rokokoaltäre des späten 18. Jahrhunderts befinden sich in den geistlichen Räumen. Der ehemalige mittelalterliche Halsgraben an der Westseite des Schlosses ist heute verbaut und verfüllt, der Wirtschaftsvorhof durch Brauereibauten seit dem 19. Jahrhundert völlig verändert. Der ummauerte Schlossgarten blieb bis heute erhalten.

Schloss Jettenbach

Schloss Jettingen

89343 Jettingen/
Markt Jettingen-Scheppach
Landkreis Günzburg

Das Lehen der Herren von Jettingen im 13. Jahrhundert und in der ersten Hälfte des 14. Jahrhunderts ist südöstlich von Günzburg zu finden. Unter den Rittern von Knöringen, die 1469 in den Besitz kamen, wurde der Ort zum Markt erhoben. Erstmals urkundlich erwähnt wurde das Schloss 1426. Im Markgrafenkrieg 1462 kam es zu schweren Zerstörungen. Ab 1469 bis 1747 befand sich das Anwesen im Besitz der Ritter bzw. Freiherren von Stain und ab 1874 ging es an die Grafen Schenk zu Stauffenberg. Ursprünglich wurde es als Wasserschloss unter Hans von Stain 1480 errichtet und später mehrfach verändert. 1841 wurden die Gräben aufgefüllt. Nach einem Brand von 1929 erneuerte man das Innere. Ab dem Jahre 1981 erfolgte eine umfassende Restaurierung der dreigeschossigen Vierflügelanlage, an deren Ecken sich viergeschossige Rundtürme befinden. Die Kapelle hat einen Flügelaltar vom Anfang des 16. Jahrhunderts, der 1599 überarbeitet wurde. Das Schloss ist Privatbesitz und nicht zugänglich. Es wurde 2008 erneut restauriert.

Schloss Jettingen

Burgruine Kallmünz

93183 Kallmünz
Landkreis Regensburg

Nordwestlich von Regensburg und südwestlich von Burglengenfeld, hoch über dem Ort, ist die Ruine Kallmünz weithin sichtbar. Bereits in vorgeschichtlicher Zeit gab es auf dem Berg eine Wehranlage. Der Außenwall, die sogenannte Vordere Schanze auf der weniger steil

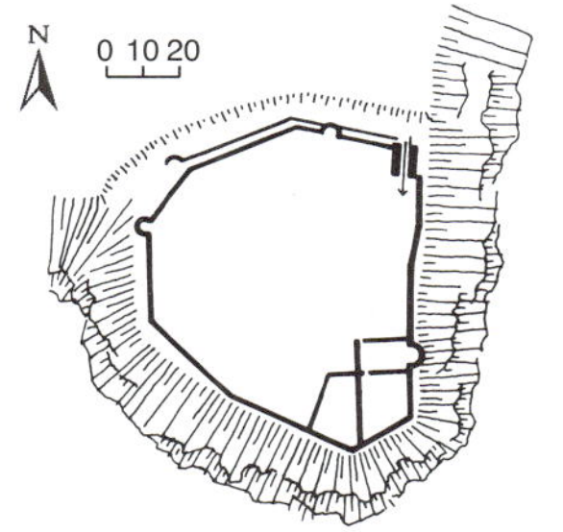

Burgruine Kallmünz, Grundriss

abfallenden nördlichen Seite, hat seinen Ursprung im ersten Jahrtausend vor Christus. Unter Kaiser Heinrich I. wurde in frühmittelalterlicher Zeit der vorgeschichtliche Wall erhöht, doch über die mittelalterliche Burg ist wenig bekannt. Von den Sulzbacher Grafen kam sie 1188 an den bayerischen Herzog, worauf die wohl bestehende Anlage unter Herzog Ludwig I. von Bayern entstanden ist. Im Jahre 1504 wurde die Burg im Landshuter Erbfolgekrieg zerstört und 1607 durch Pfalz-Neuburg instandgesetzt. Die Schweden hatten sie 1641 endgültig zur Ruine zerstört. Beherrschend über dem aus Jurakalk schroff abfallenden Berg erstreckt sich die äußere Ringmauer mit Palas und einem mächtigen, den Burghof überragenden Bergfried. Die innere Ringmauer ist mit drei halbrunden Wehrtürmen besetzt. Im Burghof befinden sich nur noch der an höchster Erhebung stehende Bergfried und die Reste von Kapelle und Palas.

Burgruine Kallmünz

Schloss Kaltenberg

82269 Kaltenberg/ Gem. Geltendorf

Landkreis Landsberg am Lech

Die gegen Ende des 13. Jahrhunderts von Herzog Rudolf I. von Bayern erbaute Burg liegt nördlich von Landsberg am Lech, nahe Geltendorf. Als die Burg um 1425 zerstört wurde, baute sie der Augsburger Patrizier Peter Rehlinger wieder auf. Hier wurde 1514 der Geschichtsschreiber Dr. Wiguläus Hundt geboren. Im Dreißigjährigen Krieg wurde sie erneut zerstört und durch die Landsberger Jesuiten unter Einbeziehung des erhalten gebliebenen Westflügels wieder aufgebaut. Die heutige vierflügelige Anlage mit Bergfried und Torbau geht auf einen neugotischen Umbau ab 1845 zurück. Die Bauherren waren Hauptmann Sommer und der Landschaftsmaler und Zeichner Lorenzo Quaglio. Die Ausstattung der 1901 erbauten Katholischen Kapelle St. Elisabeth stammt zum Teil aus der früheren Schlosskapelle, so z. B. der Hochaltar aus der Zeit um 1680 und einige Skulpturen von Lorenz Luidl. Heute werden am Schloss Ritterspiele und Theateraufführungen veranstaltet. In einem Schlossladen kann man so manch schöne Erinnerung an den Besuch erwerben und in der Gaststätte gut speisen.

Schloss Karlstein

93128 Karlstein/
Markt Regenstauf
Landkreis Regensburg

Im 14. Jahrhundert wurde die nördlich von Regenstauf im Ort Karlstein gelegene Anlage erstmals nachgewiesen, deren südöstlicher Teil aus der romanischen Zeit stammt. In der zweiten Hälfte des 18. Jahrhunderts gehörte sie Joseph Freiherrn von Schneid und war ab 1841 ununterbrochen im Besitz der Grafen von Drechsel. August von Drechsel, der mit Gräfin Bayrstorf, einer Nichte Ludwigs I., verheiratet war, ließ Schloss und Park im Stil der Neugotik romantisch umgestalten. Um 1870 bekam das Schloss eine späthistorische Ausstattung und 1901 wurde es baulich erweitert, indem man ein zweites Treppenhaus hinzufügte. Als Gesamtbild stellt der Schlossbau eine Vierflügelanlage mit neugotischer Fassade nach Süden, einem Zinnenkranz und Polygonaltürmchen in Hanglage dar, der ein Hof mit Ökonomiebauten vorgelagert ist. Die Schlosskapelle St. Ulrich mit einer Gruft der Geschlechter Teufel und Horneck liegt im Südflügel vor der Durchfahrt. Nördlich davon befindet sich ein wohl mittelalterlicher, tonnengewölbter Raum im Obergeschoss, der als Laubengang gestaltet wurde und mit einem Treppenabgang in den Park verbunden ist sowie die Sicht auf ein klassizistisches Gartenhaus gewährt. Die Raumausstattungen gehen in die erste Hälfte des 19. Jahrhunderts zurück, wobei das Schlafzimmer in die Zeit um 1840 und das Renaissancezimmer in die Gründerzeit zu datieren sind. Den Raumschmuck bilden kostbare Kas-

Schloss Kaltenberg

Schloss Karlstein

settendecken und Mobiliar. Im Südflügel liegt der ehemalige Pferdestall, eine zweischiffige Pfeilerhalle. Das in Privatbesitz befindliche Schloss ist nicht zugänglich.

Residenz und Burghalde Kempten

87435 Kempten im Allgäu
Kreisfreie Stadt

Die **Residenz** mit Orangerie liegt nahe dem Stadtzentrum. Bereits im Jahre 750 wird hier ein erstes Kloster an Stelle der Kirche St. Mang erwähnt, das 926 durch die Ungarn zerstört und später auf die heutige Anhöhe verlegt wurde. Eine erneute Zerstörung ereilte das Kloster 1632 im Dreißigjährigen Krieg durch die Schweden. Im Jahre 1651 ließ Fürstabt Roman Giel von Gielsberg ein neues Kloster errichten, das vom Graubündner Architekten Johann Serro bis 1670 vollendet wurde. Es entstand eine lang gestreckte Vierflügelanlage, durch einen Quertrakt in zwei annähernd quadratische Innenhöfe getrennt. Die vorhandenen Architekturmalereien wurden nach originalen Resten erneuert. Einige Räume des Erdgeschosses sind mit Rokokostuckaturen um 1760 gestaltet und im zweiten Obergeschoss des Nordflügels liegt der Wappensaal. Im Westflügel ist der Fürstensaal mit Stuckaturen und den Porträts der Kemptner Fürstäbte zu finden. Im westlichen Teil des Südflügels befinden sich die prunkvollen fürstäbtlichen Räume, um 1732 bis 1742 durch Fürstabt Anselm I. Reichlin-Meldegg ausgestattet, der 1728 von Rupert von Bodmann abgelöst wurde. In den Jahren 1740 bis 1742 folgte als Krönung die Ausstattung des Festsaals, wohl nach Entwurf von Dominikus Zimmermann. Die ehemalige Bibliothek mit Laub- und Bandelwerkstuck zählt vermutlich in die Zeit um 1730. Nach der Säkularisierung versteigerte 1803 der bayerische Staat zum Schuldenabbau das Kloster an den letzten Fürstabt. Bis 1945 diente es als Kaserne und Gerichtsgebäude. 1992 übernahm die Schlösserverwaltung die Fürstäbtliche Residenz, die erste monumentale barocke Klosteranlage Deutschlands, und gab die Prunkräume der Öffentlichkeit frei, die andere Räumlichkeiten dienen heute weitgehend als Behördensitz. Die zum Areal gehörende Orangerie, in der sich die Stadtbibliothek befindet, liegt im rückwärtigen Teil der Residenz und ist mit dieser durch eine wunderschöne Gartenanlage verbunden.

Die **Burghalde**, gelegen auf einer Anhöhe der Stadt, war ursprünglich der Sitz der Vögte des vor der Stadtmauer gelegenen Stiftes und wurde 1488 als Zitadelle in die Wehranlagen einbezogen. Im Jahre 1150 war die Vogtei im Besitz der Welfen und kam 1191 an die Staufer. Die Reichsstadt erstürmte und zerstörte 1363 die Veste, die 1379 vom Stift an die Stadt verkauft wurde. In den Jahren von 1496 bis 1525 wurde die Anlage modernisiert und die Ringmauer erhöht. Während des spanischen Erbfolgekrieges 1703 wurde sie durch französische Truppen nochmals ausgebaut. 1705 wurde die Burg geschleift. Bereits 1950/51 wurde hier eine kleine Freilichtbühne errichtet und seit 2004 ist im Wärterhaus das Allgäuer Burgenmuseum untergebracht. Auch eine gastronomische Einrichtung ist vorhanden.

Residenz Kempten

Residenz Kempten, Orangerie

Burg Kipfenberg

85110 Kipfenberg

Landkreis Eichstätt

Gelegen ist der Ort Kipfenberg nordöstlich von Eichstätt, entlang der Altmühl in Richtung Beilngries. Die vermutlich im 12. Jahrhundert gegründete Burg liegt östlich über dem Markt auf einem steilen Dolomitfelsen und ist durch einen breiten, tiefen Halsgraben vom Hang getrennt. Sie war einst Sitz der Sippe der Struma, die Ministeriale der Grafen von Hirschberg waren. Ritter Konrad Kropf II. verkaufte 1301 die Burg und den befestigten Ort Kipfenberg an den Eichstätter Bischof Konrad II. von Pfeffenhausen. Ab 1304 verlieh Kaiser Albrecht die niedere Gerichtsbarkeit über Burg und Burgflecken dem jeweiligen Pfleger und seit 1352 ist die erste Urkunde, in der Kipfenberg als Markt bezeichnet wird, bekannt. Die Burg gehörte dem Hochstift Eichstätt und der Besitz lag bei den Bischöfen bis 1803. Der Zwinger wurde vermutlich von Bischof Rabno erbaut und durch seinen Nachfolger Friedrich von Öttingen weiter ausgebaut. Im Jahre 1805 ging die Burg an den bayerischen Staat. Im 19. Jahrhundert war sie weitgehend verfallen und zum Teil abgebrochen worden. Von 1914 bis 1925 ließ sie Anna Taeschner aus Berlin nach Plänen des Burgarchitekten Kaiser Wilhelms II., Professor Bodo Ebhardt, in veränderter Form wieder aufbauen. Die Vorburg liegt an der Südostseite des Berings. Zur Hauptburg gelangt man über eine Holzbrücke. Über dem Tor befindet sich das Wappen des Bischofs Christoph von Westerstetten. Der Zwinger und ein bemerkenswerter Turm stammen aus gotischer Zeit. Dem schließt sich rückwärtig der weitgehend erneuerte romanische Bering an, mit dem umschlossenen quadratischen Bergfried des 12./13. Jahrhunderts. Der Kapellenbau steht über dem Westbering und

Burg Kipfenberg

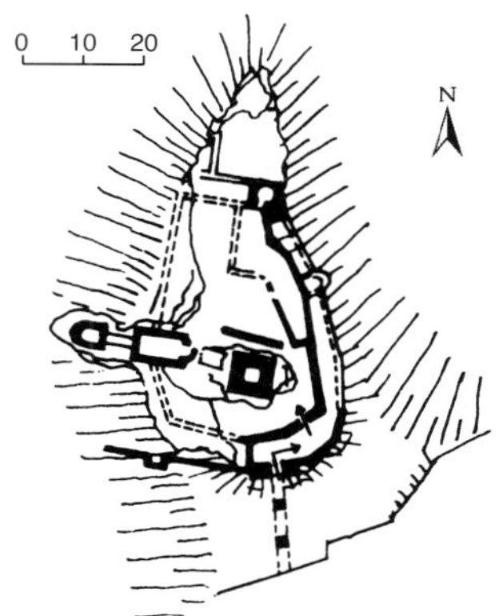

Burg Kipfenberg, Grundriss

an der Nordostecke befindet sich der gotische dreigeschossige „Hexenturm“. Die Burg ist privat bewohnt und nicht zugänglich. In einem zum Areal gehörigen Gebäude ist das Römer- und Bajuwaren-Museum eingerichtet, das wechselnde Sonderausstellungen zeigt. Verschiedene, anlassbezogene Veranstaltungen, Festlichkeiten und ein im Mai stattfindender Mittelaltermarkt mit Gastronomie, einem Café und einem kleinen Laden, werden gern besucht.

Fuggerschloss Kirchheim

87757 Kirchheim in Schwaben

Landkreis Unterallgäu

Von 1076 bis in das 13. Jahrhundert sind hier die Herren von Kirchheim erwähnt und 1289 wird erstmals das mittelalterliche Schloss genannt. 1484 waren Ort und Herrschaft, die südöstlich von Krumbach zu finden sind, im Besitz derer von Hirnheim. Im Jahre 1490 wurde Kirchheim das Marktrecht verliehen. 1551 wurde das Schloss an Anton Fugger verkauft, dessen Sohn Hans es zum Stammsitz der Linie Fugger-Kirchheim machte. Diese Augsburger Kaufmannsfamilie hatte ihren enormen Reichtum durch ausgedehnte Handelsbeziehungen, durch die Beteiligung am Tiroler Kupfer- und Silberbergbau und bei der Entdeckung neuer Kontinente erworben. So blieb es nicht aus, dass sie von 1578 bis 1582 durch Jakob Eschay ein neues Schloss sowie die Schloss- und Pfarrkirche erbauen ließen. 1598 bauten sie Treppenhäuser in den südlichen Hofecken an und 1720 sowie nochmals von 1760 bis 1770 bekam der Innenbereich eine Umgestaltung. Der großartige, ab 1584 von Hubert Gerhard entworfene Brunnen im Hof wurde verkauft, seine Hauptgruppe steht heute im Bayerischen Nationalmuseum München. Ab 1852 wurden große Teile der einst vierflügligen Anlage abgebrochen. Nach dem Erlöschen der Linie Fugger-Kirchheim 1878 ging das Haus an die Familie Fugger-Glött. Unter Graf Carl Ernst, der im Jahre 1913 in den Fürstenstand erhoben wurde, erfolgten ab 1886 Restaurierungsarbei-

Fuggerschloss Kirchheim

ten, und sein Sohn Joseph Ernst stellte den berühmten Zedernsaal her. Dieser steht, wie auch die Prachtkutschenausstellung im Vorraum, zur Besichtigung offen. Nach seinem Tod 1981 richtet seine Gemahlin, Fürstin Angela, Führungen aus und organisiert Konzerte und Hochzeitsfeiern im Schloss. Der 1584 bis 1586 von einer Mauer mit Eckturm umschlossene Schlossgarten ist mit Rondellen und einem Pavillon geziert.

Ilsungsches Schloss, Kissing

Ilsungsches Schloss

86438 Kissing

Landkreis Aichach-Friedberg

Südlich von Friedberg ist das ab 1560 errichtete und 1595 im Auftrag von Melchior Ilsung durch Elias Holl veränderte Schloss zu finden. Im Jahre 1603 wurde es an die Jesuiten verkauft, die seit 1602 schon die Kissinger Hofmark besaßen. Nachdem 1713 bis 1715 ein Neubau, wohl durch Johann Georg Mozart, vollzogen wurde, ging es an das Jesuitenkolleg und wurde Sitz des Hofmarkrichters. Es ist ein stattlicher dreigeschossiger Satteldachbau, in dessen zweitem Obergeschoss sich Räume mit Stuckaturen von Matthias Lotter aus der Zeit um 1725 befinden. Seit 1808 wird das historische Gebäude als Gasthaus genutzt.

Schloss Klebing

84568 Klebing/
Gem. Pleiskirchen
Landkreis Altötting

Die dreigeschossige Vierflügelanlage, um einen kleinen, fast rechtwinkligen Innenhof, ist im Dreieck südlich von Mühldorf am Inn und Altötting zu finden und wurde wohl in der 2. Hälfte des 17. Jahrhunderts auf einer älteren Grundlage errichtet. Erbauer des Schlosses war die Familie von Taufkirchen. Nach den Forschungen von Professor Dr. Otto Sickenberger, der von 1935 bis 1945 in Klebing wohnte, gehen die baulichen Anfänge des Schlosses jedoch auf einen Herrn Pekleidolf von Brucke, den Stifter der Pfarrei und der Kirche Pleidolfskirchen, später Pleiskirchen zurück, der in salzburgischen Urkunden von 1090 bis 1150 mehrfach bezeugt ist. Somit könnte er der erste Herr und Erbauer des Schlosses Klebing sein. Als Besitzer wurde auch die Familie Überacker genannt.

Die Eingangsfront ist leicht zurückgesetzt und durch ein achtseitiges Dachtürmchen mit Kuppel hervorgehoben. Reste des Vorgängerbaues liegen im Untergeschoss der Eingangsseite. In einigen Bereichen des zweiten Obergeschosses ist schwerer Deckenstuck aus der Erbauungszeit vorhanden, im Wesentlichen aber innen weitgehend modernisiert. Die Schlosskapelle reicht über zwei Geschosse, ist mit Bandelwerkstuck geziert und zieht sich bis in den anschließenden Raum. Sehenswert ist das meisterhafte Gemälde der Hl. Magdalena aus dem 18. Jahrhundert. Öffentlich zugänglich ist der Schlossbereich nicht, da er sich in Privatbesitz befindet.

Schloss Klebing

Schloss Köfering

93096 Köfering
Landkreis Regensburg

Die stattliche, im 12. Jahrhundert von den Herren von Köfering einst als Wasserburg an der Pfatter erbaute Anlage liegt südöstlich von Regensburg. Urkundlich wird Köfering erstmals

Köfering

Schloss Köfering

1143 als „Cheferingen" genannt. Es beherbergte schon zu jener Zeit hochrangige Adelsgeschlechter. Für Köfering machte der Herzog Vogteirechte geltend, die er im frühen 14. Jahrhundert von Ekkebrecht ausüben ließ. Einflussreiche Vorbesitzer waren Eckprecht von Haidau, Otto Zenger, Albrecht von Abensberg, Heinrich Nothafft von Mangolding sowie Scheuer. Im Jahre 1427 bekam Dietrich von Stauf durch Tausch den Besitz. Hieronimus von Stauf beteiligte sich am Aufstand des Löwler-Bundes gegen Herzog Albrecht V. von Bayern, der daraufhin 1491 die einstige Festung zerstörte. 1569 erwarb die Familie von Lerchenfeld Köfering, die 1690 in den Reichsgrafenstand erhoben wurde. Ab 1720 erfolgte ein Neubau als Vierflügelanlage, in barocken Formen auf Eichenpfählen gebaut, der ab 1980 umfassend saniert wurde. Die Veränderungen seit dem ausgehenden 18. Jahrhundert betrafen vor allem Erschließungsanlagen und die Raumgestaltung, in deren Ergebnis die Hauskapelle in das Erdgeschoss des Torbaus verlegt und durch eine Bibliothek ersetzt wurde. Der Kernbau ist das dreigeschossige mit Mansarddach und Zwerchhaus gestaltete Torhaus, das auf mittelalterlichen Umfassungsmauern über Tonnengewölben

errichtet wurde. Im westlichen Teil schließt sich der Hauptflügel an und im rechten Winkel dazu der Westflügel mit zwei Eckrisaliten. Im Süden steht der ehemalige Marstall mit Zwerchhaus. Zum Hof stehen dreiseitig Pfeilerarkadengänge, die zum Teil zugesetzt sind. Im Innern findet man bemerkenswerte Räume mit Stuckdecken und Vertäfelungen. Graf Philipp und Gräfin Marie Theres von und zu Lerchenfeld organisierten in den letzten Jahren viele Veranstaltungen und übernahmen Patenschaften für verschiedene Vereine. Für Vereinsjubiläen stellen sie den Schlossbereich gern zur Verfügung. Der Schlossbereich ist nur zu öffentlichen Veranstaltungen zugänglich.

Landhaus „Das Kranzbach“

82493 Kranzbach bei Garmisch-Partenkirchen

Landkreis Garmisch-Partenkirchen

1915 ließ die englische Adelige Mary Isabel Portman „Das Kranzbach“, heute ein 4-Sterne-Plus-Hotel und Wellness Refugium, im romantisch geschützten Elmautal, 15 km von Garmisch-Partenkirchen in den Bayerischen Alpen, als englisches Landhaus erbauen. Damit wurde ihre Vision, die sie während eines ihrer Aufenthalte im Deutschen Kaiserreich hatte, Wirklichkeit. Sie selbst bekam das

Landhaus „Das Kranzbach“, Kranzbach

fertige Haus, in dem sie sich zugleich abgeschieden und geborgen fühlen wollte, mit Blick auf die Zugspitze und den Wetterstein, nie zu Gesicht. Fast hundert Jahre später ist das „Mary-Portman-House“ das Herzstück des im Mai 2007 eröffneten Hotels, zu dem 90 Zimmer und Suiten, ein Gartenflügel, Badehaus und Fitness Center gehören.

Oben und unten: Schloss Kronburg

Schloss Kronburg

87758 Kronburg

Landkreis Unterallgäu

Die zehn Kilometer südwestlich von Memmingen gelegene Kronburg entstand Ende des 12. Jahrhunderts als staufischer Ministerialensitz und steht weithin sichtbar auf einer bewaldeten Bergkuppe unmittelbar östlich des Orts. Erstmals wurden hier 1227 die Herren von Kronburg genannt. Im 14. Jahrhundert war Kronburg habsburgische Pfandschaft mit wechselnden Besitzern. 1460 erwirbt sie Hans von Werdenstein und 1490 die Herren von Rechberg, die bis 1536 die Burg zum Schloss ausbauten. Ab 1619 kommt durch Kauf der Freiherr Johann Eustach Westernach in den Besitz der Anlage, die ihr heutiges Aussehen, mit dem Umbau in den Jahren 1490 bis 1536, von diesen Herren erhielt. Im späten 17. Jahrhundert erfolgten Umbauten am Ostflügel und die 1704 teilweise abgetragenen Türme wurden 1705 wieder hergestellt. Seit 1852 gelangt der Besitz durch

Heirat an die Freiherren von Vequel-Westernach. Das Schloss stellt eine Vierflügelanlage mit runden, von geschwungenen Kuppelhauben abgeschlossenen Ecktürmen dar. Über der stichbogigen Toreinfahrt befindet sich das gemalte Rechbergwappen aus der Zeit um 1590 und ebenso gibt es in der Durchfahrt architektonische Wandmalereien und ein Rechbergwappen an der Holzdecke aus der zweiten Hälfte des 16. Jahrhunderts. Ein weiteres Wappen des Augsburger Weihbischofs Eustach Egolf von Westernach befindet sich an der Decke des nördlichen Turmzimmers, das in die Zeit um 1704 zu datieren ist. Einige Räume sind mit bedruckten Leinwandtapeten aus dem zweiten Viertel des 18. Jahrhunderts ausgestattet, und der sogenannte Deutschmeistersaal trägt schwere Stuckaturen vom Ende des 17. Jahrhunderts. Das Deckengemälde zeigt die vier weltlichen Tugenden. Im sogenannten Roten Saal steht ein prächtiger Ofen und im Westflügel liegt die Schlosskapelle. Eine umfassende Sanierung erfolgte in den 1990er-Jahren. Ab 1986 haben die Besitzer das Schloss für die Öffentlichkeit zu einem lukrativen Ausflugsziel gestaltet. Nach Anmeldung finden Führungen und Konzerte statt. Außerdem können die Räumlichkeiten gemietet werden.

Schloss Kronwinkl

84174 Kronwinkl/Gem. Eching

Landkreis Landshut

Die heutige Anlage, südwestlich von Landshut, am Rande von Kronwinkl auf einem in die Talebene vorspringenden Bergsporn des südlichen Isarhochufers liegend, ist eine Vierflügelanlage und wohl aus einem frühmittelalterlichen Burgstall hervorgegangen. Es war der Stammsitz einer Linie des bayerischen Adelsgeschlechtes der Preysing, zuerst Alten-Preysing genannt. Der massige Bergfried stammt aus der romanischen Zeit des 12./13. Jahrhunderts und die unter Einbeziehung der gotischen Ringmauer errichteten Wohntrakte gehen auf das 16./17. Jahrhundert zurück. Der nordöstlich vorgelagerte Lehenstock wurde um 1580 errichtet und 1860 um ein Geschoss erniedrigt. Er wurde wie der Torbau mit neugotischen Treppen-

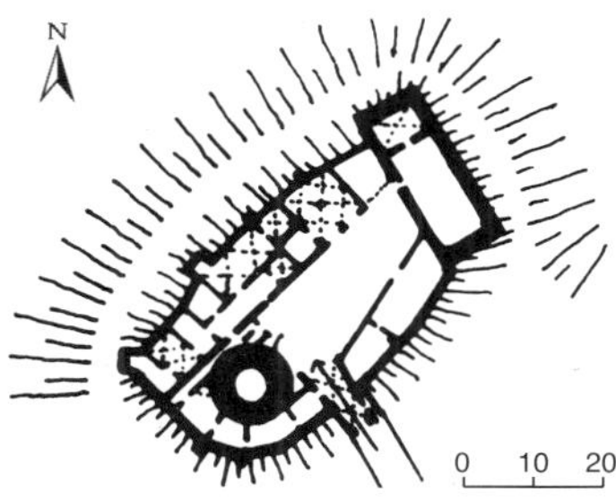

Schloss Kronwinkl, Grundriss

Schloss Kronwinkl

giebeln versehen. Die Schlosskapelle St. Antonius v. Padua wurde 1673 in das mittelalterliche Geschoss des Bergfrieds eingefügt und 1679 geweiht. Der Schlosspark im englischen Stil wurde im 19. Jahrhundert angelegt. Da sich das Schloss in Privatbesitz befindet, ist ein Zugang nicht möglich.

Schloss Krumbach

Schloss Krumbach

86381 Krumbach
Landkreis Günzburg

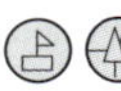

Der hochragende, kubische Renaissancebau steht auf einer Anhöhe und bestimmt mit der nebenan stehenden Pfarrkirche weithin sichtbar das Ortsbild. Erbaut wurde das Schloss in der ersten Hälfte des 16. Jahrhunderts durch den kaiserlichen Rat Hans Lamparter von Greifenstein. Nach 1632 sowie zu Beginn des 18. Jahrhunderts bekam das Schloss eine Erneuerung und wurde innen umgestaltet. Ab 1837 zog das Landgericht in die Anlage. Das Schloss zeigt sich dreigeschossig mit Satteldach und Zinnengiebeln, südlich davon befindet sich ein Rundbogenportal in Rustikarahmung.

Von 1838 bis 1840 brach man den südöstlichen Bürgerturm ab und baute eine turmartige viergeschossige Fronveste über hohem Sockel als Gefängnis an der Südwestecke an. Im Innern prägen Stuckaturen um 1700 die Räume. Heute ist im Schloss die Fachakademie für Sozialpädagogik untergebracht.

Schloss Lambach

93462 Lam

Landkreis Cham

Landwirt Fritz Schleyerbach hat in dreijähriger Renovierungszeit die als Märchen- und Gespensterschloss bekannte Jugendstilvilla im Tal unterm Osser, zwischen Kötzting und Lohberg, wieder zu alter Blüte auferstehen lassen. Der Besitzer, der aus Ton Köpfe für lebensgroße Figuren modelliert, hat auch Schloss Miltach gestaltet. Die 20 Zimmer sind je mit einer Märchenszene versehen. Es werden dort, vor allem für Kinder, Märchenstunden gegeben. Ebenso kann man sich am Spiel einer Puppenbühne erfreuen. Albert Willmann hat die schöne Jugendstilvilla 1905 für sich und seine junge Frau Lina gebaut, die letzte Glashüttenherrenvilla im Landkreis Cham. Der Bau war ein Ersatz für das Schlossgebäude des Oberstbergrates von Bader, der knapp 100 Jahre zuvor eine der letzten Glashütten des Lamer Winkels gegründet hatte. Ein Erbe Willmanns war nicht in Sicht und so wurde später ein Neffe der Familie auserkoren, den Besitz zu übernehmen. Doch es kam anders, denn Albert Willmann vermachte 1964 seinen Besitz im Wert von 30 Millionen DM dem bischöflichen Stuhl in Regensburg. Im Laufe der Zeit verfiel die alte Villa und sollte 1985 abgerissen werden, nachdem der Besitzer 1980 verstorben war. Im Jahre 1987 übernahm die Familie Schleyerbach das Anwesen in Erbpacht und begann mit der Restaurierung. Ein Brotzeitstüberl im ehemaligen Stallgebäude gewährleistet die Versorgung von Besuchern und Andenken kann man ebenfalls erwerben.

Schloss Lambach, Lam

Burg Trausnitz und Stadtresidenz Landshut

84036 Landshut

Kreisfreie Stadt

Die mittelalterliche **Burganlage** liegt auf einem Höhenzug rechts der Isar und südlich der Landshuter Altstadt. Der Chronist Veit Arnpeck geht davon aus, dass zunächst ein hölzernes Blockhaus errichtet wurde. Eine gemauerte Burg wurde nach einem Bericht des Abtes Hermann von Niederalteich erst 1204 begonnen, die wohl Herzog Ludwig der Kelheimer errichten ließ, über der ebenfalls von ihm gegründeten Stadt Landshut. Im Jahre 1235 besuchte Kaiser Friedrich II. die Burg, deren Aufgabe darin bestand, die Land- und Wasserwege der Gegend zu schützen, wovon sich der Name „Landshut" ableitet. Erst Mitte des 16. Jahrhunderts bekam sie die Benennung „Trausnitz". Die alte Auffahrt zur Burg, die Schlosskapelle, der Fürsten- und der Dürnitzflügel, ferner der als Wittelsbacher Turm bezeichnete Bergfried sowie das Burgtor gehen wohl auf den Beginn des 13. Jahrhunderts zurück. Auch die große Vorburg wird in ihrem Umfang noch in die Gründungszeit datiert. Im Zuge der Landesteilung von 1255 wurde die Burg zur Residenz der jüngeren Herzogslinie ausersehen. Die Blütezeit der Hofhaltung endete mit dem Tod Herzog Georgs des Reichen im Jahr 1503. Der kunstliebende Herzog Ludwig X., dem im Rattenberger Vertrag die Verwaltung der Rentämter Landshut und Straubing überlassen worden war, wohnte von 1516 bis 1543 auf der Burg. Er ließ 1517 die Georgs-

Burg Trausnitz, Landshut

kapelle einwölben und 1528 den sogenannten Pfaffenstock zwischen dem Torbau und dem Wittelsbacher Turm errichten. 1541/42 entstand durch ihn noch der große dreischiffige Keller unter dem Kellergebäude der Vorburg. Nach der Fertigstellung eines neuen Renaissance-Palastes inmitten der Altstadt zog Herzog Ludwig X. aus der mittelalterlichen Burg aus. Herzog Albrecht V. gab 1558 den Auftrag zur Ausführung des Kellerbaus und sein Sohn, Herzog Wilhelm V., verbrachte von 1568 bis zu seinem Regierungsantritt 1579 die ersten Ehejahre mit seiner Gemahlin, Renata von Lothringen, auf der Burg. Er ließ viele Räume sowie den Burghof im Renaissancestil umgestalten und sorgte für den Bau der zweigeschossigen Laubengänge des Fürsten- und des Dürnitzbaus und die Fertigstellung der Narrentreppe bis 1579. Als die Schweden 1634 die Burg belagerten, wurde die Vorburg erheblich zerstört. Das fürstliche Leben und Treiben auf Burg Trausnitz fand 1762 ein Ende, als man in der Burg eine kurfürstliche Wollzeugfabrik einrichtete. In den Jahren 1805/06 diente sie als Kaserne und Lazarett. Auch König Ludwig II. ließ für sich auf der Burg ein Zimmer im Fürstenbau herrichten. Ab dem 18. Jahrhundert befand sich dort auch die Kurfürstliche Rentamtsregistratur, aus der sich später das Staatsarchiv für Niederbayern entwickelte. Bedauerlicherweise fiel die Burg 1961 einem Brand zum Opfer, der alle Räume des Fürstenbaus, insbesondere das Zimmer Herzog Wilhelms V., vernichtete. Die Bestände des Staatsarchivs wurden ebenfalls Opfer der Flammen.

Burg Trausnitz, Landshut

Den Herzoggarten ließ Herzog Wilhelm V. 1578 als Lust- und Irrgarten anlegen, den Herzog Wilhelm von Zweibrücken-Birkenfeld-Gelnhausen, der 1780 seine Hofhaltung nach Landshut verlegte, zu einer Parkanlage bis 1784 im klassizistischen Stil umgestalten und ein Sommerschlösschen errichten ließ. Die Pläne fertigte der Münchener Gartenbauarchitekt und spätere Hofgarten-Intendant Friedrich Ludwig Sckell, dessen

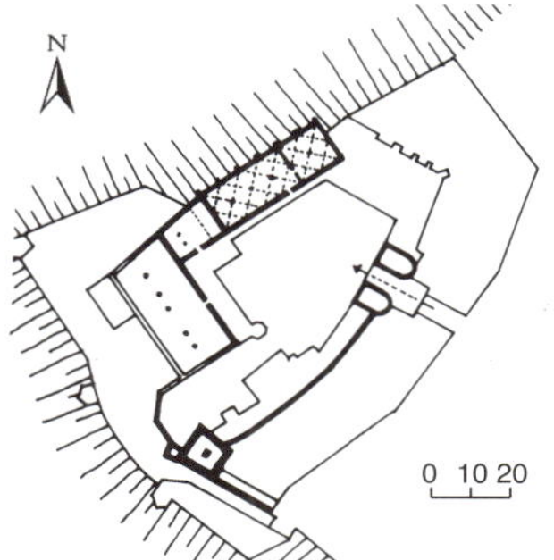

Burg Trausnitz, Landshut, Grundriss

Bruder Matthäus die Gestaltung übernahm. Zum Dank für ihr Werk ließ Herzog Wilhelm den Gebrüdern Sckell unterhalb seines Sommersitzes ein kleines Denkmal aus Sandstein errichten. Die bayerische Verwaltung der Staatlichen Schlösser, Gärten und Seen betreut heute die Schauräume der Burg, in der sich mit der „Kunst- und Wunderkammer" auch ein Zweig des Bayerischen Nationalmuseums befindet.

Die **Stadtresidenz** ging aus dem Kauf der Behausung von Leutwein dem Rakholfinger durch Herzog Heinrich den Reichen 1409 hervor, die später als Herzogliches Zollhaus Verwendung fand und den niederbayerischen Herzögen zeitweilig auch als Stadtwohnung diente. Im Jahre 1475 fand hier die Vermählung des Herzogs Georg mit der polnischen Königstochter Jadwiga statt, die „Landshuter Hochzeit" mit den Gästen Kaiser Friedrich III. und seinem Sohn König Maximilian. Von 1536 bis 1543 ließ Herzog Ludwig X. von Bayern den „fürstlichen Neubau" an der Stelle des bisherigen Zollhauses sowie weiterer angekaufter Häuser durch den Augsburger Steinmetz und Baumeister Bernhard Zwitzel errichten. Er wurde 1539 vollendet. Der Herzog, inspiriert durch eine Italienreise, plante nun dem Neubau seiner Stadtresidenz noch drei weitere Flügelbauten anzuschließen und bezog 1537 Baumeister Sigmund in das Vorhaben mit ein. 1545 wurde in der Stadtresidenz wieder das herzogliche Zollamt untergebracht, doch meist stand sie leer oder diente nur noch bei Fürstenbesuchen als Unterkunft. Im Dreißigjährigen Krieg zog 1632 der Schwedenkönig Gustav Adolf bei seinem Durchzug hier ein und 1705 wurde unter Graf von Löwenstein-Wertheim in der Residenz

Stadtresidenz Landshut

der Sitz der österreichischen Landesadministration eingerichtet. Der Pfalzgraf und Herzog in Bayern, Wilhelm von Zweibrücken-Birkenfeld-Gelnhausen, bewohnte von 1780 bis 1800 den klassizistisch veränderten Bau, den im Krieg 1809 Erzherzog Karl von Österreich und anschließend Kaiser Napoleon I. bezogen. Seit 1934/35 ist die Residenz Museum und Unterkunft des Staatsarchivs sowie der Bibliothek. Von 1986 bis 2003 wurde eine Restaurierung der Fassade, der Prunkräume im Museum und im Café vorgenommen.

Schloss Lauingen

89415 Lauingen

Landkreis Dillingen a. d. Donau

Im nahe Dillingen an der Donau gelegenen Lauingen hatte 1474 bis 1482 Herzog Ludwig IX. von Bayern-Landshut den Bau des Schlosses begonnen, der nach seinem Tod von Herzog Georg dem Reichen vollendet wurde. Baumeister war ab 1475 Heinrich Behem. Von 1559 bis 1563 war Schloss Lauingen Witwensitz der Pfalzgräfin Elisabeth. Zu Beginn des 18. Jahrhunderts erfolgte ein tief greifender Innenumbau zur Brauerei, und ab 1716 war das Schloss Salzmagazin und Getreidekasten. In den Jahren 1741 und 1745 wurden umfangreiche Erneuerungen durchgeführt, danach jedoch trat ein allmählicher Verfall ein. Doch von 1887 bis 1890 erfolgte am heute lang gezogenen, dreigeschossigen Gebäude ein Wiederaufbau in veränderten Formen, ersichtlich am Westgiebel mit Blendgliederung und der Bekrönung mit Schwalbenschwanzzinnen mit mittleren Querpfeilern. An der Nordfront befindet sich ein Konsol- und Bodenerker. Der massige, runde Südwestturm mit Konsolerkern besitzt einen Zinnenkranz und Kegelhelm. Ein weiterer, südöstlicher Rundturm ist niedriger. Der Innenbereich wurde 1951 völlig verändert. Heute ist im Schloss ein Pflegeheim der Elisabethenstiftung untergebracht.

Schloss Lauingen

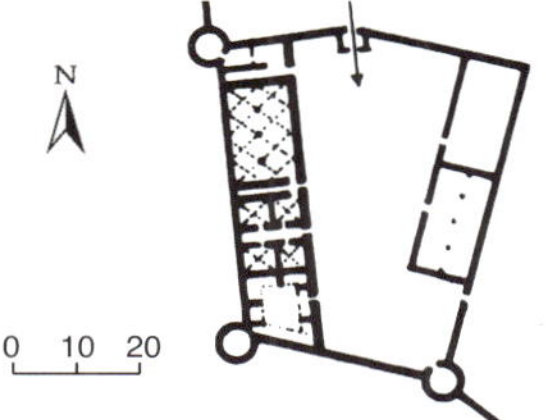

Schloss Lauingen, Grundriss

Schloss Leipheim

89340 Leipheim
Landkreis Günzburg

Sehr imposant zeigt sich am Rande von Leipheim, im Uferwald der Donau gelegen, das Schloss. Geschaffen wurde die mittelalterliche Anlage mit Vorburg, Befestigungsring mit runden Türmen, Zwinger und Graben im 11. Jahrhundert zum Schutz eines Flussübergangs. Sie wurde 1063 in einer Schenkungsurkunde von Ritter Gumprecht de Liebheim erstmals als Burg erwähnt. Ein Adelbero von Libheim übertrug 70 Jahre später ein Gut an die Abtei St. Ulrich und Afra in Augsburg. Die einstige Burg der Herren von Leipheim ging 1373 in den Besitz der Grafen von Württemberg. 1463 verkaufte Graf Ulrich V. seinen Besitz an die Stadt Ulm, der bis 1809 dort verblieb. 1507 wurde im Schlosshof der Zehntstadel errichtet und nach schweren Schäden im Markgrafenkrieg von 1552 bis 1558 im Auftrag des Rats der Stadt Ulm mit heutigem Aussehen wieder aufgebaut. Aus dieser Zeit stammt der Hauptbau von 1559. Nach einer erneuten Zerstörung durch einen Brand ließ der Ulmer Obervogt Erhardt Schad die Anlage von 1637 bis 1640 wieder herstellen. Veränderungen am Objekt gab es in den Jahren 1896 bis 1898 und 1907. Bei einem nochmaligem Eingriff erfolgte 1993 bis 2002 ein Umbau des Zehntstadels zum Kulturzentrum mit Gaststätte. Heute zeigt sich das Schloss als dreigeschossiger Satteldachbau mit rechteckigen Eckerkern und Rundturm. Südlich liegt der Treppenanbau mit Zinnen aus dem 19. Jahrhundert. Der ehemalige Zehntstadel, nordöstlich vom Schloss, ist ein stattlicher, dreigeschossiger Bau von 1507 mit zahlreichen Gauben. Das ehemalige Torwächterhaus ist im Kern in die Zeit des 17./18. Jahrhunderts einzuordnen. Das Eingangstor zum Schlosshof ist mit Zinnen geziert und hat einen spitzbogigen Torbogen.

Schloss Leipheim

Schloss Leitheim

86687 Leitheim/
Markt Kaisheim
Landkreis Donau-Ries

Östlich von Donauwörth wurde 1542 unter Abt Johannes VI. Sauer von Kaisheim der hoch über dem Fluss gelegene klostereigene Weinberg mit einer starken Mauer umgeben und das zweigeschossige Weingärtnerhaus mit seinem polygonalem Treppenturm errichtet. 1681 bis 1696 ließ Abt Elias Götz das heutige Schloss mit Laubengang und Kirche als sommerlichen Erholungssitz nach einem Plan eines Bruders Wölfle aus Kaisheim hier erbauen. Es wurde 1751 unter Leitung von Johann Georg Hitzelberger durch Abt Cölestin I. Mermos zum Rokokoschloss umgestaltet. Schloss und Kirche gehörten bis zur Säkularisation dem Kloster Kaisheim, danach ging der Besitz 1803 an König Max I. von Bayern und 1820 an den königlich-bayerischen Oberhofmarschall Graf von Montperny. Seit 1835 ist das Schloss im Besitz der Freiherren von Tucher, die 1929 hier ihren Wohnsitz aufgaben. Im Jahre 1953 beginnt Albrecht Freiherr von Tucher mit der Restaurierung des Schlosses und 1959 wird das erste Schlosskonzert gegeben. Weitere Erneuerungen folgen 1993 bis 1996 durch Bernhard von Tucher. Im Anwesen kann man Räumlichkeiten für Veranstaltungen mieten.

Das Schloss und die Kirche bilden ein ausgewogenes Architekturensemble von eindrucksvoller Fernwirkung. Ersteres ist ein dreigeschossiger, quadratischer Bau mit Mansardwalmdach und polygonalem Dachreiter sowie nach Süden offener Terrasse. Die Ausstattung von 1751 in den Repräsentationsräumen des zweiten Obergeschosses gehört zu den besten und reizvollsten Leistungen des bayerisch-schwäbischen Rokoko. Schwungvolle Stuckaturen von Anton Landes, Decken- und Wandmalereien

Schloss Leitheim

von Gottfried Bernhard Göz zieren das Innere. Bei Führungen bestechen den Besucher der prächtige Festsaal und das schöne Treppenhaus. Die hier gegebenen Konzerte sind ein Ereignis. Ein Gang über die dreiteiligen Arkaden führt in die katholische Filial- und Schlosskirche St. Blasius.

Burgruine Leuchtenberg

92705 Leuchtenberg
Landkreis Neustadt an der Waldnaab

Im Oberpfälzer Wald, südöstlich von Weiden, steht die 1124 erstmals urkundlich erwähnte Burg auf einer 170 Meter über dem Tal der Luhe vorspringenden Granitkuppe des Naabberglandes. Sie diente den 1196 zu Landgrafen aufgestiegenen Leuchtenbergern als Stammburg. Die gewaltige Burgruine mit dem Bergfried und dem Kapellenturm beherrscht das umliegende Land. Das Geschlecht der Leuchtenberger wurde im 15. Jahrhundert in den Fürstenstand erhoben und verfügte bis zu seinem Aussterben 1646 über einen ständig wachsenden Territorialbesitz. 1332 verlegten sie ihren Hauptsitz nach Pfreimd. Die ersten baulichen Arbeiten an der Burg begannen vermutlich im 12. Jahrhundert, deren älteste Teile auf Landgraf Ulrich I. von Leuchtenberg zurückgehen. Während der Hussitenkriege und im Dreißigjährigen Krieg erlitt die Anlage schwere Zerstörungen. Als 1646 die Leuchtenberger ausstarben, ging der Besitz an Kurbayern. Schwere Zerstörungen folgten im 17. Jahrhundert, 1842 durch Brand und 1888 durch Blitzschlag, dem 1902/03 eine Wiederherstellung folgte. Ein gotisches Tor in der hohen Ringmauer des 14. Jahrhunderts erschließt den äußeren Burghof, auf dem Reste von zwei aus dem 17. Jahrhundert stammenden Toren sowie Grundrissspuren von ehemaligen Verwaltungs- und Wirtschaftsbauten zu entdecken sind. Den inneren Burghof erreicht man durch eine dreiteilige Toranlage im Norden. Der nahe gelegene, noch vollständig erhaltene Zwinger stammt aus dem 15. Jahrhundert. Den ältes-

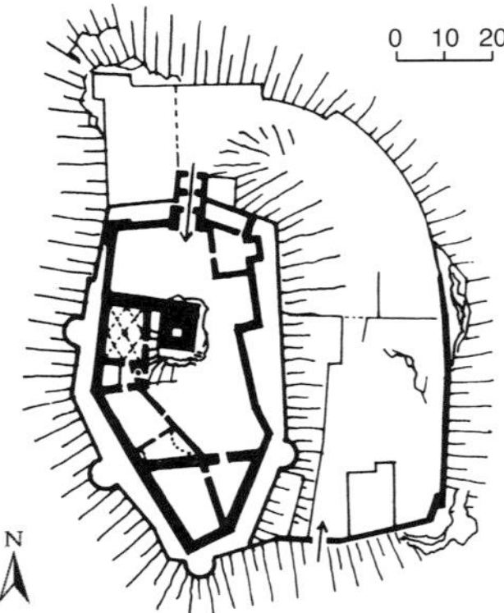

Burgruine Leuchtenberg, Grundriss

Burgruine Leuchtenberg

ten Teil bildet der quadratische Bergfried, dessen östliche Hälfte 1902 wieder aufgebaut wurde. Im inneren Bering liegt östlich die Kapelle, die ebenfalls der Hauptbauphase um 1300 angehört und im 15. Jahrhundert erweitert wurde. Der Sakristeibau mit darüberliegendem Oratorium ist aus dem 17./18. Jahrhundert. Der Hof wird nach Süden durch den dreigeschossigen Palas und einen Treppenvorraum abgeschlossen, dem sich nördlich die Wirtschaftsgebäude des 15. Jahrhunderts anschließen. Jährlich finden im Sommer auf der Burg Theaterveranstaltungen statt.

Schachenschlössle

88131 Lindau

Landkreis Lindau

Das sogenannte Schachenschlössle steht im Lindauer Ortsteil Schachen und stammt im Kern aus der Zeit von 1517. Es ist ein dreigeschossiger Bau mit vorkragendem Obergeschoss, Krüppelwalmdach und einem Rundturm an der Westseite. Werner von der Schulenburg weilte 1950 im Schachenschlössle, wo er sein Buch „Der König von Korfu“ abschloss. Die Entstehungsgeschichte liegt im

Schachen-schlössle, Lindau

Nebel. So heißt es, dass dieses Schlösschen zunächst eine militärische Aufgabe hatte, die Sicherung der freien Reichsstadt Lindau gegen Angriffe. Andererseits soll sich ein vom Leben enttäuschter Patrizier dorthin zurückgezogen haben, um in Ruhe seine astrologischen Studien zu betreiben. Dieser soll den für astrologische Weisheiten empfänglichen Kaiser Sigismund während des Konzils von Konstanz beraten haben. Wiederum bleibt über 100 Jahre lang das Schicksal des Schachenschlösschens im Dunkeln. Erst um 1530 ging der Besitz durch Vererbung an den in Lindau beheimateten Georg von Fladungen, einen fränkischen Ritter. Dieser nahm zusammen mit seinem Freund Siegmund Frey, im Dienste des kaiserlichen Heeres, Rom im Sturm ein. Nach ihrer Rückkehr erfüllten sie das Schlösschen mit viel Heiterkeit und Festen. Frau Anna Zoller-Marschall aus Memmingen kaufte das Schlösschen und Siegmund Frey heiratete die kluge Frau. Möglich, dass es am vielen Feiern lag, denn im Jahre 1546 war keiner der drei mehr am Leben. Philipp Frey, der Bruder des verstorbenen Siegmund, ein griesgrämiger alter Mann, zog nun im Schachenschlössle ein. Als dieser ebenfalls verstorben war, brachte seine Witwe das Gut ihrem zweiten Mann, Christof Reichlin von Meldegg, mit in die Ehe. Nach dem Dreißigjährigen Krieg wurde eine Reihe baulicher Veränderungen vorgenommen. Im Jahre 1775 lebte hier die Witwe des Rates Matthias Mayer, Felizitas Haberstock, die eine Vorliebe für schöne Blumengärten hatte. Es folgte ein häufiger Besitzerwechsel. So gehörte das Anwesen neben weiteren Besitzern 1778 Kaspar Fleck, 1779 Johann Konrad Weber und 1780 der Witwe des Dr. Hans Haug. 1792 erwarb es der Schweizer Hans Orlandi, dessen Familie mit dem Protestantenschub aus dem Tessin gekommen war. Als Napoleon über die Region gezogen war, verfiel das Schachenschlössle, wurde aber noch von Bauern- und Fischerfamilien bewohnt. Die Familie Spengler-Hensler belebte das Gebäude wieder mit einer Erneuerung durch den Architekten von Tscharner aus Bregenz. 1950 haben Jörg Bihl und seine Gattin das Schlössle übernommen. Die Familie betreibt hier ein Hotel.

Schloss Linderhof

82488 Linderhof/Gem. Ettal
Landkreis
Garmisch-Partenkirchen

Im herrlichen Naturschutzgebiet Ammergebirge liegt westlich von Oberammergau der Linderhof. Der Märchenkönig Ludwig II. ließ das Schloss als „Königli-

Schloss Linderhof

Linderhof

Oben: Schlossanlage Linderhof, Garten

Unten: Schlossanlage Linderhof, Florabrunnen

che Villa“ mit Einflüssen des deutschen Hochbarocks errichten. Es ist das einzige Schloss, dessen Vollendung der König erlebte und das er des Öfteren bewohnte. Es war nach Neuschwanstein der zweite Königssitz Ludwigs II. Hervorgegangen ist das Schloss aus einem schon von König Max II. genutzten Ettaler Zehenthof, den er 1850 kaufte und wo er ein Jagdhaus errichten ließ. Erste Umbauentwürfe für das „Königshaus“ lagen 1868 vor, und ab 1869 wurde mit den Anbauten begonnen. Errichtet in Fachwerkbauweise, wurde es unter der Leitung von Architekt Georg Dollmann 1873/74 mit einem Steinbau ummantelt und erweitert, einschließlich der Treppe zum repräsentativen Schloss. Eine letzte Erneuerung des ständig veränderten Schlafzimmers wurde ab 1884 vorgenommen, die beim Tod des Königs 1886 noch nicht beendet war. Die Ausstattung stand der in Neuschwanstein in Prunk und Gestaltung keineswegs nach. Ein Blickfang ist der Park, von Carl von Effner 1870 bis 1880 angelegt. Er ist ein herausragendes Beispiel der Gartenkunst des Historismus mit prächtigen Gartenräumen, Garten- sowie Wasserparterre, Kaskadenanlagen, Baumgruppen und Parkbauten. Die Skulpturen stammen hauptsächlich von Michael Wagmüller und Johann Nepomuk Hautmann. Der Maurische Kiosk, der 1876 von Ludwig II. angekauft und 1877 in Linderhof aufgestellt wurde, ist aus der Zeit um 1850 von Karl von Diebitsch. Die Liebe des Königs zur Musik und zum Theater zeigt sich auch an der künstlichen Grotte mit Teich, Bühne und Königssitz, die 1876/77 von August Dirigl nach Entwürfen von Fidelis Schabet geschaffen wurde. Farbige Beleuchtungen illusionieren eine „Blaue Grotte“ aus Richard Wagners „Tannhäuser“ und der Muschelkahn ist von Franz Seitz. Linderhof gehört zu den meistbesuchten Schlossanlagen in Bayern.

Altes und Neues Schloss Lintach

92272 Lintach/ Gem. Freudenberg
Landkreis Amberg-Sulzbach

Das Geschlecht der Lintacher ist Mitte des 12. Jahrhunderts erstmals genannt und ein Edelsitz, der heute nordöstlich von Amberg zu finden ist, wird im 13. Jahrhundert erwähnt. Im 14. Jahrhundert ging das heutige **Alte Schloss** an die Mistelbach, ab 1529 an Kaspar von Vestenberg und seit 1564 war es Eigentum der Mendl von Steinfels, denen 1657 die Freiherren von Lochner folgten.
Im 14. Jahrhundert wurde der Wohnturm errichtet und im 15. Jahrhundert erneuert. In der zweiten Hälfte des 16. Jahrhunderts vollzog man den Anbau des Palas an die Südseite. Die Anlage wurde in der ersten Hälfte des 19. Jahrhunderts renoviert und von 1982 bis 1987 saniert. Der viergeschossige Turm ist etwas höher als der zweigeschossige Palas.
Das **Neue Schloss** entstand wohl Anfang des 17. Jahrhunderts, der Südteil wurde 1932 nach einem Brand abgetragen. Die von einer Schlossmauer umgebene Anlage mit Park ist über eine Brücke zugänglich. An der Gebäudegruppe stehen nordwestlich ein Eckturm und südlich ein Treppenturm. Die in der Ortsmitte gelegene Anlage befindet sich in Privatbesitz und ist nicht zugänglich.

Altes und Neues Schloss Lintach

Wasserschloss Loifling

93455 Loifling/Gem. Traitsching
Landkreis Cham

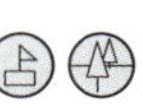  

Südlich von Cham, im Naturpark Bayerischer Wald, liegt das Wasserschloss Loifling. Der damalige Stammsitz der „Lewflinger“ wird um die Mitte des 12. Jahrhunderts erstmals erwähnt. Von 1380 bis ins 19. Jahrhundert hinein war das Schloss Sitz der Poyßl von Loifling, dann folgte ein häufiger Besitzerwechsel. Im 15. Jahrhundert wurde das Schloss zur Wasserburg mit durch Tor- und Ecktürme be-

Loifling

Wasserschloss Loifling

wehrter Ummauerung ausgebaut. Durch Ausgrabungen von 1988/89 sind das Ausmaß und die zeitliche Abfolge der einzelnen Bauphasen weitgehend geklärt. Der Wohnturm wurde wohl noch im späten 14. Jahrhundert erbaut und 1456/57 entstand die Kapelle an der Nordseite des Wasserschlosses. In der zweiten Hälfte des 15. Jahrhunderts wurde der Südflügel errichtet, der im 16. Jahrhundert durch einen Arkadenbau über den Wassergraben hinweg mit dem Wohnturm verbunden wurde. Der Wohnturm wurde mit vier Geschossen einschließlich des Kellers aufgeführt, in dessen unteren Geschossen sich gewölbte Räume befinden. Seit der zweiten Hälfte des 18. Jahrhunderts nahm man den Abbruch der Wehranlagen und den Bau neuer Gebäude vor. Die Kapelle wurde um 1700 nach Norden verlängert. Erweiterungen folgten 1893 um ein Oratorium und 1905 mit einer Verlängerung nach Norden. Johann Nepomuk von Poyßl, geboren 1783, war später Hofmusikmeister und Hoftheaterintendant in München. Er verfasste 14 Opern. Mit seinem Tod 1865 ging die Ära Poyßl in Loifling zu Ende. Das Schloss wechselte mehrfach die Besitzer und ging 1988 in das Eigentum der Gemeinde Traitsching über. Seit dem Abschluss der Renovierungsarbeiten wird das Schloss von der Gemeinde als Standesamt, für verschiedene kulturelle Veranstaltungen und von der Volkshochschule Cham sowie der Landkreismusikschule als Kursort genutzt. Die Schlosskapelle Johann Baptist von 1456 ist heute das Gotteshaus der Ortschaft. Schlossführungen werden nach Anfrage an die Gemeindeverwaltung gern durchgeführt. Unmittelbar gegenüber dem Schloss befindet sich der Churpfalzpark, ein Erlebnispark für die ganze Familie.

Schloss Mariakirchen

94424 Mariakirchen/
Gem. Arnstorf
Landkreis Rottal-Inn

Südöstlich von Landau an der Isar und nordöstlich von Arnstorf steht das ehemalige Wasserschloss am Rande von Mariakirchen. Das dort sesshafte Edelgeschlecht der St. Mariaekirchen, erstmals 1130 urkundlich erwähnt, ist aus dem 12. bis 14. Jahrhundert bekannt. Im 14. Jahrhundert kam der Besitz an die Chamerauer. Die Familie von Closen war von 1453 bis 1663 Eigentümer der Hofmark. Im Jahre 1550 errichteten die Eheleute Georg von Closen und Barbara von Nothaft das in heutiger Form als geschlossenes Geviert, aus dreigeschossigen Trakten und mächtigem quadratischem Hauptturm, bestehende Wasserschloss. Das bezeugt ein in Stein gefasstes Renaissanceportal im Innenhof des Schlosses mit dem Ehewappen Closen-Nothaft. Die Closen saßen hier bis 1678. Ab 1848 ging es in den Besitz der Grafen von Dejm. Die Zinnen aller Türme sind eine historisierende Zutat nach dem Brand von 1842 und geben dem Schloss ein imposantes Aussehen. Die Schlosskapelle befindet sich im ersten Obergeschoss des Hauptturms. 1756 wurde die barocke Kirche Mariä-Himmelfahrt geweiht, die auch der „Dom des Kollbachtals" genannt wird. Bemerkenswert sind die Deckengemälde aus der Zeit um 1690, auf Leinwand gebracht und nach Art einer Kassettengliederung un-

Schloss Mariakirchen

terteilt. Das Wasserschloss bietet nach umfangreicher Renovierung von 2003 Raum für Veranstaltungen sowie Feierlichkeiten jeder Art. Das Schlossbräu-Gebäude, ehemaliger Rossstadel, ist ebenfalls ein Anziehungspunkt für Besucher. 2003 wurde das Schlossbräu und 2007 das Vier-Sterne-Hotel eröffnet.

Schloss Waal

86875 Markt Waal
Landkreis Ostallgäu

Südwestlich von Landsberg am Lech liegt Waal, südöstlich der Pfarrkirche erhöht auf einer Terrasse das Schloss. Es war ursprünglich der Sitz der Herren von Waal. Von der 1397 zerstörten mittelalterlichen Burg sind noch Reste im Schloss erhalten, das zu Beginn des 17. Jahrhunderts ausgebaut wurde. Seit dem Jahre 1820 ist es Besitz der Fürsten von der Leyen. Umgestaltet wurde das Schloss Mitte des 19. Jahrhunderts und nochmals 1907. Es ist ein großer, schmuckloser dreigeschossiger Rechteckbau mit polygonalen Ecktürmen und hohem Walmdach. Nördlich des Schlosses befinden sich eine Zweiflügelanlage, das Hofgebäude, ein weiteres zweigeschossiges Gebäude im südlichen Bereich aus der ersten Hälfte des 18. Jahrhunderts und eine Tordurchfahrt. Auch Wappensteine des frühen 17. Jahr-

Schloss Waal, Markt Waal

hunderts von Heinrich und Euphrosyna von Muggenthal gibt es zu entdecken. Ein zweigeschossiger Nordflügel mit Satteldach gehört in das 18. Jahrhundert und das Torhaus zwischen Bräuhaus und Hofgebäude in die erste Hälfte des 19. Jahrhunderts. Im Hof stehen eingeschossige Bauten und ein Brunnen, der nach 1820 gefertigt wurde, sowie eine Lindenallee vom Anfang des 20. Jahrhunderts. Das Anwesen ist in Privatbesitz und kann nur äußerlich besichtigt werden.

Schloss Marzoll

83435 Marzoll/
Stadt Bad Reichenhall
Landkreis Berchtesgadener Land

Direkt an der österreichischen Grenze bei Salzburg, nordöstlich an Bad Reichenhall angrenzend, findet man Marzoll. Das hiesige Schloss geht im Kern auf das Spätmittelalter zurück. Bis 1574 war der dreigeschossige, quadratische Bau mit runden Ecktürmen Sitz des Siedeherrengeschlechtes der Fröschl von Marzoll. Sie besaßen das Hofmarksrecht und eigene Gerichtsbarkeit. Später wechselte das Schloss mehrfach seine Besitzer. Zu einem Neubau kam es noch unter der aus Reichenhall stammenden mächtigen Patrizier- und Siedeherrenfamilie Fröschl zwischen 1527 und 1536. Dieses Geschlecht schaffte es, zu hochrangigen herzoglichen Beamten emporzusteigen, dessen Wiguleus Fröschl sogar den Stuhl des Fürstbischofs zu Passau bestieg. 1605 gelangte die Salzburger Kaufmannsfamilie Lasser zu Lasseregg in den Besitz Marzolls.

Um 1838 bis 1840 bekamen die mit welschen Hauben versehenen Türme, im Sinne der Romantik, Zinnenaufbauten und im Zuge des Innenausbaus im 17./18. Jahrhundert wurden Felderdecken und Rokokostuckierungen eingebracht. Der mit achteckigem Pavillon gestaltete barocke Lustgarten ist in das 17. Jahrhundert zu datieren. Das Schloss war ab 1976 Eigentum der Kreisstadt Bad Reichenhall, die es in den letzten Jahren saniert hat und jüngst wieder in private Hände gab.

Schloss Marzoll

Schloss Maxlrain

83104 Maxlrain/
Gem. Tuntenhausen
Landkreis Rosenheim

Der Neubau der ehemaligen Burg wurde durch Wolf Wilhelm von Maxlrain im gleichnamigen Ort, nördlich von Bad Aibling, von 1582 bis 1585 errichtet, nachdem die ursprüngliche Burg aus der ersten Hälfte des 9. Jahrhunderts nach einem Brand 1577 vernichtet worden war. Bis in das Jahr 1734 war sie Stammsitz der Herren von Maxlrain und Hohenwaldeck.

Das heutige Schloss ist ein Satteldachbau mit vier zwiebelhaubenbedeckten Ecktürmen und angesetzten ehrenhofartigen Flügeltrakten. Die Anbauten und Wirtschaftsgebäude, in denen sich heute die Schlosswirtschaft befindet, stammen aus dem 18. Jahrhundert. Die Flügelbauten, der Schlossgarten und die Einfriedung zählen in die Zeit von 1891. Die Schlossallee mit ihren Eichen und Linden wurde im 18. Jahrhundert angelegt. Die Fassadengliederung am Kernbau ist großenteils gemalt und an den Flügelbauten plastisch aufgetragen worden. Johann Baptist Zimmermann war für die Stuckarbeiten sowohl in der spätgotischen, dann in Rokoko umgestalteten Schlosskapelle als auch in den Turmzimmern von 1715 bis 1730 verantwortlich. Um 1730 wurde durch Kurfürst Maximilian III. Joseph die Erlaubnis, hier braunes Bier zu brauen, erteilt. Nachweislich wurde diese Brauhaus-Gerechtigkeit schon mehr als 100 Jahre in Maxlrain praktiziert. Im Jahre 1831 wurde die Dichterin

Schloss Maxlrain

Franziska von Hoffnaaß auf Schloss Maxlrain geboren. Max Graf von Arco-Zinneberg erwarb 1870 Maxlrain für seinen Sohn Ludwig, der mit seiner ersten Frau den Ostflügel und mit seiner zweiten Frau, einer Prinzessin Lobkowicz aus Böhmen, den Westflügel hinzufügte und die Brauerei an der heutigen Stelle errichtete. Das Schloss ist noch heute in Privatbesitz derer von Lobkowicz. Ein Golfplatz sowie eine Gastwirtschaft befinden sich neben dem Schloss.

Schloss Miesbach

83714 Miesbach
Landkreis Miesbach

Das in der Kreisstadt Miesbach stehende Schloss wurde 1611 von Wilhelm von Maxlrain, Freiherr zu Waldeck, erbaut. Bis in das Jahr 1734 war es durch vier Eckerkertürme mit bekrönten Zwiebelhauben versehen und diente ab da als kurfürstliches Schloss und Pfleghaus. Ab 1783 begann man mit dem Schlosskapellenanbau. Es ist ein ungegliederter Winkelbau, der heute keine Eckerkertürme mehr besitzt, aber an der Ostseite noch den Kapellenbau. Im 19. Jahrhundert wurde das Schloss, in dem sich heute das Vermessungsamt befindet, im Biedermeierstil umgebaut.

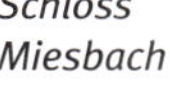

Schloss Miesbach

Schloss Miltach

93468 Miltach
Landkreis Cham

Das südöstlich von Cham befindliche, an der B 85 auf einer Anhöhe über dem Regen liegende Schloss war um 1100 im Besitz der Grafen von Bogen, nach deren Aussterben es als Schergengericht an die Herzöge von Bayern überging. Von 1307 bis 1361 war es an Konrad von Chamerau und Albrecht von Sattelbogen verpfändet. Das Schloss in seiner heutigen Form ist wohl Justinian von Peilnstein zu verdanken, der 1572 an die Hofmark gelangte. Nach ihm setzte ein mehrfacher Besitzerwechsel ein. Die Schönprunner konnten es ab der zweiten Hälfte des 17. Jahrhunderts bis 1849 ihr Eigen nennen. Diese frönten großen Festen mit Musik und Tanz in den

Schloss Miltach

Räumen. Der Adjutant unter Maria Theresia von Österreich, Simeon Piscevic, verbrachte den Winter 1744/45 bei Baron Johann Josef Wenzeslaus Freiherr von Schönprunn. Erster bürgerlicher Besitzer war von 1872 bis 1875 der Schriftsteller Maximilian Schmidt, auch Waldschmidt genannt, dem wiederum mehrere Besitzer folgten, die ebenfalls Einfluss auf den Zustand des Objektes nahmen. Heruntergekommen übernahm den zweigeschossigen Walmdachbau mit gemalter Architekturgliederung 1979 die Familie Schleyerbach, die noch bis heute ohne jegliche Zuschüsse die Sanierung betreibt. Erhalten sind im Schloss von der Originaleinrichtung frühklassizistische Kachelöfen. Nördlich im ersten Obergeschoss liegt die Hauskapelle mit ihrem Rokokoaltar. 1982 wurde der Teil, in dem sich das Schlossmuseum befindet, der Öffentlichkeit zugänglich gemacht. Eine kunstgewerbliche Nutzung als Töpferei mit Verkaufsladen wurde von 1996 bis 1998 eingerichtet. Im Musikkeller erfreuen sich die Gäste zu besonderen Anlässen an Jazz-Konzerten.

Mindelburg

87719 Mindelheim

Landkreis Unterallgäu

Östlich von Memmingen, in Mindelheim, baute Heinrich der Löwe um 1160, zum Schutz der Salzstraße München-Memmingen, eine Burg. Sie war bereits in staufischer Zeit ein bedeutender Herrschaftssitz. Nach einer Überlieferung soll um 1370 Her-

zog Friedrich von Teck die Burg erbaut bzw. eine vorhandene erweitert und verstärkt haben. Von 1467 bis 1586 war sie im Besitz der Ritter von Frundsberg und von 1586 bis 1617 gehörte die Burg den Fuggern. Darauf erwarb Herzog Maximilian I. von Bayern das Anwesen und es blieb bis 1878 im Besitz der Wittelsbacher. Von 1632 bis 1646 verwüsteten die Schweden drei Mal die Anlage, die ab 1650 wiederhergestellt wurde. 1878 wird die Mindelburg durch Umbau unter der Ausführung des Münchner Architekten Ludwig Schramm zum Schloss, das 1927 die Stadt Mindelheim erwirbt. Die lang gestreckte Anlage ist durch den sogenannten Hirschgraben in zwei Hälften geteilt, südlich die Vorburg und nördlich die Hauptburg. Beide Teile sind von einer Ringmauer aus der Frundsbergzeit mit Rondellen und Türmen umschlossen. Zum Schlossareal gehört die spätgotische katholische Schlosskapelle St. Georg aus der zweiten Hälfte des 15. Jahrhunderts.

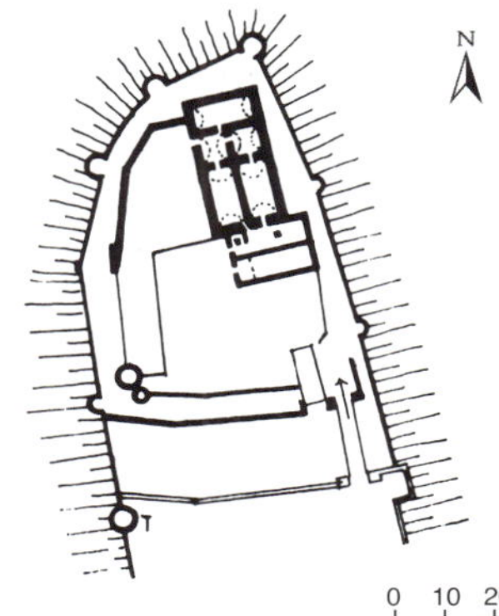

Mindelburg, Mindelheim, Grundriss

Mindelburg, Mindelheim

Mitterfels

Burg und Schloss Mitterfels

94360 Mitterfels
Landkreis Straubing-Bogen

Erstmals urkundlich erwähnt werden Mitterfels und die **Burg**, die gut zehn Kilometer nordöstlich von Straubing liegen, 1194 im Zusammenhang mit dem Burghauptmann „Berchtoldus de Mitterfels“. Die Grafschaft Bogen ging im Jahre 1242 an die Wittelsbacher über und Mitterfels wurde von 1280 bis 1799 herzogliches, dann kurfürstliches Pflege- und Amtsgericht im Viztum Straubing. Von der Burg sind heute nur noch Reste der Grundmauern und der wiederhergestellte Turmstumpf des ehemaligen Gefängnisses erhalten, in dem sich das Heimatmuseum befindet.
1634 wurden im Dreißigjährigen Krieg die Burg und das **Schloss** von den Schweden eingenommen. 1742 hielten sie im österreichischen Erbfolgekrieg dem Pandureneinfall stand. Nachdem zuvor 1791 die Zugbrücke durch eine Steinbrücke ersetzt wurde, folgten ab 1800 mehrere tiefgreifende Veränderungen im Verwaltungsbereich. Die Schlosskirche wird 1803 Pfarrkirche von Mitterfels. Die letzte öffentliche Hinrichtung in Bayern wird 1847 in Mitterfels vollzogen und 1861 das Landgericht aufgelöst. Seit 1973 fungierte das Schloss als Rathaus der Marktgemeinde Mitterfels und gleichzeitig wurde das Amtsgericht als letztes verbliebenes Gericht am Ort aufgelöst. Im seit 1977 als Sitz der Verwaltungsgemeinschaft Mitterfels-Haselbach-Ascha-Falkenfels genutzten Schloss befinden sich heute die Geschäftsstelle, das Standesamt und die Touristinformation. Im Burgareal finden Ritterspektakel, Ritterlager und mittelalterliche Märkte mit Bettlern und Gauklern statt.

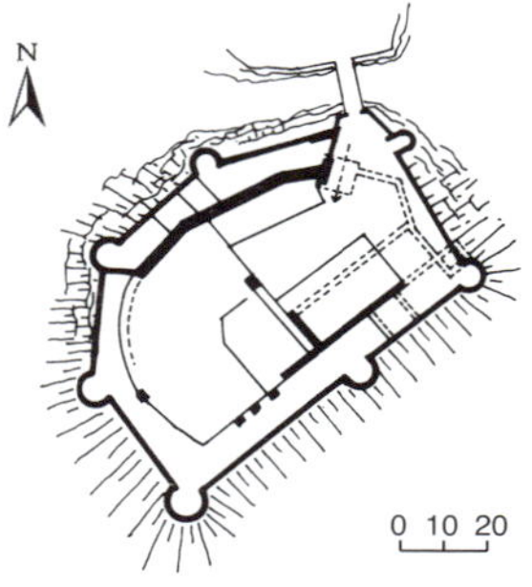

Burg und Schloss Mitterfels, Grundriss

Burg und Schloss Mitterfels

Wasserschloss Moos

Wasserschloss Moos

92245 Moos/
Gem. Kümmersbruck
Landkreis Amberg-Sulzbach

Unmittelbar östlich von Amberg liegt Moos. Die Herren von Moos, Erbauer des Schlosses, werden erst Anfang des 17. Jahrhunderts genannt. Ab 1629 folgte ein häufiger Besitzerwechsel, bis sich schließlich Anfang des 19. Jahrhunderts die Freiherren von Pelkoven hier niederließen. Auf Schloss Moos nahm der spätere Kurfürst Maximilian die Übergabe der Stadt Amberg entgegen, nachdem Friedrich V. von der Pfalz in der Schlacht am Weißen Berg bei Prag unterlegen war. Eine gründliche Instandsetzung bekam das barocke Wasserschloss, dessen dreigeschossiger Walmdachbau bis auf die spätgotischen Hauptmauern um 1738 neu erbaut worden war, von 1982 bis 1984. Die runden Ecktürme an der spätgotischen Ringmauer mit Schießscharten wurden 1984 mit Kegeldächern ergänzt. Das Wasserschloss besteht aus einem rechteckigen, dreigeschossigen, im Kern spätgotischen Wohngebäude mit Walmdach sowie dem spätmittelalterlichen Bering mit vier kleinen Halbrundtürmen. Der umlaufende Wassergraben wurde Anfang des 20. Jahrhunderts trockengelegt. Das Schloss ist ein historisches Kleinod, das trotz seiner Barockisierung eindrucksvoll die Verteidigungsbauten kleinerer Adelssitze im Spätmittelalter widerspiegelt. Im Wasserschloss ist heute eine der wenigen Privatschulen für Floristik in Deutschland untergebracht.

Schloss Asch, Moosburg

Schloss Asch
85368 Moosburg
Landkreis Freising

Schloss Asch war ursprünglich ein kleiner Stammsitz der Familie Asch, zu finden an der B 11 zwischen Freising und Landshut, der nach 1541 erneuert wurde und vor der Stadtmauer und heute am Rande der Aschwiesen, einer weitläufigen Grünfläche am Fuß der Moosburger Altstadt und des Westerbergs, liegt. Erstmals nachgewiesen wurde die Familie in Quellen um das Jahr 1000. Im 12. Jahrhundert gaben sie ihren Herrensitz auf, um am herzoglichen Hof in Landshut Einfluss und Ansehen zu vermehren, doch 1541 kaufte Wolf von Asch, Fürstlicher Rat und Wildmeister in Landshut, das Anwesen zurück, ließ den noch heute vorhandenen wuchtigen dreigeschossigen Bau errichten und das Schloss von einem Wassergraben umgeben. Letzterer wurde 1865 mit dem Schutt des damaligen Stadtbrandes verfüllt. Die im 17. Jahrhundert angebrachten geschwungenen Renaissancegiebel wurden durch ein Schopfwalmdach verändert, dafür die Fassade mit Ornamenten bemalt. Der vor dem Graben errichtete Torturm ist heute ebenfalls verschwunden. Die Herren von Asch bewohnten das Schloss bis zum Aussterben der Linie im Jahre 1883.

Schlossanlage Nymphenburg (Amalienburg, Badenburg, Pagodenburg, Magdalenenklause)
80638 München
Landeshauptstadt

Schloss Nymphenburg war die Sommerresidenz der bayerischen Kurfürsten und nachfolgenden Könige. Die Gesamtanlage entstand aus mehreren quadratischen Pavillons. Sie liegt etwa sieben Kilometer nordwestlich der Stadtresidenz. Erworben wurden die hier liegenden Ländereien von Kurfürst Ferdinand Maria anlässlich der Geburt des Kur-

prinzen Max Emanuel im Jahre 1662. Die junge Kurfürstin Henriette Adelaide, Prinzessin von Savoyen, sollte hier ihr „Castello delle Nymphe“ als Geschenk erhalten. Die erste Planung erfolgte gegen Ende des Jahres 1662. Architekt Agostino Barelli wurde für dieses Vorhaben berufen und die Bauleitung übernahm Hofbaumeister Marx Schinnagl. Dieser Plan sah einen mächtigen, fünfgeschossigen Würfelbau von äußerer Schlichtheit vor, an dessen Westseite ein quadratisches ummauertes Gartenparterre vorgelegt war. Ab 1664 begann man mit den Arbeiten und 1672 war der Kernbau weitgehend fertiggestellt. 1673 nahm Enrico Zuccalli seine Arbeit am Innenausbau auf und gab dem großen Saal eine Wölbung. Als die Kurfürstin 1676 verstarb, waren gerade einige vergoldete und bemalte Holzdecken, der Stuck im Saal sowie die östliche Freitreppe fertig. Kurfürst Max Emanuel ließ 1684 die Seitenpavillons abreißen und der noch laufende Innenausbau wurde durch Antonio Viscardi verändert. In den Jahren 1702/03 kamen die heute bestehenden Seitenpavillons hinzu. Als Max Emanuel infolge des Spanischen Erbfolgekrieges 1704 floh, kam der Bau zum Erliegen und erst am Ende seines Exils 1715 nahm man die Arbeiten wieder auf. Die Pavillongruppen mit Wohnräumen und die Schlosskirche wurden vollendet. Bald wurde ein neues, stark erweitertes Gesamtkonzept geplant, und jede Herrschergene-

Schlossanlage Nymphenburg, München

Schlossanlage Nymphenburg, Amalienburg, München

ration veränderte mit Um- und Erweiterungsbauten Schloss Nymphenburg bis zu seinem heutigen Aussehen. Die Malereien in der „Schönheitsgalerie“, mit Hofdamen und Frauen aller Stände, stammen von Joseph Karl Stieler. Gleichzeitig mit dem Bau der Schlossanlage erfolgte die Gestaltung des Parks mit seinen Kanälen, Wasserbecken und -spielen, Skulpturen, Laubengängen und den Parkburgen. Dominique Girard und Joseph Effner gestalteten ihn ab 1715 weiter aus, bis ihn Friedrich Ludwig von Sckell ab 1799 zum englischen Landschaftsgarten umgestaltete. Der Märchenkönig Ludwig II. wurde 1845 auf Schloss Nymphenburg geboren.

Schlossanlage Nymphenburg, Badenburg, München

In der weitläufigen Parkanlage befinden sich neben vielfältigen architektonischen Parkbauten und Plastiken auch kleine Lust- und Jagdschlösschen, wie die **Amalienburg.** Es handelt sich um einen ebenerdigen Bau des Rokoko. Kurfürst Karl Albrecht ließ diesen 1734 bis 1739 von François Cuvilliés für seine Gemahlin Kurfürstin Maria Amalia errichten, die hier leidenschaftlich der Fasanenjagd nachging. Die Schnitzereien und der Stuck im eingeschossigen Bau mit seinem einzigartig versilberten Spiegelsaal stammen von Johann Dietrich und Johann Baptist Zimmermann. Die prachtvolle Innenausstattung ist dem Thema „Jagd“ gewidmet.

Die **Badenburg** ist das erste dem Thema „Baden“ gewidmete Schlösschen Europas, wobei man sich sicherlich an die türkischen Bäder anlehnte. Der Bauherr Kurfürst Max Emanuel zog für diese Arbeit Joseph Effner heran, der sie von 1718 bis 1721 erbaute. Beim Betreten eröffnet sich dem Besucher ein fürstliches Appartement in französischen Formen, ein Festsaal mit kunstvoll geschaffenem Stuckdekor und Gruppen der vier Jahreszeiten am Deckenrand. Das Deckenbild wurde 1952/53 erneuert. Die mit Stuckmarmor verkleidete Galerie des Badesaales ist vom Wohnbereich aus zugänglich und die Badenburg war oft Schauplatz rauschender höfischer Feste.

Die **Pagodenburg** war die erste der Nymphenburger Parkburgen, die von 1716 bis 1721 durch den Architekten Joseph Effner geschaffen wurde. Errichtet wurde sie als Gartenpavillon für Kurfürst Max Emanuel. Den Innenbereich zieren zahlreiche kleine chinesische Götterfiguren, auch als Pagoden bezeichnet. Der oktogonale Bau mit vier kurzen Flügeln zeigt sich mit wenig Stuck und geschmiedeten Eisengittern. Die Ausstattung wurde vornehmlich im asiatischen Stil, mit holländischem Fliesenschmuck, vorgenommen. Die Räume im Obergeschoss dekorieren reiche Malereien und chinesische Tapeten. Kurfürst Max Emanuel ließ die **Magdalenenklause** bewusst als bewohnbare Scheinruine von 1725 bis 1728 durch seinen Hofarchitekten Joseph Effner erbauen. Der nachempfundene Einsiedlerbau im italienischen Stil diente als Ort religiöser Besinnung. Er birgt eine grottenartig gestaltete Kapelle und das klösterlich streng gehaltene kurfürstliche Appartement. Die reichliche Gestaltung mit einheimischen Muscheln und Getier aus Stuck nahm Johann Bernhard Joch vor.

Oben: Schlossanlage Nymphenburg, Pagodenburg, München

Unten: Schlossanlage Nymphenburg, Magdalenenklause, München

Residenz München

80333 München

Landeshauptstadt

Die Geschichte der Residenz, im Zentrum der Stadt gelegen, begann, als Herzog Ludwig der Strenge nach der Landesteilung von 1255 seine Hofhaltung von Landshut nach München verlegte. Aus einer kleinen Wasserburg bauten die Herzöge, Kurfürsten und Könige von Bayern ihre Residenz ab 1385 stetig zu einem weitläufigen Komplex aus. Diese diente über vier Jahrhunderte als Wohnsitz der Herrscher Bayerns und war politisches und kulturelles Zentrum des Landes. Nach dem Zweiten Weltkrieg wurde der fast völlig zerstörte Komplex, unter Einbeziehung der ausgelagerten Ausstattung, wieder aufgebaut. Die heutige Residenz liegt im Bereich der Stadterweiterung Ludwigs IV. des Bayern. Die Herzöge Stephan III., Friedrich und Johann ließen 1385, nach der Niederschlagung des Bürgeraufstands, die von einem breiten Wassergraben umgebene sogenannte „Neuveste" errichten. Das Wohnschloss mit Hofgarten wurde im 16. Jahrhundert Hauptresidenz. Der Residenz wurde 1565 bis 1567 nördlich ein Lusthaus hinzugestellt. Eine intensive Bautätigkeit vollzog sich in der Spätrenaissance, bestimmt von den Herzögen Wilhelm V. und Maximilian I. Letzterer unterstrich 1623 somit seinen politischen Anspruch als Haupt der katholischen Liga zum Kurfürsten. 1603 wurde mit der Gestaltung des südlichen Residenzgartens begonnen und gleichzeitig die Hofkapelle errichtet. Dem folgten von 1612 bis 1616 der Kaiserhof und 1613 bis 1620 die Anlage des Hofgartens im nörd-

Residenz München

lichen Teil. Als Joseph Effner 1729 die Grottenhoftrakte umbaute, beschädigte ein Feuer den südlichen Flügel und ein Großbrand von 1774 erforderte neuerliche Instandsetzungsmaßnahmen. Daraufhin ließ Karl Albrecht das Obergeschoss mit der prächtigsten Zimmerfolge seiner Zeit ausstatten, die auch als „Reiche Zimmer" bezeichnet wird. Max III. Joseph ließ ab 1746 die Kurfürstenzimmer über dem Antiquarium ausstaffieren. Auch der Bau eines neuen Opernhauses, als Neues Residenztheater, wurde geschaffen. Unter König Ludwig I. entstanden nach Plänen von Leo von Klenze ab 1826 die klassizistischen Räume im Königsbau. Nach den Bombenangriffen von 1944 kam es zu schweren Zerstörungen und die gesamte Residenz brannte aus. Schon 1945 wurde mit dem Wiederaufbau begonnen und das Schloss zur Nutzung als Raumkunstmuseum sowie zur Aufnahme kultureller Einrichtungen hergerichtet. Die Rekonstruktion war im Wesentlichen bis 1985 mit noch folgenden Restarbeiten 1991 abgeschlossen. Umfangreiche Sammlungen wie Mobiliar, Gemälde, Plastiken, Miniaturen und Ostasiensammlungen erwarten den Besucher. Die historische Gartenanlage musste einem Neubau der bayerischen Staatsregierung weichen.

Schloss Blutenburg

81247 München/
OT Obermenzing
Landeshauptstadt

Das ehemalige Jagd- und Lustschloss Blutenburg liegt bei Obermenzing, am Ende der A 8. Die malerische Anlage an der Würm, mit der Ausstattung der Kirche, ist bemerkenswert. Gegründet wurde die Burg, die mehrfach bis in das 17. Jahrhundert zum heutigen „Herrenhaus" erweitert und aufgestockt wurde, vermutlich im 13. Jahrhundert, wovon noch 1981 aufgedeckte Reste eines Wohnturms künden. Im 15. und 16. Jahrhundert folgten die heutigen Bauten. Die Haupt- und Vorburg sowie der Pfortenbau entstanden um 1431 bis 1440 für Herzog Albrecht III. und seine Gemahlinnen Agnes Bernauer und Anna von Braunschweig. In dieser Zeit erhielt die Anlage auch den Namen „Blütenburg". Danach erfolgte die Einfügung des bis ins 19. Jahrhundert zinnengekrönten Torturms. Herzog Sigismund ließ die Burg zum ländlichen Wasserschloss in der heutigen Größe ausbauen. Die vier Türme wurden vereinheitlicht und die Schlosskirche zur Heiligsten Dreifaltigkeit 1488 vermutlich durch den Hofbaumeister Hans Trager erbaut. Die Schlosskirche

Schloss Blutenburg, München

ist ein hervorragend erhaltener, einschiffig verputzter Backsteinbau. Die drei Altäre, dessen südlicher aus dem Jahre 1491 datiert ist, wurden einheitlich als Gruppe gestaltet. Die Malereien wurden auf goldenen Gründen gestaltet. Im Jahre 1676 ging die Hofmark Blutenburg an den Freiherrn Anton von Berchem über. Die Geschichte der Blutenburg ist eng mit dem Herzog Albrecht III. von Bayern und seinem Sohn Sigismund verbunden. Albrecht hatte sich heimlich mit der schönen Agnes Bernauer vermählt. Da sie jedoch nicht standesgemäß war, ließ sie sein Vater 1435 als Hexe von der Straubinger Donaubrücke in den Fluss werfen. Seine zweite Ehe 1436 mit Anna von Braunschweig war dann standesgemäß. Zum Mittelpunkt der Hofhaltung, zum Treffpunkt der besten Künstler seiner Zeit, gelangte das Schloss unter Sigismund. Mit seinem Tod 1501 endete die schöne Zeit von Blutenburg. Heute gibt es ein Restaurant im Schloss und es werden vom Kulturkreis Schloss Blutenburg Konzerte, Kunstausstellungen und Märkte organisiert. Die Schlosskirche steht den Besuchern im Rahmen von Führungen offen.

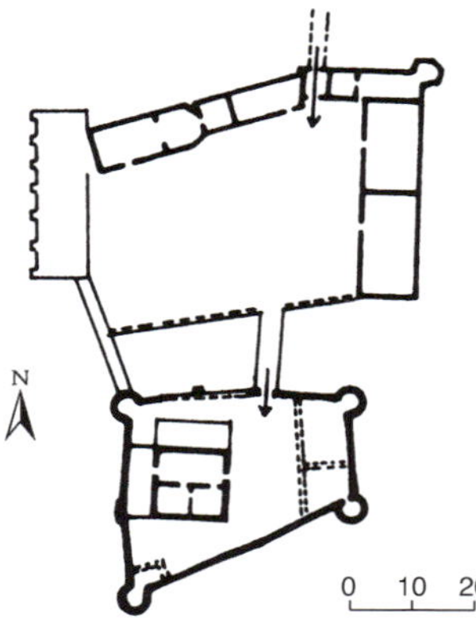

Schloss Blutenburg, München, Grundriss

Schloss Münchshofen

93158 Münchshofen/
Stadt Teublitz
Landkreis Schwandorf

Schloss Münchshofen ist ein romantisch gelegenes Anwesen zwischen Schwandorf und Burglengenfeld im Naabtal, am Fuße des Münchshofener Berges, mit herrlicher Aussicht. Im Jahre 1514 werden die Namen der Familie Jörg von Parsberg senior und Kaspar Altmann von Vilswörth in Verbindung mit einer Hofmark genannt. Erwähnt wurde die Dreiflügelanlage mit Treppenturm und Uhr im 16. Jahrhundert und am Anfang der zweiten Hälfte des 17. Jahrhunderts. Im Jahre 1583 kaufte Achatz Freiherr von Tannberg den Besitz und seine Frau Agnes von Tannberg wollte in Münchshofen eine Braustätte errichten. Unter ihnen wurde eine Erweiterung des Gutes vorgenommen. Friedrich von Schollan zu Steinberg und Münchshofen, Landrichter zu Sulzbach, erwirbt die Anlage 1605. 1666 geht das Gut an Johann Wilhelm Stettner von Grabenhof, der es von Veronika Münch auf der Gant kauft. Dieser baute das Schloss in den Jahren 1668/69, in jener Zeit ein Juwel des Herzogtums Bayern. Als Josef Anton von Pachner zu Eggensdorf, kurpfälzischer Regierungsrat und späterer Gesandter am Reichstag, 1753 das Schloss erwirbt, lässt er die Schlosskirche mit sehenswertem Deckenfresko der „Brotvermehrung" bis 1772 östlich an das Schloss anbauen. Leider ist die Schlossanlage heute in einem desolaten Zustand.

Schloss Münchshofen

Schloss Murnau

82418 Murnau am Staffelsee
Landkreis
Garmisch-Partenkirchen

Die Anlage in der Stadt Murnau am Staffelsee stammt aus dem 15./16. Jahrhundert. Ihr stattlicher Hauptbau mit Zinnengiebeln wurde in der 2. Hälfte des 15. Jahrhunderts erbaut. Eine erste urkundliche Erwähnung der Burg Murnau ist im Jahre 1324 zu verzeichnen. Ludwig der Brandenburger bestätigte 1350 dem Markt Murnau den Blutbann. Der Ettalische Landrichter oder Pfleger wohnte im Schloss und war Herr über Leben und Tod. Von Philip Apian stammt die erste Ortsansicht mit der Abbildung des Schlosses aus dem Jahre 1560. Von 1632 bis 1648 besetzten die Schweden und Franzosen Murnau. Kaiserliche Truppen quartierten sich während des Dreißigjährigen Krieges im Schloss ein und die Pest brachte weiteres Elend. Mitte des 19. Jahrhunderts war fast die komplette Bausubstanz Murnaus durch einen verheerenden Stadtbrand zerstört. Im Jahre 1993 wurde das Schlossmuseum eröffnet und 1994 die Stiftung Schlossmuseum Murnau ins Leben gerufen sowie der Förderkreis Schlossmuseum Murnau e.V. gegründet. Dem Besucher wird ein vielfältiges Angebot an Sonderausstellungen, Veranstaltungen, Konzerten und Lesungen geboten.

Schloss Murnau

Schloss Neidstein

92268 Neidstein/
Gem. Etzelwang
Landkreis Amberg-Sulzbach

Das sogenannte Neue Schloss steht am westlichen Rand eines bewaldeten Bergrückens, nordwestlich von Sulzbach-Rosenberg. Genannt wurde 1119 ein Neipert von Nitstein, Ministerialer der Grafen von Sulzbach. Die Bamberger Bischöfe hatten die

Anlage abwechselnd als Lehen von den bayerischen Herzögen und den Pfalzgrafen in ihrem Besitz, bis sie 1466 an die Familie von Brand ging. Als Herzog Albrecht von Bayern 1504 das Schloss zerstörte, baute es Jobst von Brand 1513 wieder auf. Im Kern ist das Schloss aus dem 16. Jahrhundert, im 19. Jahrhundert mit gotisierenden Formen umgebaut sowie in den Jahren 1988/89 umfassend instandgesetzt. Das Schloss stellt eine lang gestreckte Gebäudeflucht mit Stufengiebeln und Rundturm dar. Im Innern kann man zwölf Sandsteinreliefs mit biblischen Szenen sowie das Porträt von Georg Schwaiger aus dem Jahre 1601 bewundern. Heute befindet sich das gesamte Areal in Privatbesitz.

Schloss Ernestgrün

95698 Neualbenreuth
Landkreis Tirschenreuth

Ernestgrün, heute zur Gemeinde Neualbenreuth gehörend, an der Landesgrenze zur Tschechischen Republik, wird urkundlich im Jahre 1392 im Zusammenhang mit der Nachbargemeinde Ottengrün als Ottengrunne bey Albernrewt erwähnt. Der Besitz lag in den Händen der Leuchtenberger, einem alten Oberpfälzer Adelsgeschlecht, die sowohl

Schloss Neidstein

nach Bayern als auch nach Eger im Böhmischen 300 Jahre lang rechtliche Verbindlichkeiten wahrzunehmen hatten. Als erster beglaubigter Besitzer eines Gutes wurde 1466 ein Jörg Jur genannt. Ein häufiger Besitzerwechsel folgte, bis das Anwesen um 1700 in den Besitz der Stadt Eger überging. Im Jahre 1711 kommt das Gut an Johann Christoph Weller, Edler von Molsdorf, der es wiederum seinem Schwiegersohn, Johann Josef Werndl von Lehenstein, übergibt. Unter diesem erfährt das Anwesen seine Blütezeit. Werndl von Lehenstein erwirbt 1718 die Rothmühle bei Ottengrün, lässt Teiche anlegen und ein Haus für den Hammerschmied bauen, das der Vorläufer des heutigen Schlosses ist. Florentin von Glas, der spätere Erbe, kaufte seinem Vater 1852 einige Gebäude und Flächen ab und errichtete hier seinen Herrschaftssitz. Es war die Entstehung von Schloss Ernestgrün. Doch bereits 1860 verkaufte er den Gesamtbesitz Ottengrün-Ernestgrün, worauf Freiherr von Frays um 1875 die Türme an das ehemalige Herrschaftshaus anbauen und den Schlosspark anlegen ließ. Im Jahre 1892 folgte im Besitz Wilhelm von Günther aus Frankfurt am Main. Als die Familie Hoche 1982 das Schloss in Besitz nahm, wurde stetig und zielstrebig erneuert und ausgebaut. 1990 öffnete das Hotel am Schloss Ernestgrün mit Beautyabteilung.

Oben: Schloss Ernestgrün, Neualbenreuth

Unten: Schloss Neubeuern

Schloss Neubeuern

83115 Neubeuern

Landkreis Rosenheim

Neubeuern, südlich von Rosenheim, war im 12. Jahrhundert im Besitz des Grafen von Mögling-Frontenhausen und von 1226 bis 1388 gehörte es dem Domstift Regensburg. Darauf folgten viele Wechsel, bis die Anlage im 17. und 18. Jahrhundert an die Grafen von Preysing-Hohenaschau ging, dann 1882 an den Freiherrn von Wendelstadt und im Jahre 1853 an den Grafen von Preysing. Baronin Julie von Wendelstadt, die letzte Schlossherrin, unterhielt hier bis 1909 einen Künstlerkreis. 1925 wurde das Schloss Landerziehungsheim. Die einstige mittelalterliche Ringburg wurde durch Umgestaltung im 18. und 19. Jahrhundert zu einer umfangreichen Höhenburg ausgebaut und von 1895 bis 1908 entstand durch Gabriel von Seidl der Neubau des Westflügels in den Formen der deutschen Renaissance, wobei der romanische Bergfried erhalten blieb. Die schöne Schlosskapelle St. Augustin zählt in das zweite Viertel des 13. Jahrhunderts und wurde um 1600 umgestaltet. Eine Erneuerung gab es nochmals 1751 nach Plänen von Johann Baptist Gunetzrhainer durch Philipp

Millauer. Heute befindet sich im Schloss eine Internatsschule für Mädchen und Jungen.

Schloss Neuburg am Inn

94127 Neuburg am Inn
Landkreis Passau

Mitte des 12. Jahrhunderts verlegten die Grafen von Vornbach ihren Hauptsitz in die „Neue Burg“, die nachweisbar um 1130 unter Ekbert III. von Vornbach erbaut wurde. Der Letzte des Geschlechts fiel 1558 vor Mailand, im zweiten Italienzug Barbarossas. Zunächst gelangte die Herrschaft an die Grafen von Andechs und 1248 an die bayerischen Herzöge. Nachdem die Habsburger den Besitz beanspruchten und kein Gehör fanden, eroberte König Rudolf von Habsburg die Burg, die während der Fehde ausbrannte. Mit dem Passauer Friedensschluss erhielten die Österreicher die Grafschaft zugesprochen, und Herzog Friedrich der Schöne verstärkte mit dem Wiederaufbau die Anlage. Nun wurde sie wechselnd als Lehen oder Pfand vergeben. Wiederum erneuerte 1463 der Kammerherr Hans von Rohrbach Teile der Burg, der sie durch Kauf erworben hatte. Nach seinem Tod 1467 fiel die Herrschaft an die Habsburger zurück und im Jahre 1528 bekam sie der Feldhauptmann Graf Niklas II. von Salm zu Lehen. Unter seiner Herrschaft vollzog sich der Ausbau zum Renaissanceschloss. 1654 gelangte das Schloss Neuburg an den kaiserlichen Hofkammerpräsidenten Georg Ludwig Graf von Sinzendorf, der es barock veränderte und den Steilhang bis zum Inn gärtnerisch gestalten ließ. Des Hochverrats beschuldigt, verlor Sinzendorf 1680 das Schloss und starb ein Jahr später. Kaiser Leopold I. begrüßte 1676 hier seine Braut Eleonore von der Pfalz und heiratete sie noch am gleichen Tag in Passau. 1698 kaufte der schottische Graf Jakob Hamilton Neuburg und legte einen Barockgarten mit Wasserspielen an. Von 1730 bis zur Säkularisation 1803 war das Schloss im Besitz des Hochstiftes Passau. Ein Teil kam an den bayerischen Staat, der das Schloss an Privatbesitzer ver-

Schloss Neuburg am Inn

kaufte. Nach dem großen Brand von 1810 verfielen Teile der Hauptburg und der Südteil wurde abgebrochen. Von 1908 bis 1918 gab es ein umfangreiches Wiederherstellungsprogramm und nochmals eine Gesamtsanierung seit 1983. Von der musealen Einrichtung sind das rotmarmorne und das weißmarmorne Zimmer, die Schlosskapelle St. Pankratius, aber auch außerhalb der sogenannte Blumengarten an der Vorburg sehenswert. Man kann weiterhin die Galerie besichtigen und Hochzeiten auf dem Schloss feiern. Es werden Künstlerfeste veranstaltet, Schauspielszenen gezeigt und die regionale Poesie und bildende Kunst näher gebracht. 1989 baute der Verein „Begegnungszentrum der Wissenschaft auf Schloss Neuburg" die Alte Mälzerei als Unterkunftsgebäude um. Die Hauptburg mit 15 Tagungs- und Veranstaltungsräumen dient der Universität Passau als internationales Begegnungszentrum. In der Vorburg befindet sich ein 4-Sterne-Hotel.

Schloss Neuburg am Inn

Schloss Neuburg a. d. Donau

86633 Neuburg a. d. Donau
Landkreis Neuburg-Schrobenhausen

Von 1505 bis zum Ende der letzten Hofhaltung 1831 reicht die Geschichte des Fürstentums Pfalz-Neuburg, von dessen Schloss man einen herrlichen Ausblick auf die Stadt und die Donau hat. Im Jahre 1420 entstand die Neue Veste durch Herzog Ludwig VII. den Gebarteten von Bayern-Ingolstadt, dessen mittelalterliche Burg die Pfalzgrafen Ottheinrich und Philipp ab 1527 bis 1538 in eine Schlossanlage der Renaissance durch den Architekten Hans Knotz umwandeln ließen. Ihr Nachfolger, Pfalzgraf Philipp Wilhelm von Pfalz-Neuburg, gestaltete das Schloss zu einem barocken Residenzbau um. Die Schlossanlage ist eine der typischen Residenzen, die aus einer mittelalterlichen Burg durch Um- und Ausbauten zum

Schloss Neuburg a. d. Donau

Renaissance- und Barockschloss wurden. Ab 1534 entstand Ottheinrichs „Neuer Bau", 1532/33 die Erneuerung des „Küchenbaus" und von 1537 bis 1545 der Westflügel. Die Reformation prägte das Bildprogramm an Fassaden und in der Kapelle. Der Ostflügel wurde von Kurfürst Philipp Wilhelm ab 1665 neu gebaut. Ständigen Aufenthalt als Regent nahm hier noch Karl Philipp 1717/18, doch eine letzte Hofhaltung unterhielt von 1795 bis 1831 Herzogin Maria Amalia, die Schwägerin des bayerischen Königs Max I. Joseph. Auch sie ließ nochmals am Schloss Veränderungen vornehmen, indem sie einen Überbau des stadtseitigen Traktes in strengen, klassizistischen Formen erneuern ließ. Die höfische Zeit des Schlosses war 1868 mit der Einlegung einer Kaserne beendet. Ab 1914 nutzte man die einstige Residenz als Stadtarchiv, Lazarett, Flüchtlingsunterkunft und für das Militär. 1970 übernahm der Freistaat das historische Gebäude. Seit 1987 existiert ein archäologisches und naturkundliches Museum im Ostflügel. Der Schwerpunkt der Ausstellung liegt auf der erdgeschichtlichen Entwicklung sowie der Entwicklung der menschlichen Kultur. Auch ein Museum für Kunst und Geschichte des Fürstentums Pfalz-Neuburg sowie eine Zweiggalerie der Bayerischen Staatsgemäldesammlungen befinden sich im Schloss. Alle zwei Jahre wird das Neuburger Schlossfest mit farbenprächtigem Umzug gefeiert, das an die Zeit der Renaissance erinnern soll. Bemerkenswert sind die im Herbst stattfindenden Neuburger Barockkonzerte mit renommierten Künstlern im stimmungsvollen Rahmen der Neuburger Residenz.

Schloss Neuburg a. d. Kammel

86476 Neuburg a. d. Kammel
Landkreis Günzburg

Nördlich von Krumbach, am Rande des Ortes, liegt in beherrschender Lage auf einem Bergrücken über dem Kammeltal Schloss Neuburg, dessen erste Vorgängerburg 1209 erwähnt wird. Nach mehrfachem Besitzerwechsel kam 1524 das Anwesen an Erhard Vöhlin von Frickenhausen. Sein Sohn, Johann Christoph I. Vöhlin, erbaute von 1562 bis 1567 anstelle der mittelalterlichen Burg die heute noch bestehende Schlossanlage. Nachdem sie im Dreißigjährigen Krieg zerstört worden war, wurde sie von 1654 bis 1658 wieder aufgebaut. 1805 war das Schloss bayerisches Lehen, 1817 im Besitz der Freiherren von Aretin. Das Hauptgebäude ist ein rechteckiger, dreigeschossiger Bau mit Satteldach und zinnenbesetzten Schweifgiebeln an den Schmalseiten. Eine Einfahrtshalle durchquert die gesamte Länge des Baus, mit großförmig kassettierter Tonnenwölbung. Südwestlich liegt die zweischiffige, kreuzgratgewölbte Kapelle mit bemalten Mittelsäulen. Das erste Obergeschoss wurde um 1730 von Kaspar Ratmiller umgestaltet, von dem auch die Stuckaturen an Decken und Wänden stammen. Im Speisezimmer befindet sich die Ahnengalerie mit Gemälden des 16. und 17. Jahrhunderts. Die Diele im zweiten Obergeschoss ist mit einer hölzernen Kassettendecke des 16. Jahrhunderts versehen. Die Wirtschaftsgebäude liegen westlich des Schlossvorhofes und gehen

Schloss Neuburg a. d. Kammel

Schloss Neufahrn

in ihrer Entstehung auf die Zeit um 1567 zurück. Rundtürme mit Spitzhelmen zieren im westlichen Bereich das Schloss und den um 1600 errichteten Torturm, den eine Haube schmückt. Die Schild- und die Ringmauer, die das Schlossareal rechtwinklig auf drei Seiten umschließen, stammen aus der Zeit um 1567. Das Schloss ist seit 1984 in Privatbesitz und nicht zugänglich.

Schloss Neufahrn

84088 Neufahrn in Niederbayern

Landkreis Landshut

Bereits im 14. Jahrhundert wurde eine Burganlage nördlich von Landshut in Neufahrn erwähnt. Bis 1448 ist ein Geschlecht der Haselbeck nachweisbar. Diese verkauften Neufahrn an Herzog Heinrich den Reichen von Bayern-Landshut, dieser ging wiederum 1463 an Christian und Georg Eberspeck mit Gerichtsbarkeit und Jagdrecht. Simon Kraus zu Mönchsdorf, ein Landshuter Verwaltungsbeamter, erwarb die Anlage 1501 und danach Wolf von Haunsperg, dessen Familie sie bis 1698 in Besitz hatte. Diese hat wohl auch das Schloss in heutiger Gestalt, als zweigeschossige Vierflügelanlage um einen Innenhof, erbaut. Der ursprüngliche Wassergraben ist in Resten an der Süd- und Westflanke erhalten geblieben. Im südlichen Bereich befindet sich ein ausspringender Rundturm. Sein Obergeschoss ist in halber Höhe durch Rundbogenblenden und Knickpilaster belebt und mit einer Kuppelhaube versehen. Ein rechteckiger fünfgeschossiger Turmstumpf ist ebenfalls noch sichtbar. Der Zugang zum Schloss führte über eine Brücke im Westen und durch ein Stichbogentor im Süden. Die nördliche Hofseite ist in doppelgeschossigen Arkaden gegliedert. Nachdem die Anlage 1633 im Dreißjährigen Krieg durch die Schweden zerstört worden war, folgten häufig wechselnde Besitzer. Zu ihnen zählten im 18. Jahrhundert Emanuel Graf Arco, die Törrings, um 1800 die Grafen Holnstein. 1834 kam Neufahrn an das Fürstenhaus Thurn und Taxis, nachdem es zuvor Graf Montgelas besessen hatte. 1990 nahm das Schloss die Familie Beer in Besitz, die es als Hotel mit Fitnessbereich, Veranstaltungen und Festlichkeiten herrichtete.

Schloss Neufraunhofen

84181 Neufraunhofen/
Gem. Velden
Landkreis Landshut

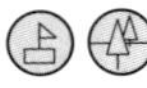

Die erste Anlage geht wohl in die Zeit um 1400 zurück. Die spätgotischen Bauteile sind im Kern der späteren barocken Umbauten erhalten geblieben. Johann Franz von Fraunhofen baute 1630 den Nordflügel an, dem um 1718/20 die Erhöhung und Erweiterung der Süd- und Nordflügel folgten. Die Neben- und Torbauten gehören zeitlich größtenteils in das 18. und 19. Jahrhundert. Der Zugang zur dreiflügeligen unregelmäßigen Schlossanlage führt durch lisenen- und pilasterbesetzte Torbauten. Am südlichen älteren Flügel zeigen sich zur Hofseite im Untergeschoss sechs Arkadenbögen. Ein Wappenrelief, datiert 1583, wurde aus der Schlossruine Altfraunhofen überstellt. Zur Schlossanlage gehört die Katholische Schlosskirche St. Johannes Baptist und Empfängnis Mariä, deren erste gotische Anlage im Zuge des Schlossbaus um 1409 entstand. Johann Franz Ignaz von Fraunhofen ließ von 1709 bis 1714 einen Neubau von Schiff- und Westchor erbauen. Der ehemalige Schlossgarten an den Ökonomiebauten wurde wohl schon im 16./17. Jahrhundert als Parterre angelegt, wogegen der Schlosspark südlich und westlich des Herrschaftshauses um 1830/40 als englischer Garten gestaltet und nach 1880 verändert wurde. Die zahlreichen exotischen Hölzer wurden unter dem botanisch interessierten Karl August von Fraunhofen gepflanzt. Das heute in Privatbesitz befindliche Schloss erfuhr ab 1977 eine umfangreiche Restaurierung.

Schloss Neuhaus am Inn

94152 Neuhaus am Inn
Landkreis Passau

Schloss Neuhaus steht auf einer felsigen Insel des Inn, dicht am linken Flussufer und unmittelbar am Grenzübergang Schärding nach Österreich. Die bayerischen Herzöge hatten im 14. Jahrhundert auf der Insel eine Burg zum Schutz der nahen Brücke nach Schärding angelegt. Im 16. und 17. Jahrhundert wurde die Anlage weitgehend erneuert und von 1750 bis 1752, wahrscheinlich nach einem Plan von Johann Michael Fischer, für Ferdinand Maria Reichsgraf von der Wahl im Stile des Rokoko ausgebaut. Letzterer bekleidete in München das Amt des kurfürstlichen Hofkammerpräsidenten. Das dreistöckige, mit Schweifgiebeln versehene Schloss wechselte häufig die Besitzer. Seit 1859 ist die Vierflügelanlage mit nördlich anschließenden neubarocken Bauten und Kapelle, vom Architekten Johann Baptist Schott und Baumeister Capellaro 1902/03 errichtet, im Besitz des Instituts der Englischen Fräulein von Burghausen. Sie wurde für 9000 Gulden von der Fürstin Auguste von Auersperg erworben. Die Innengestaltung der Räume, heute genutzt als Realschule, zeigt im Wesentlichen die Vorliebe für den Neurokokodekor.

Oben: Schloss Neufraunhofen

Unten: Schloss Neuhaus am Inn

Schloss Holnstein

92259 Neukirchen
Landkreis Amberg-Sulzbach

Nordwestlich von Sulzbach-Rosenberg liegt die Anlage, in der seit 1502 eine Schlossbrauerei betrieben wurde. Holnstein wurde bereits 1100 erstmals urkundlich erwähnt. Das in Hufeisenform gebaut Schloss ist durch zwei Flügel mit einer Bastei verbunden, die mit Teilen des

Schloss Holnstein, Neukirchen

Schlosses auf einem Felsen gebaut wurde. Über die vermutlich erste Burg und den Ausbau zum Schloss im heutigen Umfang konnten keine Angaben ermittelt werden. Der Name Holnstein bedeutet „hohler Stein“ und wurde von den den Felsen durchziehenden Höhlen abgeleitet. Die ersten Herren waren die um das Jahr 1100 bezeugten Truchsessen von Holnstein. Konrad von Holnstein, der Letzte des Geschlechtes, war einer der gefürchteten Raubritter in der Oberen Pfalz und kam im Jahre 1365 in die Reichsacht. Die von Redtwitz erlangen 1502 das Braurecht und seit dieser Zeit wird 500 Jahre lang in der Schlossbrauerei Bier gebraut. Der Baron namens Balthasar von Paumgarten, „Kauffer und Stifter des Adeligen Guths“ von und auf Holenstein, Lonerstatt und Grünsberg, schuf das prächtige Wappen. Johann Paul Paumgartner starb 1726 als Letzter seines Stammes. 1750 kam Holnstein an die Freiherren von Stromer, die Mitbegründer des bekannten „Auerbachs Keller“ in Leipzig, die den Besitz 1853 verkauften. Georg Behringer erwarb 1939 für seinen Sohn Andreas das Schloss und die Brauerei, die danach von Maria Behringer an ihre Tochter übergingen. In den folgenden Jahren wurde die Brauerei weiter ausgebaut und die Familie Haberler errichtete ein neues Sudhaus und modernisierte Gär- und Lagerkeller, Flaschen- und Fassfüllerei. Die nächste Generation steht schon bereit, um die lange Tradition fortzuführen.

Pflegschloss Neukirchen

93453 Neukirchen b. Hl. Blut
Landkreis Cham

Die ursprüngliche Anlage östlich von Cham, nahe der tschechischen Grenze, wurde um 1379 als zweigeschossiger Bau errichtet. In den Jahren 1422 und 1433/34 zerstörten Hussiten die Anlage samt Kirchenburg. Ausgebaut wurde die Schlossanlage in den Jahren 1695/96, 1805 sowie nochmals 1856. 1989/90 erfolgten archäologische Ausgrabungen und 1992 richtete man im ehemaligen Neukirchener

Pflegschloss das modern gestaltete Wallfahrtsmuseum ein, mit reichen Schätzen des Archivs der Wallfahrtskirche. Mit der Begründung des Museums wurde auch die Veranstaltungsreihe „Kultur im Schloss“ ins Leben gerufen. Das Museum stellt verschiedene Aspekte katholischer Volksfrömmigkeit und die Entwicklung des christlichen Wallfahrtswesens dar. Eine eigene Ausstellung der Neukirchener Hinterglasmalerei wird dort ebenfalls präsentiert.

Pflegschloss Neukirchen

Pfalzgrafenschloss Neumarkt

92318 Neumarkt i. d. Opf.
Landkreis Neumarkt in der Oberpfalz

Mitten im heutigen Zentrum der Stadt errichtete 1410 Pfalzgraf Johann seine bis 1580 bestehende Residenz, an der 1488 Hans Beheim Wölbungsarbeiten durchführte. Pfalzgraf Friedrich II. ließ nach einem Brand 1520 bis 1539 einen Neubau unter Mitarbeit des Eichstätter Baumeisters Erhard Reich errichten, dem weitere Baumaßnahmen im 16. Jahrhundert folgten. Mit dem ausgehenden 17. Jahrhundert wurde ein Schultheißenamt in den dreigeschossigen Hauptbau gelegt und 1795 im Südostflügel eine Tabakfabrik eingerichtet. Im Jahre 1979 wurden am Südosttrakt Steinfundamente mit gewölbtem Erdgeschoss der vermutlich um 1160 entstandenen Burg aufgedeckt. Der zur Stadt zeigende Flügel wurde im 19. Jahrhundert beträchtlich reduziert. An der Stadtseite befindet sich ein polygonaler Treppenturm mit Laterne und vor dem Haupteingang ein Löwe mit dem Pfalz-Bayern-Wappen aus dem 17. Jahrhundert. Ein zweiter mit dem Leuchtenberg-Wappen ist im Treppenhaus zu finden. Die flankierenden Trakte mit Walmdächern wurden nur zweigeschossig aufgeführt, ursprünglich mit zwei übereinander liegenden, über Galerien zugänglichen Festsälen. 1968/69 wurde das Innere des Hauptbaus verändert und die ehemalige reiche Ausstattung ist fast

Pfalzgrafenschloss Neumarkt

gänzlich verloren gegangen. Das Schloss wurde 1982 bis 1984 für die Nutzung als Zweigmuseum instand gesetzt. Das Bayerische Nationalmuseum unterhielt im Westflügel bis 1997 eine Außenstelle, in der barocke Krippenkunst ausgestellt wurde. Mangels Interesse wurde diese nach München zurückverlegt. Heute ist im Schloss der Sitz des Amtsgerichtes.

Schloss Adlstein

84494 Neumarkt-St. Veit

Landkreis Mühldorf am Inn

Das ehemalige Pflegschloss des Gerichts Neumarkt, ein behäbiger Bau mit Kastenerkern und Halbwalmdach, liegt nördlich von Mühldorf am Inn und ist seit 1680 ein Hofmarksschloss. Entstanden ist es 1478 unter Einbeziehung älterer Teile und wurde nach einem Brand bis 1510 erneuert und als neuer Verwaltungssitz und Amtsgebäude der Landrichter und der herzoglichen Pfleger genutzt. Die ehemalige Schlosskapelle ist mit einem schwarzen Empire-Altar ausgestattet. Mit der Niederlage des Landshuter Herzogs im Jahre 1504, während des Bruderkrieges der Wittelsbacher Herzöge, endete auch für Neu-

Schloss Adlstein, Neumarkt-St. Veit

markt mit der Zerstörung des Schlosses die fast 250 Jahre lange Periode, in der es von Landshut regiert wurde. Ehemalige Besitzer waren die Freiherren von Neuhaus und von Klessing. Im Jahre 1990 wurde Schloss Adlstein restauriert und fungiert heute als Rathaus der Stadt, mit einem Schulmuseum, bestückt mit alten Schulbänken, Tafeln, sonstigen historischen Ausstattungsgegenständen und vielen alten Fotos. Wechselnd finden Sonderausstellungen statt. Der Schlossgarten besitzt einen Kinderspielplatz und im Fischerhäuschen kann man eine Brotzeit einnehmen.

Burgruine Neunußberg

94234 Neunußberg/
Gem. Geiersthal
Landkreis Regen

Nordwestlich von Regen bei Viechtach errichtete Konrad der Nußberger von 1340 bis 1350 die Burganlage. Sein Besitz erstreckte sich über 150 Güter, weiten Grund und Boden rund um Neunußberg. So fiel es ihm auch nicht schwer, dem Ort Viechtach 1350 ein Bürgerspital zu stiften. Dieses Geschlecht zählte zu den bedeutendsten Rittergeschlechtern des Bayerischen Waldes.

Burgruine Neunußberg

Konrads Söhne Albrecht und Hanns bauten 1353 die Burgkapelle St. Michael. Im Jahre 1466 schließen sich 41 Ritter des Bayerischen Waldes und des Straubinger Landes, mit Hanns dem Nußberger zu Collnburg an der Spitze, zum sogenannten Böcklerbund zusammen und lehnen sich gegen den bayerischen Landesherrn, Herzog Albrecht IV., auf. Schon ein Jahr später verbietet Albrecht IV. den Bund und löst ihn auf. Wiederum ein Jahr später sagen Hanns der Nußberger und andere dem Herzog Pflicht und Gerechtigkeit auf. Dem folgt einen Monat danach bis 1469 ein Feldzug Albrechts IV. gegen die aufständischen Ritter. Mehrere Burgen, darunter auch Altnußberg, werden eingenommen, worauf Konrad und Warmund der Nußberger die Burg und Herrschaft Neunußberg Herzog Albrecht IV. überlassen müssen. Mit Augustin dem Nußberger verstirbt 1569 der Letzte dieser Linie. Im 17. Jahrhundert wurde der Wohnturm verlassen und dem Verfall preisgegeben. Doch 1716 wurde an der Burg wieder gewirkt und eine Erweiterung der Burgkapelle vorgenommen. Sie ist seit 1889 im Besitz der Sektion Viechtach des Bayerischen Waldvereins. Heute kann man die erhalten Bereiche des Wohnturms, einen Schalenturm, Reste der Ringmauer und die Burgkapelle besichtigen und gelegentlichen Theateraufführungen beiwohnen.

Schlössle Offenhausen, Neu-Ulm

Schlössle Offenhausen

89231 Neu-Ulm/
OT Offenhausen
Landkreis Neu-Ulm

Am östlichen Ortsrand von Neu-Ulm liegt der seit dem 14. Jahrhundert nachgewiesene Rittersitz. Er war Sommersitz einer Ulmer Patrizierfamilie. 1552 stellte Ulrich Ehinger von Balzheim den dreigeschossigen Bau mit vier breiten Eckerkern in den heutigen Formen her. Im Jahre 1697 erlangten die Besitzer die Brau- und Tavernenrechte und seither wird hier Bier gebraut, das Eingeweihte aus ganz Deutschland, selbst aus den USA und Australien schätzen. Schon immer gab es hier ein offenes Haus für den Reisenden, woraus schließlich die Ortsbezeichnung „Offenhausen" hervorging, lange bevor Neu-Ulm entstand. Von den Schweden und anderen Horden des Dreißigjährigen Krieges verschont geblieben, wird das Schlössle 1805 Schauplatz der mitteleuropäischen Geschichte, als Napoleon Bonaparte von einem Erkerfenster des Schlössles die Schlacht bei Elchingen beobachtete und gleich nach der habsburgischen Kapitulation hier verblieb, zu Abend speiste und sich eine ruhige Nacht hinter meterdicken Mauern gönnte. 1879 übernahm die Familie Zoller den Besitz mit allen Rechten. Ihre Nachfahren betreiben nunmehr 130 Jahre die Gaststätte und Brauerei. Heute ist es ein urgemütliches Speise- und Bierlokal für Alt und Jung, mit selbst gebrautem Bier, und wurde bereits zum dritten Mal als „Beliebtester Biergarten der Region" ausgezeichnet.

Schloss Niederarnbach

86564 Niederarnbach/
Gem. Brunnen
Landkreis Neuburg-Schrobenhausen

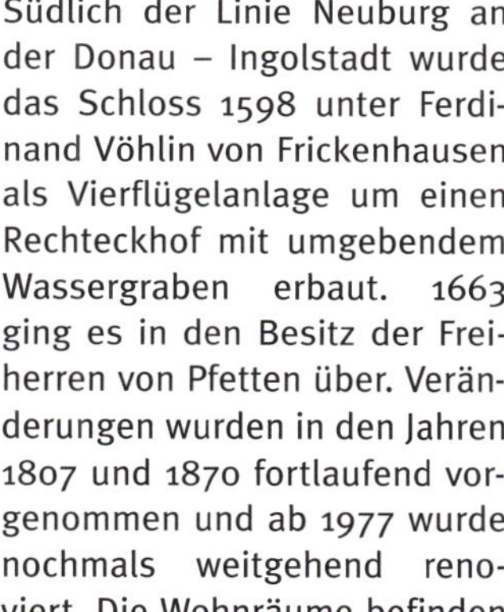

Südlich der Linie Neuburg an der Donau – Ingolstadt wurde das Schloss 1598 unter Ferdinand Vöhlin von Frickenhausen als Vierflügelanlage um einen Rechteckhof mit umgebendem Wassergraben erbaut. 1663 ging es in den Besitz der Freiherren von Pfetten über. Veränderungen wurden in den Jahren 1807 und 1870 fortlaufend vorgenommen und ab 1977 wurde nochmals weitgehend renoviert. Die Wohnräume befinden sich im dreigeschossigen West- und Südflügel, deren erstgenannter mit polygonalen Ecktürmen besetzt ist. Letzterer ist mit einem Volutengiebel über der risalitartig vorgezogenen Einfahrt geziert. Im östlichen Bereich der Anlage schließt sich die zweigeschossige Schlosskapelle an, über der das Hausarchiv liegt. Die zweigeschossigen Trakte im Norden und Süden sind Wirtschaftsgebäude. Die Stuckdecken in zahlreichen Räumen stammen aus dem frühen 17. Jahrhundert. Zwei Tafelbilder zeigen die Anbetung der Könige und Hirten, gemalt um das Jahr 1500. Die gesamte Schlossanlage ist in Privatbesitz und nur aus respektvollem Abstand zu besichtigen.

Schloss Niederarnbach

Schloss Niederpöring

94562 Niederpöring/
Gem. Oberpöring
Landkreis Deggendorf

Südlich zwischen Deggendorf und Landau, westlich der Kirche im Ort, ist der im 19./20. Jahrhundert erbaute reizvolle Walmdachbau mit zwei Kuppel-Ecktürmen zu finden. 1079 verpfändete König Heinrich IV. dem Kloster Niederaltaich ein Gut, das Geringen hieß. Mit dem 12. Jahrhundert treten neben dem Herzog verschiedene herrschaftliche Kräfte aus Passau, Regensburg und Bamberg auf. Zu nennen sind die Grafen von Bogen und Ortenburger Grafen. In den Jahren 1420 und 1434 verlieh mit Unterbrechung Abt Johann II. die Burg an den Grafen Etzel von Ortenburg, dem verschiedene Besitzer folgten. Die Freiherren von Pienzenau erwarben die Herrschaft Niederpöring und Maximilian von Pienzenau erbaute um 1700 ein Herrenhaus. Nach Ignaz Auer von Eichendorf kam das Schloss in bürgerliche Hände. Ein verheerender Brand 1869 reduzierte das Schloss auf die heutige Größe. 1901 erwarb der Kaufmann Johann Lermer den Besitz und verlieh ihm durch Anfügung der zierlichen Ecktürme ein neues beschauliches Aussehen. 1985 kaufte die Verwaltungsgemeinschaft Oberpöring das Schloss und richtete es als Rathaus ein. Es liegt in einem gepflegten Park und spiegelt sich im kleinen Teich wider.

Schloss Niederpöring

Schloss Eggersberg
93339 Obereggersberg/ Stadt Riedenburg
Landkreis Kelheim

Schloss Eggersberg, Obereggersberg

Westlich von Riedenburg stand einst, ursprünglich auf einem hohen Felsvorsprung über dem Altmühltal, die Veste Eggersberg der Herren von Nussberg, die 1326 zusammen mit dem Amt Eggersberg genannt wurden. Die Burg brannte im Jahre 1491 aus. Zahlreiche namhafte Herren saßen auf Eggersberg. Wohl um 1580 entstand hier eine geschlossene Hofmark, Bayerns kleinste Gerichtsbarkeit. Der bayerische Herzog verkaufte die Burg an den herzoglichen Rat Wilhelm Jocher zu Eggersperg, der bis 1604 abseits der Burganlage den Bau des sogenannten „Neuen Schloss", eines mächtigen dreigeschossigen Steilsatteldachbaus mit Treppengiebeln, drei polygonalen Ecktürmen und Kuppelhauben, beendete. Sein Sohn Adam ließ die ruinöse Burg abbrechen und wohnte im „Neuen Schloss". Weil er sich finanziell übernommen hatte und bankrott gegangen war, wurde der Besitz 1684 von Adam an den Graubündner Rechtsgelehrten Prof. Dr. Dominikus Freiherr de Bassus mit Ländereien zwangsversteigert. Dieser war Ministerialer in den Diensten der bayerischen Herzöge und Rechtsgelehrter der ersten bayerischen Universität Ingolstadt. Sein Neffe, Thomas Ferdinand Maria Freiherr de Bassus, war führendes Mitglied des berüchtigten Ordens „Illuminati". Als begeisterter Mäzen der Künste wohnte er mit seiner Familie auf der Hofmark Eggersberg. Von 1684 bis 1947 prägt die Familie de Bassus die Geschichte dieses Hauses. 1963 wurde das Haus von dem Mitbegründer des bayerischen Landesdenkmalrates Dr. jur. F. E. Weigand saniert, renoviert und zum Hotel umgebaut. Im ersten Obergeschoss des Marstalls befindet sich das Hofmarkmuseum der Dr. Robert Weigand-Kulturstiftung. Verschiedene Skulpturen zieren die Parkanlage und zu verschiedenen Anlässen werden Veranstaltungen durchgeführt.

Schloss Oberlauterbach

84076 Oberlauterbach/ Markt Pfeffenhausen
Landkreis Landshut

Westlich von Rottenburg an der Laaber existierte der Besitz wohl schon im 13. Jahrhundert als Wasserschloss, das nach Zerstörungen im Dreißigjährigen Krieg unter Graf von Portia und Brugnara unter Verwendung älterer Grundmauern ab 1666 neu erbaut wurde. Die nördlich vorgelagerten Nebengebäude entstanden 1769 und 1787/88. Seit dem 19. Jahrhundert ist die unregelmäßige Viereckanlage um einen schmalen rechteckigen Innenhof Eigentum der Freiherren von Cetto. Der viergeschossige Bau ist durch vier Rechteckerker akzentuiert, über dem durchgehenden Dachgesims sind achtseitige Kuppeltürmchen aufgesetzt. Der Hof ist an der Längs- und einer Schmalseite durch Arkaden gegliedert. Im Innenbereich befinden sich Stuckdecken aus der Erbauungszeit und der Zeit um 1740. Die Schlossanlage ist in Privatbesitz und kann nur von außen besichtigt werden.

Schloss Oberlauterbach

Fürstbischöfliches Schloss Obernzell

94130 Obernzell
Landkreis Passau

Das Renaissanceschloss liegt östlich von Passau, unmittelbar an der Donau und der österreichischen Grenze. Es wurde von der Bayerischen Schlösserverwaltung renoviert. Genutzt wurde es nach 1680 als Sommerschloss der Passauer Fürstbischöfe. 1422 begann Fürstbischof Georg von Hohenlohe mit dem Bau einer gotischen Wasserburg, der „Veste in der Zell“, die sein Nachfolger Leonhard Layming 1426 fertigstellte, da Ersterer bereits 1423 verstarb. Sie war Sitz eines Pflegers. Seine Form als dreigeschossiges Renaissanceschloss erhielt es 1581 bis 1583 unter Fürstbischof Urban von Trenbach. Zu dieser Zeit wurden die beiden südlichen Achsen mit dem Rittersaal hinzugefügt und ein zusätzliches Mezzaningeschoss und das Halbwalmdach aufgesetzt. Von 1965 bis 1982

Fürstbischöfliches Schloss Obernzell

wurde das Schloss für das Keramikmuseum, eine Zweigstelle des Bayerischen Nationalmuseums, instand gesetzt. Die gemalten Rahmungen des Portals, der Fenster sowie die Eckquaderung wurden nach Spuren aus dem späten 16. Jahrhundert rekonstruiert. Zwei prachtvolle Säulenportale, wovon eines aus dem Jahre 1582 datiert ist, sind zierende Elemente. Südlich befinden sich zwei erneuerte sechseckige Türme und Reste des Berings. Der ausgemauerte, trockengelegte Wassergraben war einst mit der Donau verbunden. Im ersten Obergeschoss liegt die spätgotische Schlosskapelle aus der Trenbach-Zeit. Von der ehemals reichen spätgotischen Ausmalung um 1425/30 sind noch Reste an den Wänden erhalten geblieben und mehrere Räume weisen Balken- und einfache Kassettendecken auf. Der Rittersaal liegt im zweiten Obergeschoss. Bei der Führung durch das Keramikmuseum mit seinen 15 Ausstellungsräumen bekommt man auch einen Einblick in die Bildergalerie des 17. und 18. Jahrhunderts sowie den Trenbach-Festsaal.

Altes und Neues Schloss Schleißheim Schloss Lustheim

85764 Oberschleißheim

Landkreis München

Das Alte Schloss, Neue Schloss, Schloss Lustheim und die Parkanlage nördlich von München zählen zu den Highlights sehenswerter deutscher Schlossanlagen.

Oberschleißheim

Altes Schloss Schleißheim, Oberschleißheim

Von 1598 bis 1600 wurde hier ein Hofgut mit Turm und Herrenhaus erbaut und nach 1616 unter Wilhelms Sohn Maximilian I. die Erneuerung des Hauptbaus zum später sogenannten **Alten Schloss** durch Hofbaumeister Heinrich Schön d. Ä. vorgenommen. Lang gestreckte Trakte mit Ställen, Mühlen, Scheunen, einer Molkerei und Brauerei rahmten einen westlichen Hof, dem ein mit einem Torturm und den Wohntrakten verbundener östlicher Hof folgte. Ursprünglich war beabsichtigt, das Alte Schloss in den Gesamtkomplex durch Seitenflügel einzubeziehen, dies wurde aber um 1704 wegen einer geplanten Ehrenhofanlage aufgegeben. In mehreren Abschnitten wurden Bombenschäden des Zweiten Weltkrieges beseitigt. Im Alten Schloss kann man u. a. die Sammlung zur Landeskunde Ost- und Westpreußens besuchen.

Kurfürst Max Emanuel hoffte auf die Kaiserwürde durch seine politischen Ambitionen und so musste ein **Neues Schloss** her. Der noch heute bestehende Bau wurde 1701 unter dem Architekten und Oberbauleiter Enrico Zuccalli begonnen. Bereits nach 15 Monaten Bauzeit standen die Seitenflügel des Corps de Logis, doch ein teilweiser Einsturz des Mitteltrakts im Juli 1702 erforderte eine Planänderung. Max Ema-

Gartenanlage, Oberschleißheim

Neues Schloss Schleißheim, Oberschleißheim

nuels Auslandsaufenthalt nach der Schlacht von Höchstädt hatte einen Baustopp bis 1719 zur Folge. Der Ausbau des außerordentlich lang gestreckten Baukörpers erfolgte durch Joseph Effner im französischen Geschmack bis zum Tod Max Emanuels 1726. Danach trat erneut ein Stillstand bei den Arbeiten ein. Schon zu jener Zeit war der bewohnte Schlosstorso überwiegend als Gemäldegalerie ausgestaltet. Unter Max III. Joseph in der zweiten Hälfte des 18. Jahrhunderts und unter Ludwig I. im 19. Jahrhundert erfolgten weitere Ausbauarbeiten, unter anderem 1819 mit der Erneuerung der Westfassade durch Leo von Klenze und der Fußböden im Vestibül und Treppenhaus. Nach 1945 behob man vor allem die entstandenen Kriegsschäden an den Fresken. Zum Park hin liegen drei Gartensäle, an die sich südlich das Appartement des Kurprinzen und nördlich das der Kurprinzessin anschließen. Ebenso zum Garten hin liegt die große Bildergalerie, durch die südwärts Max Emanuels Prachtappartement, nordwärts das seiner zweiten Gemahlin Therese Kunigunde (Sobieska von Polen) erreicht werden. Heute ist das Neue Schloss der Staatsgalerie der Bayerischen Staatsgemäldesammlung angeschlossen und präsentiert Meisterwerke der europäischen Barockmalerei.

Schloss Lustheim ließ Kurfürst Max Emanuel anlässlich seiner Vermählung mit der österreichischen Kaisertochter Maria Antonia nach Abbruch der Klause als Festgebäude und Jagdschloss im Stile eines italienischen Gartenkasinos von 1684 bis 1687 nach Entwürfen von Enrico Zuccalli erbauen. Dies geschah noch vor Baubeginn des Neuen Schlosses. Innenausbau und Freskierung vollzogen sich bis 1688, dem sich gleichlaufend der Neubau des südlichen Pavillons als neue Renatusklause von 1686 bis 1688 anschloss. Der nördliche Pavillon, gebaut 1688/89, diente als Stall- und Wohngebäude. Leider nicht realisiert wurde das 1695 von Zuccalli begonnene Galeriegebäude. Dies sollte im weiten Halbkreis um das Schloss die Seitenpavillons verbinden, doch erlebte der Bauherr kurz vor seinem Tod 1724 die Anlage nur unfertig. Um 1750 wurde das Galeriegebäude abgebrochen. Der dreigliedrige Bau erfuhr von 1969 bis 1971 eine umfassende Renovierung. Vor den Portalen sind Terrassen angelegt und der Fassadenstuck an Pilastern, Portalen, Wappenkartuschen und Konsolfries ist von Niccolò Perti. Wandbespannungen, Vorhänge und Sitzmöbel mit goldgefasstem Damast und ein Freskenzyklus des Barock prägen die Haupträume. Im Hauptsaal findet man Architekturmalerei und an den Wänden große Leinwandbilder zum Thema Jagd mit Porträts des Hofstaates von Johann Baptist Corlando. Besucher können

Schloss Lustheim, Oberschleißheim

eine reiche Meißner Porzellansammlung bestaunen.
Der erste Garten an der Ostseite des Alten Schlosses bestand als ein ummauertes, rechteckiges Parterre um 1620. Gegründet wurde die Anlage von Herzog Wilhelm V. durch den Ankauf umfangreicher Wiesen- und Ackergründe zwischen dem Dachauer und Erdinger Moos. Max Emanuel plante ab 1679, Schleißheim zu einer großen Sommerresidenz zu gestalten, denn er liebte das Wasser und wurde deshalb auch „Blauer Kurfürst" genannt. Mit dem Baubeginn des Gartencasinos Lustheim 1684 war der Park in seinen Ausmaßen und wesentlichen Grundzügen festgelegt. Der Park mit den Kanälen, von Enrico Zuccalli im Sinne französischer Gartenkunst bereits 1684 strukturiert, ist einer der wenigen kaum veränderten Gärten der Barockzeit. Dominique Girard verwirklichte zwischen 1715 und 1726 vor dem Neuen Schloss ein prunkvolles Parterre mit Zierbeeten, Skulpturen, Kaskade und Fontänenalleen. Carl von Effner führte 1865 umfassende Rekonstruktionsarbeiten durch. Gegen Ende des 18. Jahrhunderts verkam der Park mit den Wasserspielen, aber mit der Sanierung der Kaskade im Jahre 1999 wurde die 1945 stark zerstörte Anlage wieder in alter Pracht hergestellt.

Schloss Odelzhausen

85235 Odelzhausen
Landkreis Dachau

Von der wohl seit dem 12. Jahrhundert nordwestlich von München bestehenden und durch die Grafen Minucci von 1720 bis 1730 aus- und umgebauten Burg existieren seit dem Abbruch des Haupttraktes 1937/38 nur noch Reste der Seitenflügel und ein Rundturm. Das Schloss Odelzhausen, heute Hotel, entstand unter dem Edlen Auer von Pullach, der die um 1150 errichtete Burg 1451 vergrößerte. Nachdem Graf Wilhelm von Hundt 1606 in die Familie einheiratete, kam es 1618 zum sogenannten „Taxa Stern Ei Wunder". Es begann 1606 mit einem Gelübde des in Seenot geratenen Hofmarksherrn, der versprach, im Falle seiner Rettung eine Marienkapelle bauen zu lassen. Danach vergaß er sein Gelöbnis. Er wurde erst ein Jahrzehnt später wieder daran erinnert, als am Ostermontag 1616 oder Karfreitag 1618 ein Hühnerei mit Relief eines Frauenkopfes im Strahlenkranz gefunden wurde. Um die Besonderheit gleich sichtbar werden zu lassen, habe die Hundt'sche Henne – so später Abraham a Sancta Clara – dieses Ei auch nicht in ein gewöhnliches Nest oder Körbchen gelegt, sondern „auff einen nagel-neuen Zigel-Stain“. Diesem Wunder folgten die Wallfahrer und 1645 wird das Kloster Taxa mit Konvent und zweitürmiger Kirche errichtet. Nach der wirtschaftlichen Blüte fällt es 1802/03 der Säkularisation zum Opfer. Es kommt zum häufigen Besitzerwechsel. Freifrau von Metting, die letzte adlige Schlossherrin, verkauft den Grundbesitz an die Stadt Augsburg, die das Anwesen weiter veräußert. Im Jahre 1918 kauft Josef Sedlmayr aus Rossbach die Anlage und beauftragt seine Tochter Maria nebst Ehegatten Hans Eser, den Betrieb weiterzuführen. Nach Wiederaufbau des Grundbesitzes geht dieser schließlich an die beiden über. Der Enkel und heutige Besitzer, ebenfalls mit dem Namen Hans Eser, ließ 1968 einen Teil des Schlosses mit dem Turm zum Hotel umgestalten.

Schloss Odelzhausen

Residenzschloss Oettingen

86732 Oettingen

Landkreis Donau-Ries

Im Jahre 1141 werden die Herren von Oettingen und späteren Grafen erstmals erwähnt. Die Stadt liegt nordöstlich von Nördlingen an der B 466. Nach dem Tod Kaiser Friedrichs II. kommen die Oettinger ab dem Jahre 1250 an das Staufische Gut im Ries. 1410 wird durch Erbteilung die Linie von Oettingen-Wallerstein begründet. Im 16. Jahrhundert erfolgt der Umbau der Münzprägestätte zum Oberen Schloss. Im Jahre 1597 wird der Besitz in drei Teillinien – Spielberg, Wallerstein und Baldern – aufgeteilt, worauf die Oettingen-Spielberg das Obere Schloss übernehmen. Die Erneuerung des dreigeschossigen Oberen Schlosses wird von 1679 bis 1687 durch die Gräfin Ludowika Rosalie und ihren Sohn Johann Wilhelm im Barockstil vollzogen. Es bestand wohl im Kern und in der reichen Innenausstattung, so wie es sich heute zeigt. Baumeister ist der Württemberger Mathias Weiß. Das Geschlecht Oettingen-Spielberg wird 1734 in den Reichsfürstenstand erhoben. 1816 erfolgt eine klassizistische Umgestaltung des Oberge-

Residenzschloss Oettingen

schosses. 1954 wird der Wohnsitz aufgegeben. In den Jahren 1975 bis 1979 und von 1995 bis 2000 wird das Schloss renoviert und als Museum eröffnet. Schlosskonzerte im Festsaal erfreuen sich großer Beliebtheit. Des Weiteren dient der historische Bau für Meisterkurse in Violine. Räume für Hochzeitsfeiern, Tagungen und Werbeaufnahmen werden bereitgestellt. Sehenswerte Räumlichkeiten sind das Goldene Zimmer, der Festsaal, das Rote Zimmer und der Goldene Salon. Im Schlosspark werden jährlich Ritterspiele und Märkte durchgeführt.

Schloss Offenberg

94560 Offenberg

Landkreis Deggendorf

Westlich von Deggendorf, auf einer ins Donautal vorgeschobenen Hügelzunge, liegt Schloss Offenberg, dessen Kern auf eine mittelalterliche Burg zurückgeht, die 1325 erwähnt und durch die Herren von Offenberg erbaut wurde. Zu den ehemaligen Besitzern zählen auch die Herren von Sattelbogen. Graf Anton von Montfort erneuerte die Burg unter dem Deggendorfer Stadtmaurermeister Ulrich Stöckl gegen Ende des 17. Jahrhunderts mit ihren drei Geschossen und Arkadenhof. Das Schloss ist durch zwei Gräben geschützt. 1699 wurde die Schlosskapelle geweiht. Die mittelalterliche Anlage hatte vier Ecktürme, von denen die beiden westlichen in beträchtlicher Höhe erhalten blieben. Schloss Offenberg in Niederbayern ist eines der wenigen Schlösser, die ausschließlich für kulturelle Ereignisse genutzt werden. Es ist ein Treffpunkt für Künstler und Kulturschaffende, für Wissenschaftler und Verantwortliche aus Wirtschaft und Gesellschaft. Ebenso können auch gesellschaftliche Ereignisse oder Familienfeste und Tagungen ausgerichtet werden.

Schloss Offenberg

Schloss Offenstetten

93326 Offenstetten/
Stadt Abensberg
Landkreis Kelheim

Offenstetten liegt östlich von Abensberg, an der sogenannten Ochsenstraße. Es war ein alter Edelsitz, dessen Ursprung bis in das Frühmittelalter zurückgeht. Der Name wurde wohl von Offo abgeleitet, der sich schon im 9. Jahrhundert finden lässt. So war einst die Rede von der Stätte des Offo, doch ursprünglich erwähnt wird vor allem ein Ritter Waltkun bzw. Walchun, der in Offenstetten beheimatet war. Mehrfach wird er in Urkunden des Hochstifts Freising aus der Zeit 1078 bis 1098 als Zeuge erwähnt. Oft hatten die Herren das Recht, über die Untertanen und die Güter zu richten, deren adelige Gutsherrschaften man „Hofmarken" nannte. Das einheimische Edelgeschlecht der Offenstetten saß hier bis 1491. Im Jahre 1497 verkauften die bisherigen Besitzer Schloss und Güter an die Gebrüder Hans und Wolfgang Preysing zu Kopfsberg. Ein Epitaph für Anna von Preysing aus dem Jahre 1521 findet sich heute in der Pfarrkirche. Es kam in der Folgezeit zu mehrfachem Besitzwechsel. 1632 wurde der Ort durch die marodierenden Schweden verwüstet. 1652 ver-

Schloss Offenstetten

kaufte der damalige Besitzer Amandus Eicher das Schloss an Caspar Frenau und das Geschlecht wurde in Offenstetten ansässig. Georg Caspar Emanuel von Frenau ließ 1696 das Schloss neu errichten. Maria Anna Franziska Susanna Walburga von Frönau heiratete 1750 den damaligen Staatskanzler Aloisius Wiguläus Freiherrn von Kreittmayr, den Leiter der gesamten bayerischen Staatsverwaltung. Bereits 1725 zum Hofrat ernannt, stieg er 1742 zum wirklichen Reichshofrat auf, wurde 1741 in den Ritterstand erhoben und bekam 1745 den Titel eines Freiherrn zuerkannt. Im Jahre 1748 zum Vizekanzler und Konferenzminister aufgestiegen, wurde er zehn Jahre später wirklicher geheimer Staatskanzler und oberster Minister des bayerischen Staates. Sein Grabmal in der Pfarrkirche St. Vitus ist ein vom Münchner Hofbildhauer Anton Boos 1794 geschaffenes Werk klassizistischer Bildhauerkunst. 1921 wurde die stattliche Wasserschlossanlage mit Innenhof zu drei Geschossen, mit kräftigen Rundtürmen an den vier Ecken, verändert und neubarock ausgebaut. An der Südseite liegen der Brückenzugang sowie das Barockportal und der Ostteil mit Trep-

Schloss Ortenburg

penhaus sowie mehrere Säle. Seit 1939 war Botschaftsrat Oskar Schlitter Besitzer von Schloss und Gut Offenstetten. Er stand 1929 im Auswärtigen Dienst und war ab 1965 Botschafter der Bundesrepublik Deutschland in Griechenland. Nach dem Zweiten Weltkrieg richtete Daisy Schlitter zusammen mit Monsignore Thaler, dem Direktor der katholischen Jugendfürsorge in Regensburg, ein Flüchtlingskinderheim im Schloss ein, das nach der ersten amerikanischen Heiligen „Cabrini-Heim" benannt wurde. Noch heute ist es ein Heim für geistig- und lernbehinderte Kinder und Jugendliche und gehört der katholischen Jugendfürsorge der Diözese Regensburg.

Schloss Ortenburg

94496 Ortenburg

Landkreis Passau

Westlich von Passau und südlich von Vilshofen steht auf einer Anhöhe über dem Wolfachtal Schloss Ortenburg, das um 1120 von Graf Rapoto I., dem Begründer der Linie der Grafen zu Ortenburg, zunächst als Burg erbaut wurde. Sie diente im 13. Jahrhundert genannten Grafen als Sitz und nannte sich bis 1531 „Ortenberg". Zerstört wurde die Anlage erstmals 1192 im Krieg zwischen Graf Heinrich von Ortenburg und dem benachbarten Graf Albert, dem „Wilden" von Bogen. Eine erneute Zerstörung erfährt die Burg 1504 im Landshuter Erbfolgekrieg. Als Graf Joachim I. 1551 die Regierung antritt und 1563 die Reformation einführt, lässt er von 1562 bis 1567 die Burg zum Renaissanceschloss in heutiger Form umbauen. Im Jahre 1563, angelehnt an den Augsburger Religionsfrieden von 1555, führt Graf Joachim in seinem reichsfreien Territorium die evangelische Lehre ein und 1626 siedelt Graf Friedrich Casimir Glaubensflüchtlinge aus Oberösterreich in Hainberg an. In den Fest- und Versammlungssaal werden 1628 ansehnliche Holzkassettendecken eingebracht. Hervorzuheben ist, dass im Jahre 1703 Gräfin Amalie Regina in Ortenburg bereits 100 Jahre vor Bayern die Schulpflicht einführte. Als die Herrschaft ihren Sitz 1805 in das Schloss Tambach bei Coburg verlegte, ging die lang gestreckte unregelmäßige Anlage von Ortenburg an den bayerischen Staat, was zur Folge hatte, dass die Wirtschaftsgebäude versteigert und größtenteils abgebrochen wurden. 1827 kaufte Graf Joseph Karl das Schloss. 1971 erwarb es Heinrich Ortenburger, der es in zwanzigjähriger Arbeit renovierte. 1974 wird der Wildpark eröffnet, 1975 der Vogelpark in Irgenöd und 1976 das Schlossmuseum mit Bauernmuseum, Waffen- und Preußenausstellung sowie Folterkammer. Hier können auch Ritterspiele, Ritteressen und Sommerkonzerte genossen werden. Im ehemaligen Wirtschaftsgebäude steht eine Ferienwohnung zur Verfügung

Schloss Ortenburg, Grundriss

Hochschloss Pähl

82396 Pähl

Landkreis Weilheim-Schongau

Nördlich von Weilheim, in Richtung Ammersee, am Moränenhang gelegen, ist der neugotische Bau zu finden, der vom Architekten Albert Schmidt konzipiert wurde. Ursprünglich war es der Besitz der Andechs-Meranier, die später gestürzt wurden und ihr Eigentum an die Wittelsbacher verloren. Residiert hat hier unter anderem Herzog Christoph, der Bruder Herzog Albrechts IV. Nachgewiesen ist das Schloss als Sitz des Landgerichts Pähl-Weilheim seit 1253, bis es 1505 nach Weilheim kam. Mehrere Besitzer wechselten auf Schloss Pähl, zu denen auch die Herren von Berndorf zählten. Abt Ivo Baader von Dießen erwarb 1722 Schloss und Hofmark und bis zur Säkularisation gehörte es zum Kloster Andechs. Darauf ging es an die Familie Hanfstaengl, die Begründer der bekannten Münchner Kunstanstalt. Noch mittelalterlich in der äußeren Erscheinung, wurde das Schloss von 1883 bis 1885 völlig neu erbaut. Von der kostbaren Ausstattung zeugt heute nur noch das Tafelbild des sogenannten Pähler Altars aus der Zeit um 1400, das sich im Bayerischen Nationalmuseum München befindet. Einige Stücke der barocken Ausstattung des 17. und 18. Jahrhunderts werden heute im Heimatmuseum Weilheim gezeigt. Das Schloss wurde von den heutigen Besitzern geschmackvoll neugotisch modernisiert. Eine schöne Nussbaumallee zieht sich nach Kerschlach und auf einer Wiese erblickt man ein außerordentliches Hügelgrab. Einst gab es hier drei Schlösser. Unterhalb des Hochschlosses stand das Mittlere Schloss, das nun völlig verschwunden ist. Im Dorf befindet sich noch das aus dem 16. Jahrhundert stammende Untere Schloss.

Hochschloss Pähl

Schloss Parsberg

92331 Parsberg

Landkreis Neumarkt in der Oberpfalz

Heute sind auf einer Bergkuppe in Parsberg, auf halber Strecke zwischen Neumarkt in der Oberpfalz und Regensburg, Teile der mittelalterlichen Burg und das heutige Schloss zu finden. Bis zum Jahre 1730 war hier der Sitz des Wittelsbacher Ministerialengeschlechts der Parsberger, der an die Grafen von Schönborn überging. Friedrich Karl, Fürstbischof von Würzburg und Bamberg, wie auch 1792 Kurfürst Karl Theodor von Bayern, konnten den lang gestreckten Schlosskomplex zu drei Geschossen ihr Eigen nennen. Er ist nördlich durch einen Quertrakt, der den Hof abschließt, verbunden. Am Torbogen findet man das von 1600 datierte Wappen der Parsberger. Das Obere Schloss entstand im 16. Jahrhundert unter Einbeziehung gotischen Baubestandes und wurde 1976 ausgebaut. Zwei runde Ecktürme mit Zwiebelhauben flankieren die Stirnfront des Oberen Schlosses, in dessen Obergeschoss die ehemalige Schlosskapelle liegt. Das Untere Schloss, von 1977 bis 1985 umgebaut, dient als Heimatmuseum und umfasst eine historische und eine volkskundliche Abteilung.

Veste Oberhaus, Veste Niederhaus, Neue Residenz Passau

94034 Passau
Kreisfreie Stadt

Passau wird auch im Volksmund das „bayerische Venedig“ genannt wegen der durchfließenden Flüsse Donau, Inn und Ilz. Von der **Veste Oberhaus** auf dem St.-Georgsberg hat man einen wundervollen Blick über die Stadt bis zu den Alpen. Sie ist eine der größten erhaltenen Burganlagen Europas. Fürstbischof Ulrich II. begann mit dem Bau der Anlage im Jahre 1219, nachdem er zwei Jahre zuvor vom Kaiser Friedrich II. mit dem Ilz-Gau belehnt worden war. Das Bistum Passau hatte somit den Rang eines Reichsfürstentums errungen, doch Ulrich II. starb bereits zwei Jahre nach der Grundsteinlegung auf einem Kreuzzug. Als Sitz des Landgerichtes über den Ilz-Gau diente die Veste zugleich als fürstbischöfliches Bollwerk. Fünf Mal war die Veste zwischen 1250 und 1482 von Feinden bedroht. 1298 rebellierten die Bürger gegen den Bischof, 1367 eroberten sie sogar das Niederhaus, bis sie von den Truppen des österreichischen Ritters

Schloss Parsberg

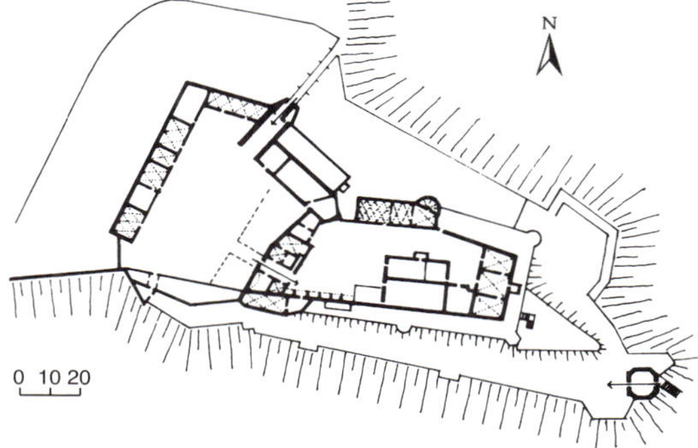

Veste Oberhaus, Passau, Grundriss

Johann von Traun geschlagen wurden.

Den Kern der Anlage bildet die Burgkapelle. Im Hof der inneren Burg stand einst ein massiver Bergfried, der im 16. Jahrhundert niedergelegt wurde, und um die Mitte des 14. Jahrhunderts sicherte man den äußeren Burghof durch eine massive Mauer mit dem noch bestehenden Torturm. Aufgrund der häufigen Bürgeraufstände traf Fürstbischof Leonhard von Layming weitere Sicherheitsvorkehrungen durch die östlich vorgeschobene „Batterie Linde“. Dem im 13. Jahrhundert entstandenen Dürnitztrakt fügte Layming östlich und nördlich den Fürstenbau mit einem Erkervorsprung an. Fürstbischof Christoph von Schachner und sein Nachfolger Wiguleus Fröschl bauten den neuen Saalbau an der Hauptburg. Vor Mitte des 16. Jahrhunderts entstand der Neubau des nördlichen Nebentraktes, das „Tollhaus“ im inneren Burghof. Die aufziehende Türkenbedrohung im 16./17. Jahrhundert erforderte einen weiteren Ausbau und die Anlage wandelte sich von einer Zwingburg zur repräsentativen hochfürstlichen Landesveste. Unter Urban von Trenbach erfolgte der Ausbau des äußeren Burghofes und die Sicherung der ungeschützten Langseite durch einen Torbau nebst der Rundbastei, der „Batterie Katz“. Aufgrund des Vordringens der Türken wurde ab 1674 die Landseite mit Wällen und Bastionen ausgebaut. Die bedeutendsten Außenbaumaßnahmen fielen in die Regierungszeit des Fürstbischofs Kardinal Philipp von Lamberg. 1742 wurde die Veste kampflos an österreichisch-ungarische Truppen übergeben, worauf Graf Platin hinge-

Oben und unten: Veste Oberhaus, Passau

Veste Oberhaus, Passau

richtet wurde. Auch während des 18. Jahrhunderts erfolgten ständige Verstärkungen der Festung, die dieses Mal gegen die Bayern gerichtet waren. Verhindert werden konnte dennoch nicht, dass das Hochstift Passau 1803 bayerisch wurde und nun das Oberhaus als „Grenzfestung gegen Österreich" gerichtet war. Im Jahre 1867 wurde die Festungseigenschaft aufgehoben. 1932 erfolgte die Übergabe an die Stadt Passau, die in der Hauptburg ein Museum und eine Jugendherberge einrichtete, u. a. mit den musealen Ausstellungen „Faszination Mittelalter" und „Passau – Mythos und Geschichte".

Unterhalb der Veste Oberhaus liegt die **Veste Niederhaus,** die mit Ersterer seit 1367 durch einen Wehrgang verbunden ist. 1435 wurde hier eine 1250 errichtete Burg zerstört und durch Fürstbischof Ferdinand von Layming bis 1444 mit prachtvoller Ausstattung der Innenräume wieder aufgebaut. Im Jahre 1809 wurde der östlich stehende Bergfried etwa zur Hälfte abgetragen und ein weiterer Turm am Palas bereits im 18. Jahrhundert bis auf einige Mauerreste beseitigt. Der Maler Ferdinand Wagner war von 1890 bis 1907 im Besitz der Anlage und gab ihr mit alten Stücken und eigenen Malereien eine historisierende Ausstattung. Südlich neben dem Bergfried befindet sich das Tor zum inneren Burghof. Der mächtige Palas beansprucht die ganze Breite des ansteigenden

Felsgeländes. Im Innern bestehen eine bemerkenswert gewölbte Eingangshalle und der Rittersaal. Eine Besonderheit im Burgenbau bildet der Wehrgang vom Niederhaus zur Veste Oberhaus. Niederhaus ist in Privatbesitz und nicht zugänglich.

Die **Neue Residenz** entstand unter Einbeziehung älterer Bauten von 1713 bis 1730 nach Plänen von Domenico d' Angeli und Antonio Beduzzi. Fürstbischof Leopold Ernst von Firmian ließ 1764 bis 1771 den schmucklosen Baukörper vereinheitlichen und innen repräsentativ gestalten, wobei dem Umbau das vierte Geschoss am Haupttrakt zum Opfer fiel. Berufen für den Bau war der Wiener Architekt Melchior Hefele, der von den heimischen Stuckateuren Modeler und dem Bildhauer Joseph Bergler d. Ä. unterstützt wurde. Heute zeigt sich dem Besucher ein lang gestreckter Bau zu drei Geschossen mit einer repräsentativen Fassade und Elementen des Frühklassizismus zum Residenzplatz hin. Die Räume dagegen sind ganz im Zeichen des ausgehenden Rokoko ausgestattet. In der Neuen Residenz befinden sich der Domschatz und das Diözesan-Museum.

Neue Residenz Passau

Schloss Pertenstein

83301 Pertenstein/ Stadt Traunreut

Landkreis Traunstein

Nur wenige Kilometer südlich von Traunreut beim Örtchen Mazing steht die um 1290 durch Engelbrecht von Taching erbaute Dreiflügelanlage um einen dreieckigen Innenhof mit südlich vorspringendem Turm auf einem Felsen über der Traun. Ende des 14. Jahrhunderts ging sie durch Erbschaft an die Herren und späteren Grafen von Toerring. Sie ist heute noch in deren Besitz. Der Bau bekam 1601 eine Erneuerung des Westflügels mit Torhaus, Kapelle und dem Turmobergeschoss. 1745 bis 1763 wurde der Nordflügel erhöht und ein Innenausbau vorgenommen. Eine nochmalige Renovierung erfolgte ab 1979. Das ehemalige Wasserschloss ist heute östlich noch von der Traun umflossen und von Gräben geschützt. Es besteht aus zwei- bzw. viergeschossigen Trakten mit Walmdächern und im Hof zeigen sich doppelstöckige Renaissancearkaden auf Tuffsäulen. Der Zugang zum Schloss führt über die Rabenbrücke. Das Innere weist schlichte barocke Zimmerfluchten in allen Geschossen auf. Reiche Wandmalereien mit Jagdszenen in den Fensternischen sind im sogenannten Jagdzimmer aus der ersten Hälfte des 18. Jahrhunderts zu entdecken. Die Schlosskapelle, 1604 geweiht, liegt im Obergeschoss des Ostflügels, ein kleiner gewölbter Raum mit reicher ornamentaler und figuraler Ausmalung vom Anfang des 17. Jahrhunderts. Der Besitzer vermietet das gesamte Schloss oder einzelne Räume für Festlichkeiten. Eine Weinhandlung hat hier ebenfalls ihren Sitz.

Fürstbischöfliches Sommerschloss Pfünz

85137 Pfünz/Gem. Walting

Landkreis Eichstätt

Im Altmühltal, östlich von Eichstätt gelegen, wurde erstmals 1166 ein Burghaus eines Eichstätter Ministerialengeschlechts erwähnt und mit Merbodo von Pfünz erstmals bezeugt. Albrecht Truchsess von Pfünz übergab im Jahre 1282 den Burgsitz als Lehen dem Hochstift. Nach 1353 verliert sich die Spur der Familie. Der Besitz gelangt an die Zandtner und 1451 verkauft ihn Kunz Zandtner zu Schönbrunn an Heinrich Rohrmayer zu Gungolding. Bischof Wilhelm von Reichenau erwirbt das Schloss 1475 und nutzt es zur Erholung und für die Jagd. Er erweitert die Anlage und noch im gleichen Jahr geht das Schloss an Eichstätt. Ein von Mauricio Pedetti geplanter Umbau kommt nicht mehr zur Ausführung. Erweiterungsbauten folgen 1578 durch Bischof Martin von Schaumberg, worauf ein eingelassener Wappenstein in einem der Bauten hinweist. Der dreigeschossige Rechteckbau mit über Eck gestellten Erkertürmen wird ab 1710 von Hofbaumeister Jakob Engel unter

Schloss Pertenstein

Fürstbischof Johann Anton Knebel von Katzenelnbogen erbaut. Die Schlossparkmauer stammt aus dem 18. Jahrhundert. In einem Wappen über dem Portal ist der letzte Fürstbischof Joseph Graf von Stubenberg verewigt, der sich vor allem im Sommer auf dem Schloss aufhielt. In der Literatur wird über den Hofgarten gesagt: „Vier große mit Fischen besetzte Weiher und einen so breiten Kanal im Viereck herum, dass man mit kleinen Lustschiffen darin herumfahren kann“. Heute gibt es noch einen Teich im Park. Im Ergebnis der Säkularisation wurde das Schloss an Private verkauft, mit häufig wechselnder Besitzerfolge. An dieser Stelle sei Dr. Friedrich Winkelmann erwähnt, der das Kastell Pfünz ausgegraben und das Schloss ab 1852 im Besitz hatte. Im Jahre 1955 kaufte die Diözese das Schloss zurück und baute es zum Diözesan-Jugendhaus um.

Fürstbischöfliches Sommerschloss Pfünz

Schloss Piesing

84533 Piesing/Gem. Haiming
Landkreis Altötting

Nördlich von Burghausen, nahe der österreichischen Grenze, ist der schon um 1300 urkundlich genannte Sitz Piesing zu finden. Dieser wurde 1541 zur Hofmark erhoben und 1577 findet erstmals ein Schloss, noch aus Holz, Erwähnung. Nachdem dieses abgebrannt war, wurde es 1600 in Stein ausgeführt. 1726/27 erfolgte unter Carl Adam von Freyberg durch den Maurermeister Martin Pöllner zu Trostberg der zweigeschossige, mit hohem Walmdach errichtete Neubau im Barockstil. Im Jahre 1869 geht Piesing in den Besitz der Familie von Ow über. Siegmund Freiherr von Ow, der spätere Passauer Bischof Sigismund Felix, lässt 1901 die Maria-Hilf-Kapelle mit dem Altärchen errichten und die Bibliothek anbauen. In verschiedenen Räumen ist noch die originale Ausstattung, zum Teil mit gemalten Wandbespannungen, erhalten geblieben. Das Schloss ist in Privatbesitz. Angrenzend befinden sich ein Restaurant und ein Golfplatz.

Schloss Piesing

Schloss Possenhofen

82343 Possenhofen/
Gem. Pöcking
Landkreis Starnberg

Südlich von Starnberg, direkt am See, steht der kubische Bau mit vier Ecktürmen. Das Alte Schloss wurde 1536 durch Jacob von Rosenbusch erbaut. Es ist einer der ältesten Edelsitze in dieser Region und war ab 1537 Hofmarkssitz. Kurfürst Ferdinand Maria erwarb 1669 das Anwesen und ließ um das Schloss einen Tierpark anlegen. 1834 erwarb das Schloss Herzog Max in Bayern, der Vater von Elisabeth, die im Volksmund liebevoll „Sissi" genannt wurde, und weiteren zehn Kindern. Sissi war Prinzessin von Bayern und spätere Kaiserin von Österreich und Königin von Ungarn. Alle Kinder wurden standesgemäß an den großen Höfen verheiratet. Das Schloss diente der Familie als Sommerresidenz und Sissi verbrachte von 1838 bis 1853 ihre Kindheit und Jugend im Hause am Starnberger See, das bis 1920 einer der gesellschaftlichen Mittelpunkte des Hofes

Schloss Possenhofen

war. Später fühlte sich auch der „Märchenkönig" Ludwig II. von Bayern zu Sissi hingezogen. Er besuchte sie oft mit dem Schaufelradschiff „Tristan" von Schloss Berg aus. Ab 1860 wurde das Schloss zu einem Landsitz im Stil der Maximilianzeit mit neugotischen Elementen umgestaltet. Die klassizistische Dreiflügelanlage des Neuen Schlosses wurde 1854 anstelle der ehemaligen Wirtschaftstrakte errichtet und als Dienerschafts- und Gästehaus genutzt. Die Schlosskapelle bildete das Bindeglied zwischen den beiden Schlössern. Sie wurde um 1854 bis 1860 nach Plänen von Daniel Ohlmüller in neugotisch-byzantinischen Mischformen errichtet. Um 1670 wurde der Park angelegt, mit Mauern und Rundtürmen umgeben und von 1835 bis 1840 im englischen Stil umgestaltet. Ab 1933 legte man ein NS-Schulungszentrum und Soldatenerholungsheim in das Schloss. Nach Kriegsende diente es als Flüchtlingsunterkunft und 1950 wurden gar eine Mopedmotorenfabrik und Fruchtverarbeitung hier untergebracht. Die Stadt München erwarb 1958 den Schlosspark und machte ihn zum Erholungs- und Freizeitgelände. Als 1982 ein Münchner Immobilienhändler das heruntergekommene Anwesen kaufte, renovierte dieser die gesamte Anlage und richtete im Neuen Schloss Eigentumswohnungen ein. Sissis einstiges Domizil kann daher nur von außen besichtigt werden.

Burg Schwaneck, Pullach

Burg Schwaneck

82049 Pullach i. Isartal

Landkreis München

Burg Schwaneck steht auf einem steil abfallenden Felsen am westlichen Isarhochufer, am Südrand von München. Entstanden ist die Burg von 1842 bis 1845 als Wohnsitz für Ludwig von Schwanthaler, angeblich nach einem Entwurf von Friedrich von Gärtner. Jakob Heilmann führte 1902 einen romantischen Erweiterungsbau nach Entwurf von Oscar Delisle aus. 1955 erwirbt der Landkreis München die Anlage und ein Jahr später erfolgt die Eröffnung

Schloss Rabenstein

einer Jugendherberge und Jugendausbildungsstätte. In den Jahren 1974/75 wird Schwaneck renoviert und erweitert, eine Außenrenovierung folgt von 1980 bis 1982. Den älteren Teil bildet der in mittelalterlich-englischen Formen gehaltene Trakt mit seinem hohen Wohnturm, dem Treppenturm, der Burgkapelle, Ringmauer und Zugbrücke. Verwitterungsspuren sollen den Anschein des historisch Gewachsenen hervorrufen.

Schloss Rabenstein

94227 Rabenstein/ Stadt Zwiesel
Landkreis Regen

Rabenstein, das nördlich von Zwiesel nahe der tschechischen Grenze liegt, wurde erstmals zwischen 1301 und 1312 unter der Bezeichnung „Robenstain“ im niederbayerischen Saalbuch Monumenta Boica erwähnt. Ein königlicher Revierförster zog 1847 in das von einem Kiesling 1785 errichtete Herrenhaus ein, das sogenannte „Alte Schloss“, das von da an als Forstamt diente. 1961 fiel es einem Brand zum Opfer. Die ehemalige Schlosskapelle St. Georg aus dem Jahr 1815 besitzt einen neugotischen Altar. Der ehemalige Schlossstadel aus dem Jahre 1767 wurde 1966 zur katholischen Filialkirche St. Johannes Nepomuk umgebaut und erhielt einen Rokokoaltar. Als die Kieslings ausstarben, fiel 1847 der Waldbesitz an den bayerischen Staat. Der letzte Glashüttenpächter baute um 1860 eine hölzerne Villa, die 1912 abgerissen und durch das „Neue Schloss“ ersetzt wurde. Später wurde die Klinik Schloss Rabenstein, Rehabilitationsklinik für Erwachsene, Kinder und Jugendliche, eingerichtet. Mit der Auflösung der Klinik stand das Schloss 2008 leer.

Schloss Rain

86641 Rain

Landkreis Straubing-Bogen

Westlich von Straubing, an der B 8 nach Regensburg, liegt Schloss Rain, das erstmals 760 als Edelsitz Erwähnung fand. Bereits seit dem 10. Jahrhundert bis zu ihrem Aussterben 1569 waren die Rainer von Rain Besitzer des Schlosses, das dann an die Grafen von Weiblfing und ab 1835 an die Fürsten Thurn und Taxis überging. Vom mittelalterlichen Bau blieb nichts erhalten. Einige heute noch erhaltene Relikte der Renaissanceanlage stammen vom letzten Grafen von Rain. Im Jahre 1542 war der Haupttrakt errichtet worden und 1561 stand der Schlossturm. Im 19. Jahrhundert wurden große Teile des Schlosses abgebrochen, doch vom dreigeschossigen Herrschaftshaus blieben einschließlich des Hauptturmes einige Reste erhalten, in denen sich heute der Sitz der Gemeindeverwaltung befindet. Die Ökonomiegebäude mit einem Rundturm stehen an der Südostecke der Anlage. Im Osttrakt wurde die Schlosskapelle St. Michael eingebaut. Im Inneren des Schlosses befinden sich im Obergeschoss zwei Räume mit Stuckdecken aus dem 18. Jahrhundert.

Schloss Rain

Schloss Ramspau

**93128 Ramspau/
Markt Regenstauf**

Landkreis Regensburg

Nördlich von Regenstauf war bereits um 1300 eine Burg auf dem heutigen Schlossberg nachweisbar. Der Ort wird erstmals 1320 urkundlich erwähnt. Im Dreißigjährigen Krieg kam es zur Zerstörung der Burg durch schwedische Truppen. Begonnen wurde der Schlossbau 1692 durch Johann Sigismund von Reisach unter Verwendung von Steinen der ehemaligen Burg und 1726 vollendet. Häufiger Besitzerwechsel folgte ab 1738 im barocken Landschloss, das am Hang über dem Regen steht. Nach Süden wurde ein Garten angelegt und westlich liegen die Ökonomiege-

Schloss Ramspau

bäude. Das Schloss wurde zweigeschossig mit Walmdach erbaut und diesem an den vier Ecken flankierende Rundtürme mit Zwiebelhauben angesetzt. Im Innern blieb die originale Raumdisposition mit Teilen der Erstausstattung erhalten. Im südlichen Bereich liegt die Eingangshalle. Im Jahre 1802 werden die von Pfetten Besitzer des Schlosses, ihnen folgte der Graf von Ledebur-Wicheln nach. 1991 bekam das Schloss eine neue Fassade. Heute kann man hier Reiterferien verleben und sogar sein eigenes Pferd mitbringen. Das Forsthaus wird als Ferienhaus vermietet.

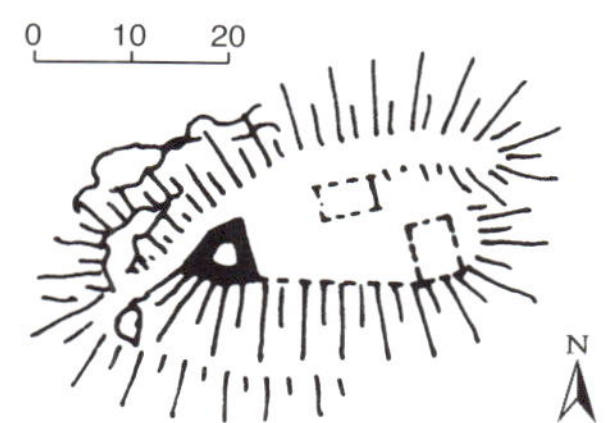

Schloss Ramspau, Grundriss

Burg Regenpeilstein

93426 Regenpeilstein
Stadt Roding
Landkreis Cham

Das 1270 erstmals erwähnte „Castrum in Peilstein“ war Sitz der Peilsteiner, Ministeriale der Markgrafen, und ist südwestlich von Cham bei Roding, in malerischer Lage auf einem Felsen hoch über dem Regen, zu finden. Nachdem die Peilsteiner 1204 ausgestorben waren, ging der Besitz 1344 an die Wittelsbacher, die Regenpeilstein vielfach verpfänden. Im 15. Jahrhundert bekamen die Zenger die Anlage, denen viele weitere Besitzer folgten. Nach der Zerstörung der Ringmauer 1638 im Dreißigjährigen Krieg erfolgte der Wiederaufbau. Im 18. Jahrhundert wurde der Bau der Schlosskapelle vollzogen. Die mittelalterliche

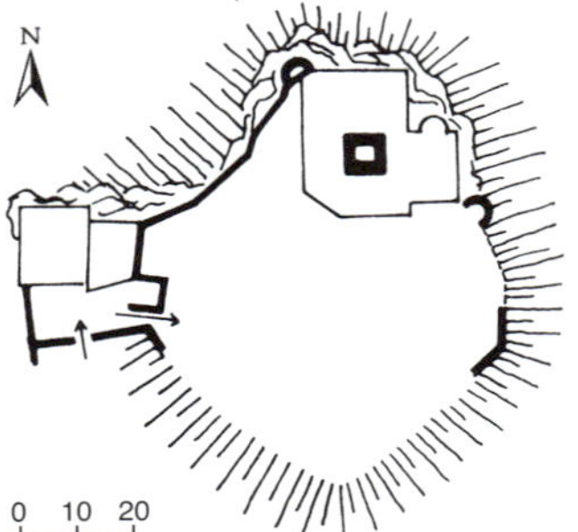

Burg Regenpeilstein, Grundriss

Anlage mit der im Nordwesten und Süden erhaltenen Befestigungsmauer wurde mehrfach verändert, was auch den Abbruch des Torhauses 1922 zur Folge hatte. Der quadratische Bergfried, der aus dem 14. Jahrhundert stammt, weist Eckquaderung und einen erhöhten Spitzbogenzugang auf, mit Gang und Treppe im Inneren. Dieser wurde im 19. Jahrhundert an drei Seiten durch Wohngebäude mit zum Teil mittelalterlichem Mauerbestand umbaut. Östlich des Turms steht die Schlosskapelle St. Jakobus aus dem 18. Jahrhundert. Im Jahre 1897 wurde im Burghof wohl ein mittelalterlicher Erdstall entdeckt und am Nordabhang westlich der Burg befindet sich die im 18. Jahrhundert errichtete und 1973 erweiterte Klausenkapelle Zum gegeißelten Heiland mit volkstümlicher Ausstattung. Das Burgareal ist in Privatbesitz, doch eine Besichtigung der Kapelle wird durch die Eigentümer gestattet.

Burg Regenpeilstein

Schloss Thurn und Taxis

93047 Regensburg
Kreisfreie Stadt

Das Schloss, nahe dem Stadtzentrum gelegen, ging aus dem säkularisierten Kloster St. Emmeram bzw. den Klosterbauten hervor. Es ist im Besitz des Fürstlichen Hauses Thurn und Taxis, den Begründern des modernen Postwesens zu Beginn des 16. Jahrhunderts. Sie bauten das Schloss im 19. Jahrhundert zu einer aufwendigen Residenz aus. Schon 1748 hatte Erbgeneralpostmeister Fürst Alexander Ferdinand, als er zum Prinzipalkommissar ernannt wurde – Vertreter des Kaisers beim Reichstag – den Familiensitz von Frankfurt/Main nach Regensburg verlegt. So wurden bereits erste Baumaßnahmen

Schloss Thurn und Taxis, Regensburg

1740 bis 1742 mit der Aufstockung des äußeren Flügels vom inneren Palais vorgenommen. Zur Erweiterung des ehemaligen Klosterareals wurden 1804 das alte Ballhaus am Ägidienplatz, ein Teil der Stadtbefestigung, einschließlich Torwerk und Bastei und zwei außerhalb der Stadtbefestigung gelegene Gärten angekauft. Die Veränderungen an den Klosterbauten und der Ausbau zur Residenz erfolgten unter Fürst Maximilian Karl. Neu errichtet wurde der umfangreiche Südflügel von 1883 bis 1888. Die Verwaltungsbauten, Dienstwohnungen, Werkstätten und Stallungen entstanden Anfang des 20. Jahrhunderts anstelle des Emmeramer Bauhofs, gleichzeitig die Helenenbrücke und das Helenentor. Namhafte Künstler wie Leo von Klenze, Jean-Baptiste Métivier, Ludwig von Schwanthaler und andere wirkten zu Beginn des 19. Jahrhunderts am Schloss. Große Teile des Gebäudekomplexes werden heute privat von der fürstlichen Familie genutzt. Die Tradition von Wissenschaft und Kunst wird fortgeführt durch die öffentlich zugängliche Hofbibliothek, das Zentralarchiv, einschließlich Postarchiv, die Schatzkammer und das Marstallmuseum. Der alte, im Kern frühromanische Konventbau, direkt an die Kirche angrenzend, umschließt den Kreuzgarten mit der fürstlichen Gruftkapelle. Im östlichen Bereich bildet der 1666 angebaute zweiflüglige

Neue Konvent den sogenannten Davidhof und wird mit der Residenz des Prinzipalkommissars im äußeren Ostflügel fortgesetzt. Der mächtige äußere Südflügel des Schlosses begrenzt den Kurfürstenhof, benannt nach dem 1889 in die Mitte versetzten Kurfürstenbrunnen von 1578/79. Die Bauten wurden 1892 im Stil der Neurenaissance nach Plänen von Max Schultze vereinheitlicht. Ein Schmuckportal befindet sich an der Südwestseite des Hofes von 1763. Das Schloss kann im Rahmen von Führungen besichtigt werden.

Schloss Reichersbeuern

Schloss Reichersbeuern

83677 Reichersbeuern
Landkreis
Bad Tölz-Wolfratshausen

Östlich von Bad Tölz, in Richtung Tegernsee, liegt die ausgedehnte Anlage mit drei Rundtürmen auf einem schmalen Hügel, die noch im 18. Jahrhundert an drei Seiten von Wassergräben umgeben war. Im Jahre 875 wird Richersburon zum ersten Mal erwähnt und 1350 eine Veste genannt. Im hohen Mittelalter ist sie Lehen des Klosters Tegernsee, mit später wechselnden Besitzern. Die heutige Erscheinung geht auf das 19. Jahrhundert zurück, wobei einige Teile in das 16. Jahrhundert zu datieren sind. Ein nicht in voller Höhe erhaltener Turm trennt den äußeren und inneren Hof und an der Haupttreppe mit Barockgitter aus der Zeit um 1650 befindet sich das Wappen der Grafen von Preysing. Kostbare Holzdecken von 1514 bis 1519 bestehen noch in einigen spätgotischen Räumen. In der Schlosskapelle St. Martin befindet sich ein origineller und reizvoller Altaraufsatz, wohl von Hans Bockschütz um 1530 bis 1540 gefertigt. Unter einem von vier fantastischen Balustersäulen getragenen Baldachin steht die Skulptur des Hl. Martin zu Pferd. Die Grafen von Preysing, Besitzer seit 1627, verkauften den Besitz 1820 an einen Herrn von Sigriz. Ab 1938 war das Schloss Landerziehungsheim, heute Max-Rill-Schule. Es wurde 2008 einer Rekonstruktion unterzogen.

Wasserschloss Reichertshausen

85293 Reichertshausen
Landkreis Pfaffenhofen an der Ilm

Wasserschloss Reichertshausen

Südlich von Pfaffenhofen an der B 13 liegt der Sitz derer von Reichertshusen aus dem 10. Jahrhundert. An den Herrn von Püttrich 1347 und später an die Freisinger ging das Burgfriedprivileg von Kaiser Ludwig als Lehen. Ab 1500 wechselte mehrfach der Besitzer. 1503 und im Dreißigjährigen Krieg wurde die Anlage teilweise zerstört. 1818 kam die spätgotische Vierflügelanlage, zum Teil von einem Wassergraben umgeben, an den Freiherrn von Cetto. Im 16. und 17. Jahrhundert wurde der Bau überformt. Der Turm des Nordflügels mit Treppengiebel enthält das Cetto-Wappen und Dachtürmchen zieren den Ostflügel. Der Westtrakt ist mit Arkadenbögen gestaltet. Im Innern befinden sich Stuckdecken um 1730 mit reicher Reliefplastik, im Südostzimmer Diana- und Jagdallegorien und im „Kapellensaal“ Cäsarenbüsten. Das Obergeschoss ist mit Nothelferkapelle und plastischer Stuckdecke und einem Engel im Halbrelief ausgestattet. Der Altar stammt aus der Zeit vor 1700. In einem Vorgebäude befindet sich ein Reiterhof.

Wasserschloss Reichertshausen

Schloss Reimlingen

86756 Reimlingen
Landkreis Donau-Ries

Die Grafen von Spitzenberg, deren einstiger Sitz südlich nahe Nördlingen zu finden ist, hatten im 12. und 13. Jahrhundert die Ortsherrschaft inne. Im Jahre 1283 erwarb der Deutsche Orden die damalige Burg und baute sie durch Zukauf oder Tausch weiter aus. Das Schloss wurde 1595 für den Deutschordenskomtur Volprecht von Schwalbach errichtet, aus dessen Zeit das Erdgeschoss, die beiden flankierenden Rundtürme im Norden und der südliche Treppenturm stammen. In der Schlacht bei Nördlingen von 1634 war das Schloss Hauptquartier der kaiserlichen Streitmacht. Von 1733 bis 1736 erhöhte man den Bau um zwei Geschosse durch Franz Joseph Roth. Die Mauer in ihrer alten Substanz und die drei korbbogigen Tore, davon die beiden im Osten und Westen mit Wappen in den Giebeln, wie auch die einstigen vier Kavaliershäuschen stammen wohl von 1745 bis 1748. Der Deutsche Ritterorden hatte das Schloss bis zur Säkularisation 1806 in seinem Besitz. Das Königreich Bayern übernahm den Deutschherrenbesitz, der ab 1920 an die Mariannhiller Missionare überging und in dem eine Schule für geistlich Spätberufene eingerichtet wurde. Weiterhin entstanden eine Druckerei, eine Dampfbrauerei und ein landwirtschaftlicher Großbetrieb. Im Jahre 1997 kaufte die Gemeinde Reimlingen das Schloss, die es heute als Rathaus und als Veranstaltungszentrum nutzt.

Schloss Reimlingen

Schloss Reisensburg

89312 Reisensburg/ Stadt Günzburg
Landkreis Günzburg

In Reisensburg, einem Stadtteil östlich von Günzburg, thront auf einem Hügel über der Donau das Schloss. Es war schon in vorgeschichtlicher Zeit ein befestigter Wohnplatz, auf dem um 1200 ein Wohnturm erbaut wurde. Im 12./13. Jahrhundert war er Besitz der Herren von Reisensburg, die Ministeriale

der Staufer waren. Um 1300 fügte man einen Zinnenkranz und Runderker auf der Turmplattform hinzu. Ab 1660 erbauten die Freiherren Giel von Gielsberg das Schloss in schlichten Formen und die Freiherren von Eyb versahen es ab 1763 mit Rokoko-Interieur. Das Schloss des 16./17. Jahrhunderts umgibt den viereckigen mittelalterlichen Wohnturm, dessen unterster Teil mit seinen mächtigen Buckelquadern Ende 12. / Anfang 13. Jahrhundert einzuordnen ist. Die eigentliche Schlossfront ist dreigeschossig und von zwei quadratischen Türmen zu vier Geschossen flankiert. Der Innenbereich weist Stuckaturen und Öfen aus der Mitte des 18. Jahrhunderts auf und im sogenannten Rokokozimmer des ersten Obergeschosses befindet sich ein Deckenbild mit Herbstallegorien in Öl auf Leinwand von C. Schultheiß aus der Zeit um 1900. Die ausgedehnte Vorburg, errichtet mit polygonalen Befestigungstürmen und quadratischem Torbau, liegt im westlichen Bereich. Heute ist das Schloss Wissenschaftszentrum der Universität Ulm, die es von 1966 bis 1971 restaurierte, teils neu errichtete und als Tagungszentrum nutzt.

Schloss Reisensburg

Schloss Reuth

92717 Reuth bei Erbendorf

Landkreis Tirschenreuth

Von 1337 bis 1601 war das Adelsgeschlecht der Trautenberger, urkundlich belegt als die Besitzer der Gutsherrschaft Reuth, auf dem zwischen Tischenreuth und Erbendorf, heute an der B 299 lie-

Schloss Reuth

genden Anwesen, ansässig. Das Schloss erfuhr im Laufe der Zeit mehrere Veränderungen. Es wurde um 1550 vergrößert und 1671, nach dem Dreißigjährigen Krieg, wiederhergestellt, bis es dann um 1800 umgebaut wurde. Durch Heirat ging der Besitz 1602 an Georg Friedrich von Unruh über und gelangte an die verwandte Familie der Sparnecker. Während ihrer Zeit von 1628 bis 1744 wurde 1742 die Schlossbrauerei gegründet. Nachdem 1772 die Freiherren von Reitzenstein die Hofmark kauften, übten diese bis 1848 die Grundherrschaft und Niedergerichtsbarkeit aus. In den Jahren von 1905/06 entstanden zum Teil Neubauten und seit 1933 befindet sich das Anwesen mit der zweigeschossigen Anlage und überkuppeltem Rundturm im Besitz des Freiherrn von Podewils.

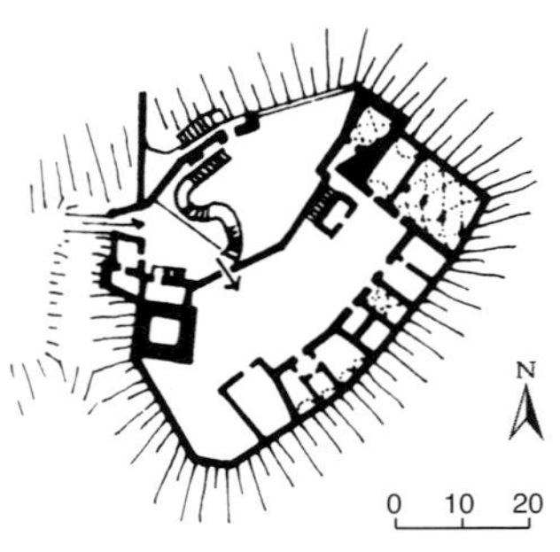

Burg Rosenburg, Riedenburg, Grundriss

Burg Rosenburg

93339 Riedenburg

Landkreis Kelheim

Die Rosenburg, auch als Perle des Altmühltals bezeichnet, ist bei Riedenburg weithin hoch über dem Städtchen sichtbar, romantisch auf schroffen Kalkfelsen gelegen. Sie ist die besterhaltene der drei Riedenburger Herrensitze. Die Grafen von Riedenburg, deren Wappen drei Rosen zieren, gaben der Burg den Namen. Die Anfänge ihrer Entstehung liegen im 12. Jahrhundert, doch von den Wohngebäuden der mittelalterlichen Anlage blieb nichts mehr erhalten, nur die Umfassungsmauer und der Stumpf des Bergfrieds stammen noch aus dieser Zeit. Heinrich III. hatte 1155 die Niederlassung der Tempelritter in Altmühlmünster gestiftet. Die Herren von der Rosenburg, die auch Minnesänger hervorbrachten, entstammten dem Geschlecht der Babonen und übten das Burggrafenamt von Regensburg aus. Die drei Söhne Heinrichs III., Friedrich, Heinrich und Otto, zählten zu den Minnesängern und verstarben alle kinderlos. 1196 trat der bayerische Herzog Ludwig von Wittelsbach das Erbe an und die Rosenburg wurde erweitert und herzoglicher Amtssitz. Im späten 13. oder im 14. Jahrhundert wurde der Anlage ein Torzwinger hinzugefügt und etwa um 1500 die Befestigung verstärkt. Beschädigungen und Verwüstungen hatte die Rosenburg im Bauernkrieg 1525, im Dreißigjährigen Krieg 1632 und 1634 und im spanischen Erbfolgekrieg 1703 über sich ergehen lassen müssen. Von 1556 bis 1558 bekam der im Kern romanische Wohnbau von drei Geschossen mit Treppengiebeln, ohne Repräsentationsräume, eine Neueinrichtung und wurde mit verschiedenen Burgbauten zu einem einheitlichen Komplex vereint. Bemerkenswert ist die Burgkapelle im Erdgeschoss mit ihren Wandmalereien aus der Zeit um 1560, die bei Restaurationsarbeiten 1965 freigelegt wurden. Im 19. Jahrhundert war die Burg Sitz verschiedener Behörden und nach dem Zweiten Weltkrieg Unterkunft für die amerikanische Besatzung. Zugleich diente sie der Unterbringung hochrangiger Gefangener deutscher Militärs. Im Jahre 1970 kam die im süddeutschen Renaissancestil veränderte Rosenburg zur Bayerischen Verwaltung der staatlichen Schlösser, Gärten und Seen und wurde ab 1978 renoviert. Den Besucher des Schlosses erwarten vielfältige Unterhaltungsmöglichkeiten mit dem Natur- und Jagdkundemuseum, dem Falkenhof mit Vorführungen und dem Burgkeller mit ansprechender Gastronomie.

Burg Rosenburg, Riedenburg

Burg Rosenburg, Riedenburg

Jagdschloss Ruhpolding

83324 Ruhpolding

Landkreis Traunstein

Nachdem Albrecht V. hier 1570 ein Forsthaus errichten ließ, wurde im Jahre 1585 das neue Herrenhaus mit der Schlosskapelle, welches südlich von Traunstein liegt, durch Martin Raffler für Herzog Wilhelm V. von Bayern erbaut. Es wurde 1656 zum einfachen dreistöckigen Renaissancebau mit Walmdach und gewölbtem Hausflur verändert. An der Ostseite wurde die Schlosskapelle angebaut, die später erhöht wurde und einen Deckenfreskozyklus zum Marienleben zeigt. Der Altar aus der Zeit um 1590 ist ebenfalls mit einem Mariengemälde geschmückt. Die Vollendung der Schlosskapelle wird in verschiedenen Urkunden einmal mit 1587 und zum anderen mit 1656 erwähnt. 1952 wurden bei Restaurierungsarbeiten in der Schlosskapelle interessante Gemälde aus der Barockzeit freigelegt. Im Jahre 1969 kaufte die Gemeinde das Jagdschloss. Eine umfassende Renovierung erfolgte in den Jahren 1986/87. Dem Altbürgermeister Bartholomäus Schmucker, der seit 1922 in Ruhpolding und Umgebung kulturhistorisch interessante Dinge sammelte, um einen Grundstock für das Heimatmuseum mit alpenländischer Volkskunst und Volkskunde zu legen, ist die heutige Museumsausstattung zu verdanken. Zu der reichen Ausstattung, vor allem dem Handwerk, zählen heute Ruhpoldinger Stellwagen von 1852, Hochräder und die ersten Ruhpoldinger Ski, Bauernmöbel, prachtvoll bemalte Truhen und ein großes Himmelbett sowie eine Bibliothek. Doch der älteste Gegenstand ist wohl ein Schwert mit eingravierten Wolfsbildern aus dem 15. Jahrhundert in der umfangreichen Waffensammlung.

Jagdschloss Ruhpolding

Saldenburg

94163 Saldenburg

Landkreis Freyung-Grafenau

Auf einem felsig verlaufenden Höhenrücken wurde die südlich von Grafenau an der B 85 liegende Burg 1368 erbaut. Sie war unter Heinrich Tuschl von Söldau das Bollwerk gegen Passau und diente zur Überwachung der nach Böhmen führenden Salzhandelsstraße. Von der Ringmauer, die ein lang gestrecktes, zerklüftetes Gelände umschloss, sind nur noch geringe Reste vorhanden, und nördlich stehen die Mauerreste eines rechteckigen Bauteils, wohl des Bergfrieds. Im Jahre 1389 gelangte die Burg durch Kauf an die bayerischen Herzöge, die sie jedoch bald weitergaben. Graf Johann Ferdinand von Preysing-Moos, der 1677 in ihren Besitz kam, ließ den Wohnbau der Saldenburg, einen fünfgeschossigen, ungewöhnlich dimensionierten blockhaften Wohnturm und weitere Räume, gegen 1682 durch Enrico Zuccalli wieder herstellen und barock umgestalten. Das Zeltdach ist von winzigen Zwiebeltürmchen aus der Barockzeit bekrönt und das Innere weist mehrere gotische Gewölbe aus der Erbauungszeit auf. Das erste Obergeschoss mit Rittersaal zeigt im eingelassenen Deckenfeld ein großes Leinwandgemälde, das einen antiken Triumphzug darstellt. Die Schlosskapelle der Hl. Dreikönige besteht vor allem aus einem tiefen rechteckigen hohen Raum mit Spiegeldecke, darin eingelassen ein großes Leinwandgemälde. Ab 1836 wechselten mehrfach die Besitzer, bis schließlich 1928 der Jugendherbergsverband die Anlage erwarb. Umfassende Sanierungs- und Brandschutzmaßnahmen ab 1979 hatten auch zur Folge, dass das vierte und niedere fünfte Geschoss ausgebaut und die historischen Räume erneuert wurden. Auch heute noch dient die Saldenburg als Jugendherberge des DJH.

Saldenburg

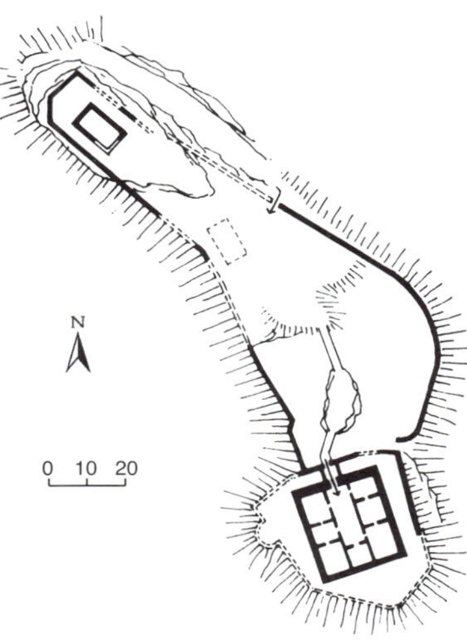

Saldenburg, Grundriss

Schloss Schechen

83135 Schechen
Landkreis Rosenheim

Schechen liegt nördlich von Rosenheim mit seinem am Nordende des Dorfes gelegenen Edelsitz, der um 1600 erbaut wurde. Das Schloss stellt einen dreigeschossigen Baukörper mit Krüppelwalmdach und zwei über Eck gestellten Erkern im Obergeschoss dar. Gegen Ende des 14. Jahrhunderts war aus dem bevorzugten Adelshof eine kleine Hofmark entstanden, die das Geschlecht der Tannel durch Einheirat 1419 übernahm und bis 1628 innehatte. Im Laufe seiner über 400-jährigen Geschichte war das ehemalige Schloss Schechen zusammengefasst Adelssitz, Hofmark, Schlossgut, Gutshof, Armen-/Mädchen-Stift, Schlosswirtschaft und Rathaus. Urkundlich erstmals bekannt wurde um 1400 der adlige Besitzer des Schlossgutes, wohl zu dieser Zeit ein großer Bauernhof, Ortlieb der Dorfpeck zu Schechen. Ihm folgten weitere Eigentümer wie die Danel, die Schwabach, die Schrenkh und schließlich nach Georg Ignaz Schiestl die Englischen Fräulein in Altötting. Jakob Krämer, ein Bürgerlicher, kaufte den Adelssitz im Jahre 1809, doch die weiteren 100 Jahre brachten erneut einen häufigen Eigentümerwechsel. 1902 ersteigerte der Rotter Bierbrauer Georg Kaiser das Anwesen. Später noch im Besitz von Brigitte Wasum, wurde dieses 1987 von der Gemeinde Schechen gekauft. Heute ist es Sitz des Gemeindeamtes und auch für die Sparkasse wurden Räumlichkeiten bereitgestellt.

Schloss Schechen

Schloss Schermau

84130 Schermau/
Stadt Dingolfing
Landkreis Dingolfing-Landau

Der zweigeschossige Bau mit Walmdach, der südlich von Dingolfing liegt, wurde im 18. Jahrhundert an der Stelle eines früheren Wasserschlosses errichtet. Schloss Schermau mit dem dazugehörigen Gutsbetrieb wurde bereits im 13. Jahrhundert als geschlossene Hofmark erwähnt. Inhaber waren im 14. und 15. Jahrhundert die Schermer, die das Schloss 1486 an das Kloster Niederalteich an der Donau übergaben. Letzteres hatte es mehrere Jahrhunderte als Lehen. Auch die Grafen von Waldkirch hatten eine Zeit lang den Besitz inne. Im Dreißigjährigen Krieg brannte der historische Bau nieder und von da ab verlieren sich weitere Angaben zu diesem Sitz. Die heute vermieteten, angrenzend ausgebauten Gutshäuser dienen als Seminarzentrum. Das Schloss stellt eine rechteckige Anlage mit Walmdach und runden Ecktürmchen dar und befindet sich in Privatbesitz.

Schloss Schermau

Burg Prunn

93339 Schlossprunn/ Stadt Riedenburg

Landkreis Kelheim

Hoch auf einem Kalkfelsen über dem Altmühltal, östlich von Riedenburg, erhebt sich stolz die Burg Prunn der gleichnamigen Herren von Prunn, die 1037 ihre erste urkundliche Nennung erfuhren. Wernherus de Prunne, vermutlich ein Sohn des Abensberger Grafen Babo, war Stammherr auf der Burg. 1147 kamen die Herren von Laaber zu Praiteneck in den Besitz, den sie 1288 an den Herzog Ludwig von Bayern verkauften und später als Lehen zurückerhielten. Von 1338 bis 1567 war Prunn im Besitz der Familie Fraunberg vom Haag, die umfangreiche Baumaßnahmen durchführte und deren gemaltes Wappen die Ostmauer des Wohnbaus ziert. Von 1428 bis 1476 erfolgte ein Umbau zum spätgotischen Burgschloss unter Hans VI. Im Löwlerkrieg des Jahres 1491 wurde die Anlage teilweise zerstört und

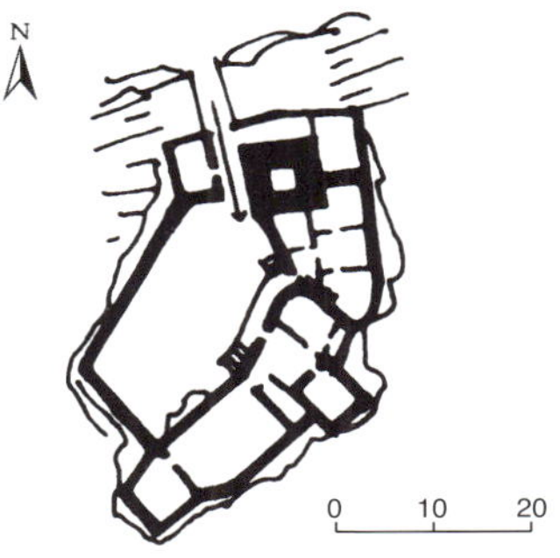

Burg Prunn, Schlossprunn, Grundriss

Burg Prunn, Schlossprunn

kam dann mit dem Aussterben der Linie Fraunberg vom Haag zu Prunn 1567 an den bayerischen Herzog, der sie 1570 dem herzoglichen Rat Karl Köckh zu Mauerstetten und Bodenmais überließ. Diese Adelsfamilie leitete ab 1604 eine erneute rege Bautätigkeit ein und errichtete auch den Torbau. Da die Burg im Dreißigjährigen Krieg von den Schweden nicht belagert und zerstört wurde, zählt sie heute zu dem am besten erhaltenen Höhenburgen Deutschlands. 1672 kamen die Ingolstädter Jesuiten an Prunn. Nach Aufhebung des Ordens 1773 ging die Burg an die Johanniter und schließlich 1822 an die bayerische Krone. Unter den Jesuiten wurden mehrere Zimmer und die Schlosskapelle im Rokokostil ausgestaltet. Eine sehr weise Verfügung traf 1827 König Ludwig I., als er festlegte, dass die Burg als geschichtliches Wahrzeichen und Zeugnis deutscher Vergangenheit nicht verändert werden soll. Burg Prunn wird seit 1946 von der Bayerischen Schlösserverwaltung betreut und ist museal eingerichtet. Restaurierungen erfolgten 1947, 1963 und im Jahre 2008. Im Museum werden unter anderem verschiedene Arten des Handwerks, des Waffentrainings und Kleidung der Zeit um 1470 präsentiert. In der Burgkapelle kann man sich kirchlich trauen lassen.

Hammerschloss Schmidmühlen

92287 Schmidmühlen
Landkreis Amberg-Sulzbach

Etwa 20 Kilometer südlich von Amberg ist Schmidmühlen mit seinem ehemaligen Hofmarksitz, anstelle einer früheren Wasserburg, zu finden. Bis um 1270 war er Sitz der Ministerialen von Hohenburg, denen die Wittelsbacher folgten. 1354 baute Karl von Schmidmühlen seinen Besitz um, und noch vor 1600 ent-

stand ein Neubau durch Hans Jakob Hausner von Winbuch. Der dreigeschossige Satteldachbau mit oktogonalem Treppenturm an der südlichen Giebelseite, an dessen westlichem Anbau sich eine mit Rollwerk gerahmte Inschrifttafel befindet, ist seit 1937 im Besitz der Marktgemeinde. Stuckdecken mit Akanthusranken zieren die ersten beiden Geschosse. Sie wurden um 1700 eingebracht. Das große Wappen verweist auf Wilhelm Franz Freiherr von Spiering. Das zweite Obergeschoss ist im Stil der Renaissance ausgestattet und hat floral bemalte Balkendecken. Die umfangreichen Wandmalereien im südöstlichen Raum aus der Zeit um 1600 wurden 1980 restauriert. In der Gemeinde gibt es noch das Untere und das Ziegler-Schloss. Das Hammerschloss wird heute als Rathaus genutzt.

Hammerschloss Schmidmühlen

Schloss Schönau

84337 Schönau

Landkreis Rottal-Inn

Der prachtvolle Sitz, das im Kern mittelalterliche Wasserschloss am Rande von Schönau, nordwestlich von Pfarrkirchen gelegen, gehört seit 1670 den Freiherren Riederer von Paar. Georg Sigmund Riederer erhielt von Kurfürst Max Emanuel für sich und seine Nachkommen den Titel Riederer Freiherr von Paar zu Schönau. Erbauer der Vorgängeranlage und bis zum Jahre 1533 Besitzer war die Familie Perkhofer, danach kam die Familie Edelweckh an das Schloss. Als dann die Riederer den Besitz innehatten, gestalteten sie den Baukomplex von 1900 bis 1903 durch den Architekten Gabriel von Seidl aus München zu einem Burgschloss um. Dass Schloss ist mit aufgegliederten getreppten und geschweiften Lunettengiebeln und unterschiedlichen Erkertürmen ausgestattet, in deren Zentrum sich der quadratische Hauptturm mit Schopfwalmdach befindet. Der alte westliche Teil wurde in der zweiten Hälfte des 15. Jahrhunderts errichtet und mehrfach umgebaut. Der neue östliche Teil dagegen entstand anstelle eines älteren Anbaus erst zu Beginn des 20. Jahrhunderts. Innen ha-

Schloss Schönau

ben sich einige Räume vom 16. Jahrhundert bis zur Barockzeit mit historischer Raumausstattung erhalten. Der Schlosspark entstand um 1870 unter Planung des Münchener Hofgartendirektors Carl von Effner nach dem Vorbild englischer Landschaftsgärten. Das Schloss und die ursprünglichen Wirtschaftsgebäude sind privat bewohnt. Der große Schlosspark kann von der Öffentlichkeit zur Erholung und Entspannung genutzt werden, auch Führungen werden organisiert.

Wallfahrtskirche St. Bartholomä, Schönau am Königsee

Jagdschloss St. Bartholomä

83471 Schönau am Königsee
Landkreis Berchtesgadener Land

Südwestlich von Berchtesgaden fährt man auf dem Königssee, umgeben von beeindruckender Alpenlandschaft, bis man nach 15 Minuten die malerisch gelegene Insel mit der wohl weltbekannten Wallfahrtskirche St. Bartholomä erblickt. Schloss und Kirche sind eine Gründung der Fürstpropstei Berchtesgaden aus dem Jahr 1134. An der Stelle eines 1382 erwähnten Fischermeisterhauses wurde der Jagdsitz der Fürstpröpste von Berchtesgaden errichtet, die ihn bis ins 19. Jahrhundert ihr Eigen nennen konnten. Es ist ein einfacher, mit Halbwalmdach gedeckter Bau, dessen heutige Gestalt durch mehrere Umbauten entstanden ist. Der Kernbau entstand wohl unter Propst Pretschlaipfer von 1473 bis 1486. 1508 folgte ein Umbau. Im Zuge der Umgestaltung erhielt die Kirche 1697 ihre heutige Form mit ihren drei Konchenanlagen. Das Jagdschloss wurde ebenfalls verändert. Die Stuckaturen stammen vom Salzburger Meister Josef Schmidt. Im 18. Jahrhundert erfuhr das Sommer- und Jagdschloss unter Einbeziehung

Jagdschloss St. Bartholomä, Schönau am Königsee

älterer Bauten eine weitere Veränderung. Bis 1803 war das Gebäude eine Beherbergungsstation der Berchtesgadener Fürstpröpste. Als Berchtesgaden 1810 an Bayern ging, wurde St. Bartholomä einer der Lieblingsaufenthalte der bayerischen Könige. Zahlreiche Landschaftsmaler wurden von der Romantik am Westufer des Königsees auf der Halbinsel Hirschau angezogen und besuchten den weltbekannten Wallfahrtsort vor dem Watzmannmassiv. St. Bartholomäus galt als Schutzherr der Almbauern und Sennerinnen. Heute werden im Jagdschloss Besucher bewirtet und am Souvenirstand kann manch schöne Erinnerung von diesem Ort mitgenommen werden. Weiterhin gibt es eine Informationsstätte des Nationalparks Berchtesgaden, das Watzmann-Ostwandlager, die Königseefischerei und einige weitere Gebäude auf der kleinen Insel.

Schloss Klingenburg

89343 Schönenberg/
Markt Jettingen-Scheppach
Landkreis Günzburg

Südöstlich von Neu Ulm, am Talgrund der Mindel, befindet sich die Anlage mit dem Parcours vom Golfclub Schloss Klingenburg e.V., auf dem Grund von Carl Friedrich Freiherr von Bonnet-Frese. Klingenburg war vom 16. bis 19. Jahrhundert ein Bad, gespeist von der noch heute fließenden Quelle südöstlich des Schlosses. Als 1753 durch Brandstiftung die Gebäude des Bades völlig zerstört wurden, beauftragten die regierenden Pröpste Melchior Gast und sein Nachfolger Augustin Bauhof den Stiftsbaumeister Joseph Dossenberger mit dem Neubau ab 1754. Häufigen Besitzerwechsel erfuhr das Anwesen ab 1804, beginnend mit Franz Joseph Bußinger, bis 1924 Elisabeth Freifrau von Bonnet zu Meautry, geb. von Froelich, den Besitz übernahm, den heute ihre Nachkommen gewissenhaft pflegen. Im Jahre 1876 begann der letzte Abschnitt des Klingenbades. 1878, in den Händen von Freiherr Wilhelm von Schertel, wurde das Bad erneut nach einer Brandstiftung zur Ruine. Dieses Unglück gab den Platz für den Bau eines Schlosses frei. Dieser wurde ausgeführt vom Münchner Architekten Gabriel von Seidl und zog sich bis zu Beginn des Ersten Weltkriegs hin, hier bereits im Besitz des Hugo Forster. Es entstand ein repräsentativer Bau in landschaftlich herrlicher Lage. Ein weitläufiger, das Schloss und den Golfplatz teils umgebender Schlosspark mit seltenen, auch exotischen Bäumen und Sträuchern lässt auf viel Liebe zur Erhaltung vonseiten der Besitzer schließen.

Schloss Klingenburg, Schönenberg

Pflegschloss Schrobenhausen

86529 Schrobenhausen

Landkreis Neuburg-Schrobenhausen

Schrobenhausen, südlich von Ingolstadt gelegen, benannt nach einem Adeligen namens Scropo, wird um 790 erstmals urkundlich erwähnt und bekam 1310 das Marktrecht. Im Jahr 1388 wurde Schrobenhausen im Bayerischen Städtekrieg weitgehend zerstört. Der Wiederaufbau fiel in die Zeit der Herzöge von Bayern-Ingolstadt. Die einstige herzogliche Burg wurde nach 1400 um eine Wehrmauer erweitert und ausgebaut. 1447 bekam der Ort das Stadtrecht zugesprochen. Kurz nach 1500 wurde der Bau, der im Kern aus dem 15. Jahrhundert stammt, als Schloss bezeichnet und war seit dem 16. Jahrhundert vorwiegend Sitz des Pfleg- bzw. Landgerichts. Später wurde das Schloss, das 1912 umgebaut wurde und einen kleineren Anbau erhielt, Bezirksamt. Es diente ursprünglich als Wohnung des Bezirksamtmanns, bis es schließlich Landratsamt wurde. Im Jahre 2002 wurde ein Museum im Pflegschloss eröffnet, das Exponate zur Geschichte, Kunst und Kultur der Stadt und des Umlandes zeigt. Heute präsentiert sich der alte zweigeschossige Schlossteil mit hohem Satteldach und Stabwerkgliederung an der Fassade, dem innen eine zweiläufige barocke Treppe des 17. Jahrhunderts erhalten geblieben ist. Diesem wurde der villenartige, mit Walmdach gedeckte Neubau von 1912 durch einen niedrigen Verbindungstrakt angeschlossen.

Pflegschloss Schrobenhausen

Schloss Bullachberg

87645 Schwangau

Landkreis Ostallgäu

Schloss Bullachberg liegt im Schlösserdreieck Neuschwanstein und Hohenschwangau, östlich von Füssen. Dass aus seinem kleinen, 1840 errichteten Vogelhaus auf dem Bullachberg einmal ein Schloss hervorgehen würde, hätte Maximilian II. von Bayern wohl nie vermutet. 60 Jahre später erwarb der Münchner Geschäftsmann Emil Papenhagen einen Teil des Anwesens und ließ sich vom Architekten Eugen Drollinger, der auch am Bau von Neuschwanstein und Falkenstein beteiligt war, Pläne für ein Landhaus nebst Stallgebäuden erstellen. Auf ihrer Grundlage wurde 1907 mit den Bauarbeiten begonnen. Prinz von Thurn und Taxis, der letztendlich das Schlossgut hatte bauen lassen, erwarb 1928 den Besitz der Papenhagens. Es war bis 1995 Wohnsitz der Familie Thurn und Taxis. Seit 1998 werden die Räumlichkeiten für Events, Tagungen und andere Veranstaltungen genutzt.

Schloss Bullachberg, Schwangau

Schloss Kalteneck

89443 Schwenningen

Landkreis Dillingen a. d. Donau

Der Renaissancebau von 1570, gelegen auf halber Strecke zwischen Dillingen und Donauwörth an der B 16, gehört zu den wenigen noch erhaltenen Wasserschlössern in Bayern. Ritter Kaspar Schenk zum Schenkenstein, der die Ortsherrschaft über das nahe gelegene Bissingen im Kesseltal besaß, war Bauherr der Anlage. Er erwarb das Schlossgut nebst Herrschaftsrechten für seinen Sohn Hans Schenk von Schenkenstein. Letzterer war jedoch ein Rauf- und Trunkenbold, der mehrere Menschen erschlagen hat und als letztes Opfer 1572 seine Frau erstach. Um 1570 entstand das heutige Schlossgebäude, dessen Name Kalteneck auf den widrigen Ostwinden beruht, die zur Winterszeit kalt „um's Eck" pfeifen. Im Jahre 1704 wurde das Schloss in der Schlacht von Höchstädt teilweise zerstört. Um- und Ausbauten hatten den Verlust der einstigen architektonischen Formen zur Folge. Dennoch zeigt sich heute ein schmucker dreigeschossiger, rechteckiger Renaissancebau mit vier eckigen Erkern auf einer von Wasser umgebenen Insel. Die Gewölbe im Restaurant gehören noch in die Erbauungszeit. Seit 1830 besteht hier eine gastronomische Tradition, als Baron Franz Xaver von Linder seine Herrschaftsrechte an das junge bayerische Königreich verkaufte und die benachbarte Schlossbrauerei erbaute. Die Gaststätte wurde im Schloss eröffnet und Bier ausgeschenkt. Durch Vererbung ging der gesamte Besitz an den Braumeister Geiger aus Gundelfingen über, der es wiederum Ende des 19. Jahrhunderts an den Braumeister Michael Paulin aus Bergheim verkaufte. Seine Nachkommen sind heute Eigentümer von Schloss Kalteneck.

Schloss Kalteneck, Schwenningen

Wasserschloss Schwindegg

84419 Schwindegg

Landkreis Mühldorf am Inn

Die einheitliche Renaissanceanlage des Wasserschlosses im Schwindachtal liegt im Dreieck von Wasserburg und Mühldorf. Gebaut wurde sie, teils auf älterer Grundlage, 1594 fortfolgend für den Ritter Sebastian von Haunsperg. Sie war im 17. und 18. Jahrhundert unter häufig wechselnden Besitzern Zentrum einer Hofmark und seit dem 19. Jahrhundert ein Gutsbetrieb, Kriegsveteranenheim und Krankenhaus. Von 1980 bis 1982 bekam das Wasserschloss mit dem Einbau von Eigentumswohnungen eine Generalinstandsetzung, wobei die Schlosskapelle profaniert wurde. Der zweigeschossige Vierflügelbau um einen fast quadratischen Innenhof stellt eines der bedeutendsten Renaissanceschlösser Bayerns dar. An den Ecken befinden sich einfache gegliederte polygonale Türme mit schweren Zwiebelhauben, in der Mitte des Südflügels steht der Torturm mit rustizierter Durchfahrt und Kuppeldach, der über eine Brücke, die einen Wassergraben quert, zu erreichen ist. Offene, zweigeschossige Arkaden über toskanischen Säulen findet man an der nördlichen und östlichen Hoffassade, deren Lauben Kreuzgewölbe aufweisen. Die ehemalige Schlosskapelle St. Mariä Himmelfahrt aus der Zeit um 1730 liegt im Erdgeschoss des Nordflügels und wurde 1912 erweitert. Im westlichen Bereich sind das ehemalige Hofmarksrichterhaus und die einstigen Stall- und Scheunengebäude aus dem 17. Jahrhundert zu finden. Das von einem Park umgebene Schloss ist in Privatbesitz und öffentlich nicht zugänglich.

Wasserschloss Schwindegg

Schloss Seefeld

82229 Seefeld

Landkreis Starnberg

Westlich von Starnberg, in landschaftlich beherrschender Lage, steht das um zwei Höfe gruppierte Schloss auf einem an den Pilsensee heranreichen-

Seefeld

Schloss Seefeld

den Bergsporn. Die beeindruckende Anlage der Grafen von Toerring ist in Teilen noch auf das Mittelalter zurückzuführen. Sie besteht aus Vorburg, Hauptburg und Schlosskapelle und ist landseitig durch den Höllgraben geschützt, über den eine Steinbrücke von 1678 führt. Die Vorburg besteht aus einem rechteckigen Hof und wird vom Bräuhaus und von Wirtschaftsgebäuden von 1732 flankiert. Die Hauptburg, von der Vorburg durch einen künstlichen, trockenen Wassergraben getrennt, ist vom Typ eine spätmittelalterliche Veste aus zwei lang gestreckten Flügeln, die sich um einen Hof gruppieren. Am östlichen Zugang steht ein mächtiger Bergfried mit Satteldach, dessen unterer Teil wohl noch in das 13. Jahrhundert zu datieren ist. Die älteren Burgteile gehö-

Schloss Seefeld

ren in das 16. Jahrhundert und wurden im 18. Jahrhundert überformt. Im viergeschossigen mittelalterlichen Hallenbau des späten 18. Jahrhunderts liegt über quadratischen Pfeilern ei-

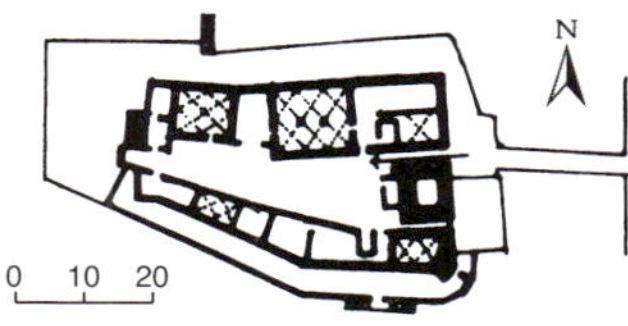

Schloss Seefeld, Grundriss

ne große zweischiffige Erdgeschosshalle mit Kreuzgratgewölbe. Das Obergeschoss verfügt über einen Salon des 19. Jahrhunderts mit reicher Neurokokostuckdekoration. Der Arkadenbau an der südlichen Langseite wurde 1894 von Gabriel von Seidl geschaffen. Die Schlosskapelle St. Johannes Baptist von 1479 wurde anstelle einer 1365 geweihten Kapelle neu errichtet und im 18. Jahrhundert barockisiert. Thassilo Zöpf schuf die Rokokostuckaturen. Der 1701 belegte Schlossgarten liegt in der Talsenke und ist als Parterre mit Wassergraben gestaltet. Heute sind im Schloss neben dem Sitz mehrerer Firmen und Geschäfte untergebracht, zu denen auch eine Kochschule, eine Schmiede, gastronomische Einrichtungen, ein Museum, eine Kunstwerkstatt und ein Atelier gehören. Es werden Konzerte gegeben, Lesungen gehalten und Ausstellungen gezeigt.

Schloss Siegenburg

93354 Siegenburg

Landkreis Kelheim

Siegenburg, dessen Schloss vom Ratsherrn Leonhard Biblis Mitte des 16. Jahrhunderts erbaut wurde, liegt am Dürrnbucher Forst, südlich von Abensberg. Hier saßen von 1080 bis 1164 die Herren von Siegenburg, deren Besitz an die bayerischen Herzöge überging. So war es nur verständlich, dass Kaiser Ludwig der Bayer seinem Besitz besondere Privilegien erteilte. Die Burg, die dem Ort den Namen gab, stand ver-

Schloss Siegenburg

mutlich an der Stelle der heutigen Pfarrkirche. Bevor das Schloss entstand, rückten die Truppen von Ludwig dem Gebarteten, Herzog von Bayern-Ingolstadt, in den Ort ein, als dieser im Scharmützel mit Albrecht III., Herzog von Bayern-München, lag. 1504, im Landshuter Erbfolgekrieg, plünderten böhmische Soldaten Siegenburg und brannten alle Häuser, einschließlich der früheren Burg, nieder. Am schlimmsten wurde jedoch im Dreißigjährigen Krieg gewütet, und nachdem sich der Ort wieder langsam erholt hatte, zerstörten Feuersbrünste 1669 und 1675 große Teile des Ortes und das Schloss. Zu den ehemaligen Besitzern gehören unter anderem die Herren von Fasold und Eck. Der kleine, zweigeschossige Renaissancesatteldachbau liegt auf einem Hügel, einst an zwei Seiten durch einen breiten Wassergraben gesichert. Das Schloss hat an den Ecken des Ostgiebels zwei vom Boden aufgehende rechteckige Erker, deren Hauben 1923 ausladend verändert wurden. Schloss Siegenburg ist in Privatbesitz und nicht zugänglich.

Schloss Spielberg

Schloss Spielberg

82294 Spielberg/
Gem. Oberschweinbach
Landkreis Fürstenfeldbruck

Das heute als Rathaus fungierende und denkmalgeschützte Schloss ist nordwestlich von Fürstenfeldbruck zu finden. Es wurde 1624 erbaut und 1750 im Rokokostil verändert, doch leider 1776 durch einen Brand zerstört. Bis 1820 war es Sitz des Geschlechtes der Lerchenfelder. 1899 erwarben Franziskanerinnen des Klosters Reutberg das Schloss und richteten eine Kapelle und ein Altenheim ein. 1998 ging das Klosterareal an die Gemeinde Oberschweinbach, und die verbliebenen Schwestern kehrten nach Reutberg zurück. Das Benefiziatenhaus und die Schlosskapelle Sankt Kajetan wurden erst in den letzten Jahren rekonstruiert. Die heutige Schlossanlage Spielberg war ein Teil der geschlossenen Hofmark Spielberg-Oberschweinbach.
Das Kloster Spielberg wurde auf den Überresten einer Burg aus dem Jahr 1150 errichtet.

Hofmarkschloss Stachesried

93458 Stachesried/ Markt Eschlkam

Landkreis Cham

Das in der zweiten Hälfte des 17. Jahrhunderts durch Johann Ernst von Pelkoven errichtete und 1692 vollendete Hofmarkschloss liegt nahe der tschechischen Grenze nordöstlich von Cham. Späterer Besitzer war Franz Wilhelm von Pelkoven. Bei dem Schloss handelt es sich um einen breit gelagerten Walmdachbau mit einem ein repräsentatives Allianzwappen tragenden Portal und über Eck gestellten Kastenerkern. Bei der Renovierung 1989 wurden die Fenster und das Innere teilweise modernisiert. Mehrfach wurde Eschlkam zerstört, sowohl durch die Hussiteneinfälle in der Zeit von 1420 bis 1434 als auch von den Schweden 1634, doch das Schloss im nahe gelegenen Stachesried blieb erhalten. Eine österreichische Nachhut im Jahre 1809 soll am Ausrauben des Schlosses und der Plünderung der Umgebung keine Freude gehabt haben, denn bei ihrem Rückzug wurden die österreichischen Truppen von den Nationalgarden der Region sowie den ausgeraubten Bauern besiegt. Heute befindet sich im Schloss ein Gasthof.

Hofmarkschloss Stachesried

Schloss Starnberg

82319 Starnberg

Landkreis Starnberg

Die Anlage wird 1244 als „Castrum Starnberch“ erstmals urkundlich erwähnt. Ab 1365 wurde sie Wittelsbachisches Pfleggericht. Im 14. Jahrhundert bauten die Wittelsbacher die Burg zum Verwaltungsmittelpunkt mit See- und Landgerichtssitz aus, beherrschend auf einem Moränenhügel westlich des Ortskerns gelegen. 1396 schenkte sie Herzog Ernst seiner Gemahlin Elisabeth. Als sich im 15. Jahrhundert der Starnberger See zum Ausflugsziel der bayerischen Herzöge entwickelte, machte Herzog Albrecht III. 1446 die Starnberger Burg, die zu diesem Zeitpunkt vermutlich bereits einige Umbauten erfahren hatte, zu seinem Sommersitz. Im Jahre 1541 vollzog sich unter Herzog Wilhelm IV. ein Um- oder

Schloss Starnberg

Neubau der Burg zu einem Landschloss, einer bis ins 18. Jahrhundert hinein höfischen Sommerresidenz. Bald reichten die Räume nicht mehr für die zahlreichen Gäste und die große Dienerschaft aus, und so errichtete man 1565 ein Tanz- und Gästehaus mit kostbaren Vertäfelungen und Seidentapeten. Das Schloss diente als Ausgangspunkt für Jagden, fürstliche Feste, Fahrten mit der Prunkflotte auf dem Starnberger See und für Wallfahrten zu dem Kloster Andechs. Der Dreißigjährige Krieg brachte 1646 Brandschatzung und Verwüstung über das Schloss. Anfang des 19. Jahrhunderts endete mit der Einrichtung des Rentamtes die private Nutzung durch die Wittelsbacher. 1969 begann eine grundlegende Sanierung. Erhalten blieben in der dreigeschossigen Vierflügelanlage zwei Deckenvertäfelungen aus der Renaissancezeit, die Säulenhalle und der Arkadengang, ansonsten ist von der ehemaligen Ausstattung kaum noch etwas vorhanden. Eine Brücke führt über einen künstlichen Schlossgraben, und ein hoher viaduktartiger Ziegelbau aus drei Bögen trennt den inneren Burgbereich vom ehemaligen Vorwerk. Heute befindet sich im Schloss der Sitz des Finanzamtes.

Burg Staufeneck

83451 Staufeneck/Gem. Piding

Landkreis Berchtesgadener Land

Nördlich von Bad Reichenhall, auf einem Hügel am Fuße des zerklüfteten Hochstaufen gelegen, ist das ehemals plainingsche, seit dem 13. Jahrhundert salzburgische Lehen der Staufenecker weithin sichtbar. Es war in der Zeit von 1305 bis 1803, mit kurzer Unterbrechung, Pflegschloss der Salzburger Erzbischöfe. Der im Kern romanische Bau, den nördlich ein vorgelegter Halsgraben und Zwinger schützten, wurde 1513 durch Erzbischof Leonhard Keutschach ausgebaut. Über dem inneren Tor befindet sich das Wappen der Keutschacher, datiert mit der Jahreszahl 1513. Diesem schließt sich eine Kapelle an. Unter dem Turm mit Folterkammer befindet sich das Verlies.

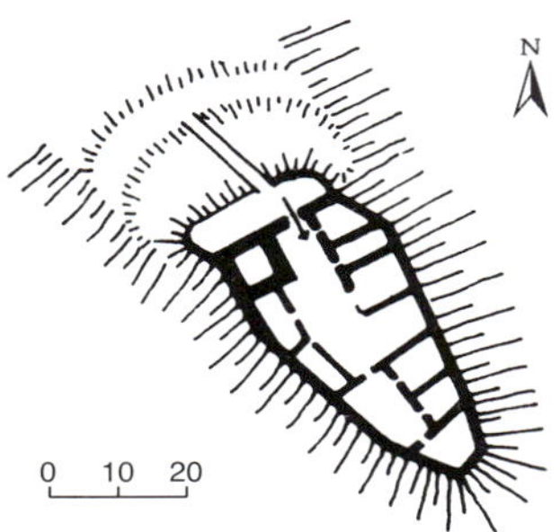

Burg Staufeneck, Grundriss

Die Wohngebäude liegen an der Südostseite des Innenhofes. Von großer Seltenheit ist der umlaufende Wehrgang aus der Umbauzeit von 1513, der sich an der gesamten Umfassungsmauer entlangzieht. Diese Burgen, bei denen die Außenmauern der Gebäude zugleich als Ringmauer dienen, nennt man Randhausburgen. Die Burg ist in Privatbesitz.

Hochschloss, Unteres Schloss und Felsenschloss

83371 Stein a. d. Traun/ Stadt Traunreut

Landkreis Traunstein

Zwischen Trostberg und Traunreut, hoch auf einem Felsen, wo Traun und Alz zusammenfließen, thront das **Hochschloss** von Stein. Es stellt eine dreiteilige Burganlage dar, zu der ein jüngeres, am Fuße des Felsens liegendes Unteres Schloss zählt. Unter dem Erdwall am Hochschloss wurden vorgeschichtliche Besiedlungsspuren gefunden. Um 1125 ließ Bernhard von Stein das Hochschloss errichten. Von ca. 1200

Burg Staufeneck

Unteres Schloss und Hochschloss, Stein a. d. Traun

bis 1661 war es im Besitz der Herren von Toerring. Es entstand in vier Bauphasen vom 12. bis 15. Jahrhundert mit dreistöckigem Palas und halbrundem Turm im Kern aus dem 12./13. Jahrhundert. Im Jahre 1661 gingen das Hoch- und das Untere Schloss mit Umbau an die Freiherrn von Lösch. Bemerkenswert ist, dass ein in den Fels gehauener unterirdischer Gang die drei Burgen – zu den bereits genannten zählt noch ein Felsenschloss – verband. Wie eine Sage berichtet, soll hier der „Wilde Ritter Heinz vom Stein" im 13. Jahrhundert als Blaubart Mädchen entführt und ihre Väter ermordet haben. Außenmauerreste ehemaliger weiterer Gebäude, die um 1708 zu Wehrmauern verändert wurden, umgeben noch zum Teil den Innenhof. Das **Untere Schloss,** auch als **Neues Schloss** bezeichnet, ist ein lang gestreckter, zwei- bis dreigeschossiger Gebäudekomplex am Fuße des Steilhanges, der einen inneren Schlosshof umfasst. Die Überformung der Fassade mit Vorhalle und Zinnenturm geht in die Jahre 1885/86 zurück. Im Obergeschoss des Südtraktes liegt die Schlosskapelle, erbaut 1420 bis 1430, die nach einem Brand 1504 wiederhergestellt und 1522 geweiht wurde. 1892 wurde die Anlage an Graf Josef von und zu Arco-Zinneberg verkauft, dem im Besitz 1934 Max und Ilse Wiskott folgten, die ein Landschulheim einrichteten. 1967 erfuhr das Schloss eine Renovierung. In der Südostecke, an die Felswand angelehnt, steht ein halbkreisförmiger Wehrturm, auch „Leichen- oder Blutturm" genannt. Heute ist das Untere Schloss Gymnasium und Internat für Mädchen und Jungen. Die **Höhlenburg**, auch **Felsenschloss** genannt, ist vom inneren Hof des unteren Schlosses durch eine Holztreppe zu erreichen. Ein dreißig Meter langer Wehrgang, ein Esszimmer, Tanz- und Rittersaal, ein Gerichtssaal, Küche, weitere Wohnräume, ein Brunnen und der ausgehauene Gang zum kleinen Burghof des Hochschlosses zählen zum 1956 renovierten Felsenschloss.

Schloss Steinach

94377 Steinach
Landkreis Straubing-Bogen

Nördlich von Straubing liegt malerisch auf einem der Vorberge des bayerischen Waldes das Schloss. Die Steinacher Schlossherren bestimmten jahrhundertelang die Geschichte des gleichnamigen Ortes und der Umgebung. Erbaut wurde die Anlage im 13. Jahrhundert durch Rainer von Rain. Die Herrschaftsinhaberin und Ritterswitwe Anna von der Wart errichtete 1549 aus den Bruchsteinen der alten Burg das heutige Herrenhaus, das zum Mittelpunkt des Schlossgutes wurde. Umfangreiche Umgestaltungen, die sich auch auf die Kapelle zum Hl. Georg bezogen, fanden unter Dr. August von Schmieder Anfang des 19. Jahrhunderts statt. August von Schmieder kaufte 1901 das alte Schloss und Gut Steinach und beschloss, 1902 ein neues Schloss zu bauen, nachdem die Erweiterung des alten Schlosses verworfen worden war. Architekt Gabriel von Seidl aus München plante 1904 das Schlossgebäude, das von 1905 bis 1908 entstand und das bereits 1910 der spätere bayerische König Ludwig III. besuchte. Im Jahre 1930 wurde das Schloss aus finanziellen Gründen wegen der Weltwirtschaftskrise stillgelegt. Der Besitzer August von Schmieder verkaufte es 1939 an das Unternehmen Reichsautobahnen. Teile der NSDAP-Parteikanzlei wurden 1941 unter Reichsleiter Martin Bormann von München in das neue Schloss verlegt und zehn SS-Soldaten bewachten den hermetisch abgeschotteten Bereich. Noch zu Kriegsende wurden zwei Luftschutzbunker im Schlosspark errichtet. Der Schlossbau wurde von den Soldaten in Brand gesetzt, damit die dort lagernden Akten dem Feind nicht in die Hände fielen. 1946 wurden in den erhalten gebliebenen Gebäuden um die 340 Flüchtlinge einquartiert. 1960 wurde das Schloss an den Straubinger Uhrengeschäftsinhaber und Juwelier Robert Sporn verkauft. Mitte der 80er-Jahre des letzten Jahrhunderts wurde es in ein Jagd- und

Schloss Steinach

Schlosshotel umgestaltet und bald folgte der Umbau zur Rehabilitations-Klinik. Hans und Beate Lummer erbten 2008 den Besitz, der heute das Pflegezentrum Bogen, eine Arztpraxis, Wohnen im Schloss, eine Gaststätte und den Sitz des Bayerischen Landesvereins für Heimatpflege e.V. beherbergt.

Herzogschloss Straubing

94315 Straubing
Kreisfreie Stadt

Im Zentrum der Stadt liegt das durch die Wittelsbacher 1353 entstandene Schloss. Albrecht I. wählte Straubing als Residenzstadt und begann 1356 mit dem Bau des Schlosses für seine fürstliche Hofhaltung. 1373 wurde die Hofkapelle St. Sigismund geweiht, von der das dreiseitige geschlossene Altarchörlein erhalten geblieben ist. Herzog Johann III. ließ den berühmten Straubinger Rittersaal im Herzogschloss bauen, der mit seinem offenen Dachstuhl holländische Einflüsse verrät. Im Jahre 1425 erlag der Herzog in Holland einem Giftanschlag, so erlosch mit ihm das Herzogshaus Niederbayern-Straubing-Holland im Mannesstamm. Der Sohn von Herzog Ernst von Bayern-München hatte das Straubinger Gebiet geerbt und bestellte seinen Sohn Herzog Albrecht III. zum Statthalter. Die unstandesgemäße Ehe mit der Augsburger Baderstochter Agnes Bernauer endete 1435 mit ihrem gewaltsamen Tod in der Donau, woran die berühmten Agnes-Bernauer Festspiele im Schlosshof alle vier Jahre erinnern. Der mittelalterliche Baubestand wurde in späterer Zeit stark verändert. Im Jahre 1755 wurde das Hauptschloss Kaserne. Heute ist es Sitz des Finanz- und Gesundheitsamtes. 1994 wurden die umfassenden Renovierungsarbeiten abgeschlossen. Im Fürstenbau ist ein Zweigmuseum des Bayerischen Nationalmuseums untergebracht und der Rittersaal wird für festliche Anlässe genutzt. Im Salzstadel befinden sich die Stadtbibliothek, das Stadtarchiv und die Bildstelle.

Herzogschloss Straubing

Schloss Sulzbach

92237 Sulzbach-Rosenberg
Landkreis Amberg-Sulzbach

In der ersten Hälfte des 11. Jahrhunderts ließ Graf Gebhard I. eine Burg über dem westlichen Felsvorsprung des Sulzbacher Bergrückens anlegen. Die bestehende Burg gehörte den Grafen von Sulzbach. Um 1100 erbaute Graf Berengar I. den Bergfried und Palas. Als 1305 die Wittelsbacher den Besitz erben, errichten sie den gotischen Palas, und von 1353 bis 1373 wird Sulzbach unter Kaiser Karl IV. Hauptstadt Neuböhmens. Während der Hussiteneinfälle wird die Burg verstärkt. Unter den Wittelsbachern wird sie ab 1582 als Residenz unter Ottheinrich II. durch Baumeister Adam Schwarz zum fürstlichen Schloss umgebaut, und von 1618 bis 1620 wird der Ausbau durch Herzog August, Ahnherr der wittelsbachischen Linie von Pfalz-Sulzbach, unter Abbruch des alten Bergfrieds vollendet. Der Südostbau mit der Schlosskapelle St. Nikolaus wird umgestaltet. Sein Sohn Christian August macht Sulzbach von 1656 bis 1708 zum Musenhof. Er lässt durch Zacharias Amadei die Kapelle erneut verändern und errichtet 1684 ein Ballhaus. Von 1720 bis 1726 vollzieht sich die prächtige Gestaltung des schon im 17. Jahrhundert angelegten Hofgartens durch Herzog Theodor. Einschneidende bauliche Veränderungen werden vom Hofbaumeister Dobmeyer unter Pfalzgräfin Franziska Dorothea von Zweibrücken-Birkenfeld vorgenommen, die von 1768 bis 1794 als Witwe in Sulzbach weilt. Im Jahre 1807 kauft Johann Esaias von Seidel das Schloss, richtet eine Druckerei ein und legt Gartenterrassen an. 1861 geht das Schoss durch Kauf an Bayern zurück und wird als Gefängnis und Kaserne eingerichtet, denen eine Schule und ein Waisenhaus folgen. Sanierungsmaßnahmen erfolgen seit 1960. Heute sind im Schloss die Städtische Sing- und Musikschule, eine Bibliothek und das Bauamt untergebracht.

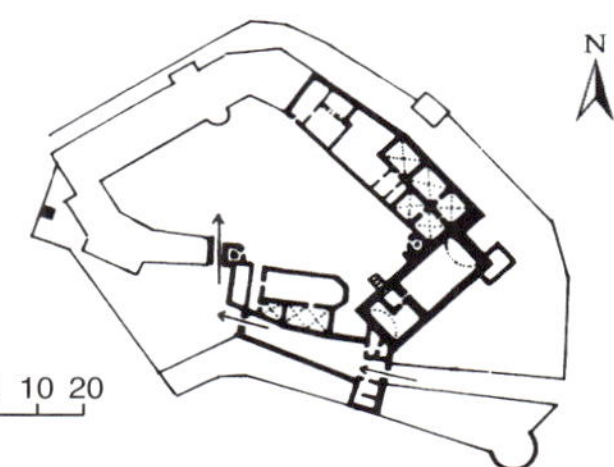

Schloss Sulzbach, Sulzbach-Rosenberg, Grundriss

Schloss Sulzbach, Sulzbach-Rosenberg

Schloss Sünching

93104 Sünching
Landkreis Regensburg

Der Ort Sünching wurde erstmals im 8. Jahrhundert bezeugt. Er ist südöstlich von Regensburg zu finden. Das Geschlecht der Sünchinger ist seit dem 12. Jahrhundert nachweisbar. Seit Mitte des 14. Jahrhunderts bis 1448 sind die Hofer zu Sünching, dann die bedeutende Adelsfamilie der Staufer im Besitz der Anlage, deren Hans Staufer, Mitglied des Löwlerbundes, Sünching der Krone Böhmen zu Lehen aufträgt. 1573 erwirbt Georg Ludwig Freiherr von Seinsheim der Ältere die Hofmark. 1668 wird die Burg im Dreißjährigen Krieg zerstört, worauf durch Christian Freiherr von Seinsheim dem Jüngeren eine neue Burg erbaut wird. 1705 wird die bayerische Linie in den Reichsgrafenstand erhoben. Von 1756 bis 1766 entstand durch den Münchner Oberstallmeister und Konferenzminister Josef Franz Graf von Seinsheim das Rokoko-Schloss unter dem Hofbaumeister Leonhard Matthäus Gießl, Stuckateur Jakob Rauch sowie Freskenmaler Matthäus Günther. Die Grundsteinlegung erfolgte 1758, ein Jahr nachdem der Bruder des Bauherrn Adam Friedrich von Seinsheim, Fürstbischof von Würzburg, auch Fürstbischof von Bamberg geworden war. 1910 kam das Schloss in den Besitz der Freiherren von Hoenning O' Caroll, deren Nachkommen es noch besitzen. 1984 bekam das Schloss eine Außeninstandsetzung.

Schloss Sünching

Schloss Syrgenstein

88178 Syrgenstein/
Markt Heimenkirch
Landkreis Lindau

Schloss Syrgenstein

Syrgenstein liegt etwas nördlich von Heimenkirch, am bewaldeten steilen Südhang der Argen, versteckt im Wald. 1265 gab es eine erste Nennung der Burg. Seit dem frühen Mittelalter war sie im Besitz der 1304 erstmals erwähnten und erst 1647 in den Reichsadelsstand erhobenen Sürgen von Syrgenstein. Sie bauten von 1491 bis 1539 nach Brand die Anlage wieder in der heutigen Form auf. Im Jahre 1820 wurde das Schloss verkauft und ist seit 1913 Eigentum der Grafen Waldburg-Zeil-Hohenems. Die schlossartige Dreiflügelanlage ist der Typ einer spätgotischen Wehrburg, in der die Bewohnbarkeit mit einer gewissen Bequemlichkeit nicht vermisst wurde. Der dreigeschossige Hauptbau trägt erneuerte Treppengiebel und besitzt runde Ecktürme. Hofseitig zeigt sich ein moderner zweigeschossiger Laubengang und im Innern befindet sich die Schlosskapelle St. Vitus. Die spätgotische Ausstattung stammt vom Ende des 19. Jahrhunderts und wurde angekauft. Das Schloss ist mit einem bemerkenswerten Treppenhaus ausgestattet und in der geräumigen Halle des ersten Obergeschosses befindet sich ein Kamin mit bekrönenden Muschelsegmenten aus der Zeit von 1538. Der Salon im Turm hat eine von 1739 ausgezeichnete frühe Rokokoausstattung und die eleganten Stuckaturen sind wohl von Johann Georg Üblher. Die heutige Bibliothek ist der bedeutendste Teil des Schlosses, als seltenes Beispiel einer einheitlichen, anspruchsvollen Raumgestaltung der deutschen Renaissance. Die Ruine des südöstlichen Rundturms wurde erst 1913 wieder aufgebaut und der Westtrakt mit der Einfahrt und dem vierten runden Eckturm 1924 umgestaltet. Der herrliche Sitz befindet sich in privaten Händen und ist nicht zugänglich.

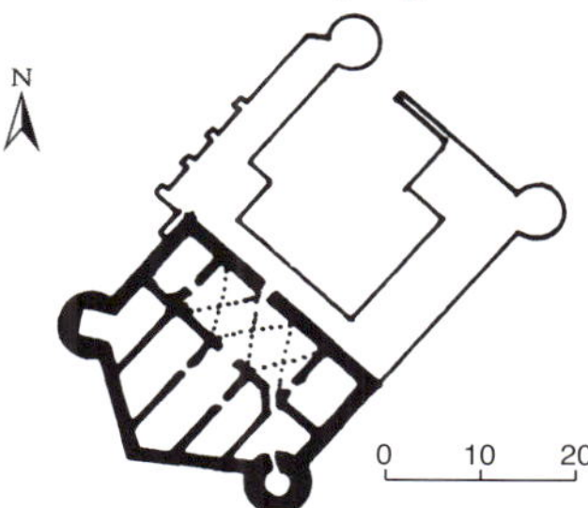

Schloss Syrgenstein, Grundriss

Schloss Tapfheim

Schloss Tapfheim

86660 Tapfheim
Landkreis Donau-Ries

Südwestlich von Donauwörth errichtete 1730 Abt Roger II. Friesl von Kaisheim das heute bestehende zweigeschossige, mit Satteldach gedeckte Schloss, das ab 1977 umfassend restauriert wurde. An den Giebeln befinden sich Schneckenvoluten und durch Horizontalgliederung profilierte Gesimse. Der Ort am nördlichen Ufer der Donau wird zwischen 750 und 800 erstmals anlässlich von Güterschenkungen an das Kloster Fulda urkundlich erwähnt. Er war Sitz eines niederen Adels, der Herren von Tapfheim, die von 1067 bis 1401 bezeugt sind. In der 2. Hälfte des 14. Jahrhunderts tritt die Augsburger Bürgerfamilie Küchenmeister von Tapfheim auf, die durch besondere Rechte mit dem Ort verbunden war, deren Wappen, ein Einhornrumpf, in der ersten Hälfte des 16. Jahrhunderts in das Siegel des Gerichts Tapfheim übernommen wurde. Zum Ende des 14. Jahrhunderts gehörte die Hofmark den Herren von Waldkirch, wurde aber im Jahre 1505 dem neu gegründeten Fürstentum Pfalz-Neuburg zugeteilt. Die von den Bayernherzögen und Fürsten von Pfalz-Neuburg eingesetzten und als Verwalter fungierenden Vögte amtierten im Tapfheimer Schloss, und zum Zisterzienserkloster Kaisheim bestanden in der Zeit von 1269 bis 1803 enge kirchliche Beziehungen. Bis 1800 besaß Tapfheim das Marktrecht. Das in Privatbesitz befindliche Schloss ist öffentlich nicht zugänglich.

Wasserschloss Taufkirchen

84416 Taufkirchen (Vils)
Landkreis Erding

Die Herren von Taufkirchen waren bereits auf der damaligen Burg ansässig, als diese erstmals 1263 in einer Urkunde des Bischofs von Freising in Verbindung mit dem Ort, der heute am Kreuzungsbereich der B 15 und der B 388 liegt, erwähnt wird. In der Zeit von 1544 bis 1672 waren die Fugger, eine berühmte Augsburger Kaufmannsfamilie, Herren der Burg, die auch das bestehende stattliche Wasserschloss in Neurenaissanceformen errichteten. Die Stuckdecken mit Laub- und Bandelwerkdekor in einigen Räumen stammen aus der Zeit von 1720 bis 1722. Die Schlosskapelle, ein rechteckiger zweijochiger Raum mit Kreuzgewölbe, besitzt eine reiche barocke Stuckdekoration und einen bemerkenswerten Spätrenaissancealtar mit Beschlagwerkornament aus der Zeit um 1640. Darin befindet sich die Muttergottesfigur zwischen der Heiligen Katharina und Barbara aus der Mitte des 17. Jahrhunderts, ein Tafelbild der Kreuztragung Christi um 1500 ziert die Wand. Nach den Fuggern kamen in den folgenden Jahrhunderten unter anderem die Herren von Fraunberg und die Freiherren von Puech in den Besitz des Schlosses. Von 1898 bis 1902 und nochmals 1921 wurde am Schloss gebaut. 2005 wurde Nico Forster Besitzer, der heute das Schloss und die Räumlichkeiten als Übergangs- und Langzeiteinrichtung für psychisch kranke Menschen nutzt. Die Parkanlage ist frei zugänglich.

Wasserschloss Taufkirchen

Schloss Tegernsee

83684 Tegernsee
Landkreis Miesbach

Das ehemalige Benediktinerkloster, gelegen am östlichen Ufer des Sees, ist in seinem ganzen Umfang nur vom See aus zu überblicken. Es wurde nach der Säkularisation zum Wittelsbacher Schloss und ist noch heute in deren Besitz. Ab 1687 wurde die Anlage im Wesentlichen barock, nach Plan des Münchner Hofbaumeisters Enrico Zuccalli, erbaut. Als das Kloster 1803 aufgehoben wurde, trug man westliche Gebäudeteile ab, und den verbliebenen Teil baute Leo von Klenze zur königlichen Sommerresidenz aus. Im Jahre 1817 beschloss Max I. Joseph, sich hier einen Ruhesitz in wunderschöner Lage zu bauen. Mit seinem Ableben 1825 wurde Tegernsee Witwensitz von Königin Caroline, deren Stiefsohn Prinz Carl nach ihrem Tode abwechselnd in Tegernsee und im Münchner Palais lebte. Der Südtrakt wurde 1970 zum Gymnasium umgestaltet und im Restaurant mit Blick auf den See finden sich zahlreiche Besucher ein.

Schloss Tegernsee

Schloss Teising

84576 Teising
Landkreis Mühldorf am Inn

Eine Vorgängeranlage wird in Teising, gelegen zwischen Mühldorf am Inn und Altötting, bereits um 1140 erwähnt. Schon um 930 schenkt der Herzog Arnulf „der Böse“ dem Edlen Vasallen Diotmar einen Sitz. Viel später folgten die von Pelkoven und von Hornstein. Teising wurde 1322 in die Schlacht zu Mühldorf einbezogen und von 1333 bis 1334 kam es zu einem Bauernaufstand, der niedergeschlagen wurde. Nach den kriegerischen Auseinandersetzungen und einer riesigen Heuschreckenplage kam es in den Jahren 1335 bis 1338 zur großen Hungersnot. Da sich im Bereich Tüssling-Teising ein portugiesisches Regiment befand, wurde 1742 während des österreichischen Erbfolgekrieges auch diese Region in Mitleidenschaft gezogen. Der heutige, massige

Schloss Teising

mittelalterliche, von einem Wassergraben umschlossene, spätgotische Hauptbau besteht aus drei Geschossen und wurde schon 1140 erwähnt. Er wird mit einem Herrn Magenreiter als Erbauer verbunden. Die Fassaden zieren zwei Türmchen und an der Ostseite befindet sich ein Walmdachanbau des 17. Jahrhunderts. Die Innengestaltung im Schloss ist schlicht gehalten. In der um 1140 erwähnten Schlosskapelle St. Georg steht ein Altar aus der Zeit um 1700. Der heutige Schlossbesitzer hat eine sehenswerte Bulldogsammlung.

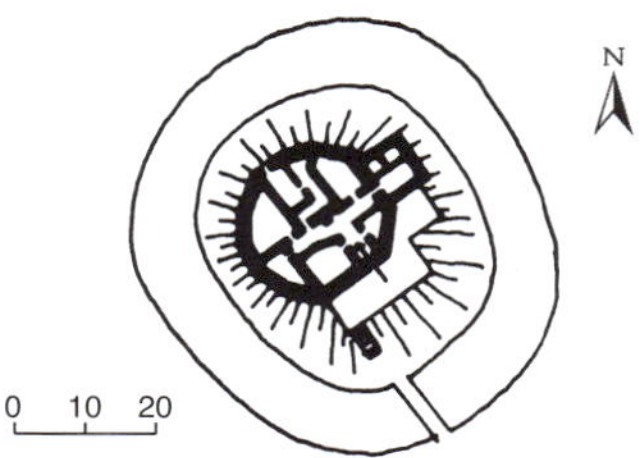

Schloss Teising, Grundriss

Schloss Teublitz

93158 Teublitz
Landkreis Schwandorf

Nordöstlich von Burglengenfeld steht der einfache, zweigeschossige Bau mit Mansarddach. Das Schloss wurde zwischen 1750 und 1780 von Karl Wilhelm Teufel von Pirkensee erbaut, der sich 1780 im neuen Schloss das Leben nahm. Vermutet wird hier ein Vorgängerbau, worauf eine Ruine im heutigen Stadt- und ehemaligen Schlosspark hinweist. Zum Schloss zählten einst ein Schlossgut mit umfangreichem Grundbesitz an Wald, Wiesen, Äckern und Weihern sowie der große Park, den Conrad Reinhard Ritter von Koch um 1800 zu einem englischen Landschaftsgarten umgestalten ließ, mit einem See und Insel sowie Pavillon auf einer künstlichen Anhöhe. Vermutlich ließ er die bereits vorhandene Ruine umgestalten oder neu erbauen. Zu den adligen Besitzern des Schlosses zählten von 1780 bis 1786 Josef Ernst Wilhelm Teufel von Pirkensee, von 1786 bis 1795 Karl Philipp Wolfgang Teufel von Pirkensee und von 1795 bis 1800 Friederike Luise Ernestine, Edle von Koch, von 1800 bis 1820 Konrad Reinhard Ritter von Koch und schließlich von

Schloss Teublitz

1898 bis 1919 Freiin von Gise. Bis 1848 übten die genannten Adligen auch die Gerichtsbarkeit aus. Einige Monate nach Kriegsende befand sich im Schloss ab 1945 ein Kibbuz zur Vorbereitung auf die Auswanderung nach Palästina, dann wurde es Waisenhaus und später die Zweigstelle einer Textilfirma. Im Jahre 1978 verkleinerte man die Wohnräume. Heute befindet sich im Schloss eine sozialpflegerische und therapeutische Einrichtung. Der jetzige Stadtpark wurde in den 1930er-Jahren allen Bürgern geöffnet.

Hammerschloss Theuern

92245 Theuern/
Gem. Kümmersbruck
Landkreis Amberg-Sulzbach

Südlich von Amberg, im romantischen Vilstal gelegen, steht der einstige Stammsitz der bereits im 11. Jahrhundert erwähnten Familie Theuern, der im 16. Jahrhundert Besitz der Portner

Hammerschloss Theuern

gewesen war. Der Hof- und Regierungsrat der Würzburger Fürstbischöfe, Joseph Christian von Lochner, ließ 1780/81 für seinen Sohn Christian Ferdinand das dreigeschossige Herrenhaus anstelle des alten Jägerhauses errichten. Es ist eine großzügige dreigeschossige Hammerschlossanlage mit Lisenen und Mittelrisalit und einem im Giebel befindlichen Allianzwappen der Lochner-Bibra. Die eingeschossigen Mansarddachbauten der Wirtschaftsgebäude aus der zweiten Hälfte des 18. Jahrhunderts schließen sich an den als Barockparterre gestalteten Innenhof an. Nördlich liegt das Jägerhaus. 1978 wurde das Bergbau- und Industriemuseum Ostbayern eröffnet. Seitdem können hier interessante Ausstellungsstücke aus Keramik und Glas, Mineralien sowie Berg- und hüttenmännisches Leben besichtigt werden. Von 1977 bis 1987 wurde die Anlage saniert. Darüber hinaus hat sich das Schloss zu einem Kulturzentrum der Region mit vielfältigem Veranstaltungsprogramm entwickelt. Im barocken Schlosshof werden Konzerte und Open-Air-Veranstaltungen gegeben, und der Große und Kleine Saal stehen für Festlichkeiten aller Art zur Verfügung. Gegenüber dem Schloss liegt die Gaststätte „Zum Schlosswirt".

Schloss Thierlstein

93413 Thierlstein/Stadt Cham
Landkreis Cham

Weithin sichtbar auf dem „Pfahl", westlich von Cham, erhebt sich das Schloss. Die damals dort ansässigen Thierlinger werden erstmals 1125 als Ministeriale der Markgrafen von Cham erwähnt. Diese sollen vermutlich um die Mitte des 14. Jahrhunderts die Burg von den Sattelbogern bekommen haben und bauten sie aus. Die neuen Herren konnten im Laufe ihrer Existenz Macht und Besitz beträchtlich mehren, machten sich aber auch bei der Kultivierung des Umlandes verdient, indem sie unter anderem Anfang des 16. Jahrhunderts, gemeinsam mit dem Abt von Reichenbach, ein großes Teichgebiet in der

Schloss Thierlstein

Nähe des Schlosses anlegten. Als die Thierlinger 1622 ausstarben, folgte ein häufiger Besitzerwechsel, der auch eine ständige Veränderung des Baukomplexes nach sich zog. Der letzte Umbau geht in die Zeit um 1900 zurück, nach 1945 folgte der einsetzende Verfall. In den Jahren 1988/89 retteten umfangreiche Instandsetzungsmaßnahmen das Schloss mit seinem runden, mittelalterlichen Bergfried, der von unterschiedlich hohen Gebäudetrakten umbaut ist. Das ursprüngliche Kegeldach des Turms wurde um 1900 durch einen Zinnenkranz ersetzt. Den Obergeschossen des Osttraktes blieben gotische Deckenkonstruktionen und ornamentale Raumfassungen aus der Renaissance erhalten. Den Privatbesitz kann man nur von außen besichtigen.

Schloss Thumsenreuth

92703 Thumsenreuth/
Gem. Krummenaab
Landkreis Tirschenreuth

Im Jahre 1259 wird „Domsenreuth“, das heutige Thumsenreuth, westlich von Tirschenreuth gelegen, erstmals als Ort benannt. Franz Notthafft, Freiherr von Weißenstein, war der Auffassung, dass Thumsenreuth durch Heirat von Marchwardus de Domsenreuth an die Wolf von Weißenstein gelangt sei, deren Linie bis in das 15. Jahrhundert Besitzer von Thumsenreuth war. Später gingen Teile an den Landgrafen von Leuchtenberg zu Lehen. Die Familie Notthafft erwarb 1404 und 1441 den gesamten Thumsenreuther Besitz. Hans IV. Notthafft trug 1478 seine freieigenen

Schloss Thumsenreuth

Schloss Thurnstein

Güter dem Kurfürsten Philipp von der Pfalz zu Lehen auf und ließ sich von diesem mit der Veste Thumsenreuth, zwei Weihern und zwei Gütern im Dorf belehnen. Christoph, der Sohn von Hans V. Notthafft, erhielt 1566 Thumsenreuth, als dieser verstarb. Er ließ das Schloss 1586 renovieren und mit einem Erker versehen, der sein Familienwappen sowie die Wappen seiner beiden Ehefrauen trägt, Dorothea von Biberern und Martha von Seckendorff. Mehrere Besitzerwechsel folgten, bis es 1661 Jobst Bernhard I. von Lindenfels erwarb, dessen Sohn Hans Achatz die Linie Thumsenreuth weiterführte. Sein Bruder Jobst Bernhard II. wurde Amtshauptmann in Wunsiedel und begründete die Linie der Familie von Lindenfels. Das Schloss bekam unter Johann Christoph Heinrich Wilhelm Freiherr von Lindenfels 1774 eine Grundrenovierung und gehört noch heute der Familie. Eine nochmalige umfassende Renovierung erfuhr das Schloss in den Jahren 1992 bis 1994.

Schloss Thurnstein

84389 Thurnstein/
Gem. Postmünster
Landkreis Rottal-Inn

Der Privatbesitz der Grafen von La Rosée steht auf einem Hügel über dem Rottal, westlich an Pfarrkirchen angrenzend. Einst stand hier eine mittelalterliche Burg, der Sitz eines Edelgeschlechtes Postmünster. Ab der zweiten Hälfte des 13. Jahrhunderts kam es zum häufigen Besitzwechsel. Erbauer des heutigen Schlosses waren die im späten 17. Jahrhundert hier ansässigen Imsland, die 1689 Reichsfreiherren wurden. Der Ausbau des zweieinhalbgeschossigen Schlosses zur Dreiflügelanlage um einen kleinen Hof zog sich bis in das frühe 18. Jahrhundert hinein. Der Familie Imsland folgten die Freiherren Goder, die um 1780 in den Grafenstand erhoben wurden. Im östlichen Seitenflügel liegt die 1726 geweihte und ab 1782 erneuerte Schlosskapelle mit ihrem Deckengemälde von 1783. Der hofseitig angebaute Turm ist eine Zutat des 20. Jahrhunderts. Der Park wurde vom Münchner Hofgartendirektor Karl Effner gestaltet. Das Schloss ist in Privatbesitz.

Burg Tittmoning

84529 Tittmoning

Landkreis Traunstein

Die unmittelbar an der österreichischen Grenze auf einem steil über der Stadt aufragenden Bergkegel gelegene Burg wurde erstmals 1234 urkundlich erwähnt und ist wohl im Zuge der Ortsbefestigung durch Erzbischof Eberhard II. von Salzburg zu einer Grenzveste ausgebaut worden. Im Jahre 1282 wurde das Gebiet um Tittmoning Grafschaft mit Sitz eines Pflegers des salzburgischen Pfleggerichtes, deren letzter, Siegmund von Lamberg, Freiherr von Ortenegg von Ottenstein, 1561 hier seinen Amtssitz hatte. Ende des 15.

Burg Tittmoning

Jahrhunderts nimmt der auch in Burghausen und Reichenhall tätige Meister Ulrich Pesnitzer Umbauten an der Anlage vor. Im Jahre 1324 nach der Schlacht bei Mühldorf und 1611 in Fehde zwischen Herzog Maximilian I. und dem Salzburger Erzbischof Wolf Dietrich von Raitenau wurde die Burg jeweils eingenommen. Aufgrund der Schäden wurde ein Umbau zum Jagdschloss unter Beibehaltung der mittelalterliche Trutzigkeit vorgenommen, doch wurde die Anlage von 1614 bis 1621 durch Erzbischof Markus Sittig von Hohenems erneut zum Sommerschloss umgebaut. Als auch hier von 1618 bis 1648 der Dreißigjährige Krieg wütete, flüchtete der Freisinger Bischof Veit Adam von Gepeckh mit seinem Hofstaat insgesamt fünfmal in das Schloss Tittmoning im neutralen Salzburg. Von 1796 bis 1798 errichtete man ein Spital für verwundete französische Emigrationssoldaten und 1805 brannten während der Einquartierung französischen Militärs der Fürstenstock mit Torturm und der Nord- und Südflügel nieder. Nach der Säkularisation begann die Periode des Niedergangs der Anlage, bis Tittmoning 1816 an Bayern und 1851 in den Besitz der Stadt ging. 1940 wurde das bestehende Museum ausgelagert und ein Kriegsgefangenenlager eingerichtet, dem von 1945 bis 1947 ein

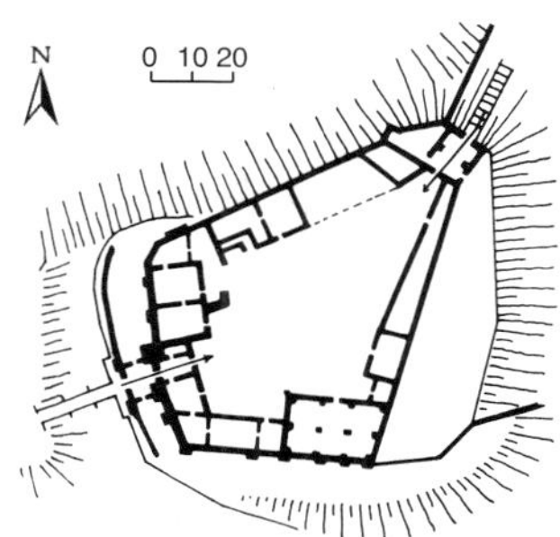

Burg Tittmoning, Grundriss

Durchgangslager für Flüchtlinge folgte. Im Jahre 1953 wird der große, ehemals stark befestigte kraftvolle Komplex mit zwei mehrstöckigen Torhäusern wieder Heimatmuseum und 1963 in eine Stiftung umgewandelt. Am Torturm befindet sich das erzbischöfliche Wappen von 1619. Die Burgkapelle St. Michael besitzt einen Marmoraltar aus verschiedenfarbigem Stein.

Wasserschloss Train

93358 Train
Landkreis Kelheim

Das Wasserschloss mit den Resten einer Ringmauer liegt südlich von Abensberg, nahe der A 93. Es ist im 15. Jahrhundert unter den Hofmarksherren von Train entstanden und im 16. Jahrhundert ausgebaut worden. Besitzer des ehemaligen dreigeschossigen Hofmarkschlosses waren unter anderem die bedeutenden Adelsfamilien der Pfeffenhausen und Feurer, das stolze Rittergeschlecht der Eckher von Kapfing und Freiherrn von Deuring. Johann Franz Eckher wurde 1649 hier geboren und war von 1695 bis 1727 Fürstbischof von Freising. Zu der rechteckigen Anlage gehört eine Schlosskapelle, deren Rokoko-Altar der Landshuter Meister Christian Jorhan der Ältere schuf. Die verehrte Schwarze Madonna stammt von 1683 und ist eine Nachbildung der Altöttinger Gnadenstatue. Im Dreißigjährigen Krieg wurde das Schloss zerstört und 1695 wieder aufgebaut. Freiherr von Deuring hatte 1722 das Schlossbenefizium ins Leben gerufen. Emanuel Schikaneder weilte hier im Schloss und arbeitete am Textbuch zur Mozart-Oper „Die Zauberflöte“. Von 1788 bis 1807 war Elisabeth von Train Schlossherrin. In ihrer Herrschaftzeit kam es zu zwei Volksaufständen. Der Privatbesitz ist nur von außen zu betrachten.

Burg Trausnitz

92555 Trausnitz

Landkreis Schwandorf

Im 13. Jahrhundert wurde im heutigen Naturpark Oberpfälzer Wald, östlich von Wernberg-Köblitz über der Pfreimd, auf einer Hügelzunge eine feste, 1261 erstmals urkundlich erwähnte Burg

Wasserschloss Train

errichtet. Die Walthurner hatten diese als Lehen von den Herzögen von Bayern, um 1284 war sie endgültig in ihrem Besitz. Die Fluchtburg mit nur einer Eingangspforte und starkem Mauerwerk ließ Angreifern zur Erstürmung kaum eine Chance. Zwischen den Jahren 1322 und 1325 stand die Burg im Mittelpunkt deutscher Geschichte. Als König Heinrich VII. verstorben war, wählte die Versammlung der Fürsten des Heiligen Römischen Reichs Deutscher Nation einen neuen König. Doch bei der Wahl bekamen Ludwig IV., genannt der Bayer, und auch sein Cousin Friedrich III., der Schöne von Österreich, gleich viele Stimmen. Ein erbitterter Konkurrenzkampf zwischen den beiden führte 1322 in die Schlacht bei Ampfing in Niederbayern. Ludwig der Bayer ging als Sieger hervor und nahm seinen Cousin gefangen. Er wurde im Turmzimmer von Trausnitz an Händen und Füßen angeschmiedet. Als 1325 Friedrich der Schöne, an Leib und Seele gebrochen, auf das Regieren verzichtete, ließ ihn der Wittelsbacher Ludwig frei und beide versöhnten sich wieder. 1330 starb Friedrich und Ludwig der Bayer regierte bis 1346 als deutscher Kaiser. Die Burg diente über Jahrhunderte den bayerischen und niederbayerischen Herzögen als Residenz. Später kamen die Grafen Zenger von Zangenstein als Mitbesitzer, im 14. Jahrhundert schließlich wurde die Burg ganz ihr Eigentum. Sie verkauften die Burg 1515/16, die unter anderem in den Besitz der Sparneck, Hannakam und Karg-Bebenburg gelangte. Die Sparneck errichteten um 1700 das sogenannte Feldschlösschen. 1825 rettete König Ludwig I. die Burg vor dem Verfall und ließ notwendige Reparaturen durchführen. 1830 kaufte er die Anlage, die heute im Eigentum des Freistaats Bayern ist. Eingreifende bauliche Veränderungen wurden vor allem im 20. Jahrhundert vorgenommen. Es handelt sich um eine verhältnismäßig kleine, trapezförmige

Burg Trausnitz

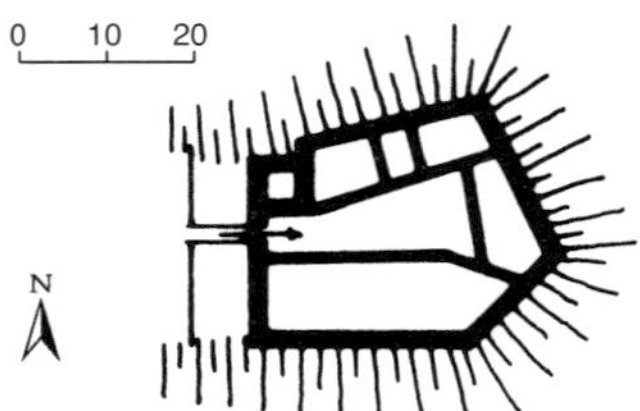

Burg Trausnitz, Grundriss

Dreiflügelanlage mit dem ehemaligen Palas und dem sogenannten Rittersaal. Die Anlage war bis in das 19. Jahrhundert nordseitig in fünf große Arkaden geöffnet. Nach dem Zweiten Weltkrieg wurde in der Burg ein Erholungsheim für Kinder und Jugendliche eingerichtet und in den 60er-Jahren des letzten Jahrhunderts übernahm das Deutsche Jugendherbergswerk die Trägerschaft. Im Jahre 1997 erfolgte eine umfassende Restaurierung der Burg und Erweiterung der Jugendherberge. Auf der Burg werden auch Besichtigungen und Burgführungen ab zehn Personen durchgeführt.

Schloss Türkheim

86842 Türkheim

Landkreis Unterallgäu

Das Schloss, östlich von Mindelheim gelegen, geht in seiner Entstehung auf das 12. Jahrhundert zurück. Es befand sich im Besitz verschiedener Adelsgeschlechter aus Augsburg. Als man die westlich von Schwabmünden gelegene Burg Schwabegg zerstört hatte, wurde 1371 Türkheim zum Sitz der gleichnamigen Herrschaft. Wolf Dietrich von Knöringen ließ 1531 bis 1535 das sogenannte Große Schloss errichten. Im 17. Jahrhundert baute die Familie Imhof das Schloss zu einem stattlichen Bau aus. Von 1682 bis 1686 wurde es erneut für Herzog Maximilian Philipp verändert und 1695 durch den Münchner Hofbaumeister Giovanni Antonio Viscardi um den Frauenbau erweitert. Der auch als Kleines Schloss bezeichnete Bau bekam 1704 ein Geschoss aufgesetzt. In seinem ersten Stockwerk, das vielfach für Kunstausstellungen genutzt wird, können eindrucksvolle Stuckarbeiten bewundert werden. Schon 1754 legten François Cuvilliés der Ältere sowie sein Schüler Karl Albert von Lespilliez Pläne zur Umgestaltung des Hauptbaus vor. Im Innern des Schlosses befinden sich ein im Rokokostil gehaltenes Stiegenhaus mit prächtig geschnitztem Geländer sowie ein Saal mit Stuckdecke und einigen großen barocken Ölbildern. In der Zeit von 1797 bis 1862 war es Sitz des Landgerichts und von 1970 des Amtsgerichts. Ab 1979 wurde das Schloss, eine Gruppe aus zwei in rechtem Winkel zueinander stehende Baukörpern, restauriert und die Gemeindeverwaltung eingerichtet. Das Große

Schloss ist ein dreigeschossiger Rechteckbau mit hohem Walmdach und beherbergt seit 1981 neben dem Rathaus auch das Sieben-Schwaben-Museum, ein Restaurant, Biergarten und Brautmoden. Im wunderschönen Ambiente des Rittersaals können Kleider und Anzüge ausgesucht und ausprobiert werden. Der zweigeschossige sogenannte Langbau wurde von 1684 bis 1686 errichtet, 1692 von Matthias Stiller erweitert und nach einem Brand 1870 mit veränderter Fassade wiederhergestellt. Südlich und westlich des Schlosses liegt der ab 1682 barock angelegte Schlossgarten. Seit 1870 bis heute ist das Schloss im Besitz der Familie Rieder.

Schloss Tüßling

84577 Tüßling

Landkreis Altötting

Zwischen Mühldorf am Inn und Altötting liegt der Ort Tüßling mit seinem Schloss, das 1583 durch Johann Veit Freiherr von Toerring erbaut wurde. Mit den vier zwiebelbesetzten Ecktürmen zeigt sich das ehemalige dreigeschossige Wasserschloss als regelmäßige Vierflügelanlage um einen quadratischen Hof. Die achtseitigen Türme überragen den Bau um ein Geschoss und gegen den Hof hin befinden sich geöffnete Flügelarkaden in Loggien, wogegen die der Nord- und Südseite im 18. Jahrhundert

Schloss Türkheim

geschlossen wurden. Der Festsaal wurde nach 1707 im Obergeschoss des Nordflügels eingebaut und um 1725 neu eingerichtet. Besitzer waren die Grafen von Wartenberg. Die Stuckaturen im Südflügelzimmer fertigte um 1720 Alexius Bader aus Dorfen. Im Ostflügel liegt die Schlosskapelle St. Veit, die 1611 geweiht und nach einem Brand von 1707 im Jahre 1712 wiederhergestellt wurde. An der Nordseite liegt der weit reichende Schlosspark mit Parkfiguren, Rasenflächen und dem Vierpassbrunnen. Die heutige Besitzerin ist Stefanie Gräfin von Pfuel. Sie begann ab 2003 mit umfangreichen Rekonstruktionsmaßnahmen und öffnete ihr Anwesen mit Gartenfesten und Konzerten der Öffentlichkeit.

Schloss Tutzing

82327 Tutzing

Landkreis Starnberg

In der Mitte am westlichen Ufer des Starnberger Sees gelegen, wurde erstmals im 12. Jahrhundert ein Ortsadel nachgewiesen. Von 1519 bis 1848 war hier ein Hofmarkssitz. Dieser wurde um 1662 erweitert und von 1803 bis 1816 durch den Tiroler Maurermeister Thomas Ganseck zur hufeisenförmigen Anlage vergrößert und umgebaut. Eine weitere Erneuerung und Veränderung bekam das Anwesen 1921/22. Die westlich angeschlossene Rotunde aus den Jahren 1958/59 ist von Olaf A. Gulbransson. Eine Renovierung bekam das drei-

Schloss Tüßling

flüglige klassizistische Schloss 1985/86. Es handelt sich um ein durch Mittelgang erschlossenes Hauptgebäude mit flachem Walmdach, dem sich schmale Flügelanbauten anschließen. Vorgelagert sind die im Kern auf das 17. Jahrhundert zurückgehenden Festsaal- und Kavaliersbauten sowie der Wirtschaftstrakt. Der Park wurde 1869 durch den Hofgartendirektor Karl Effner von einer ursprünglichen barocken Anlage zum englischen Landschaftsgarten umgewandelt. Am Seeufer befindet sich eine neubarocke Terrasse mit Skulpturen und Pergola aus der Zeit um 1870. Die heute als Evangelische Akademie genutzte Anlage ist nicht zugänglich.

Schloss Elkofen

85567 Unterelkofen/ Stadt Grafing

Landkreis Ebersberg

Die im 11. Jahrhundert als Burg für die Grafen von Ebersberg-Sempt angelegte Anlage liegt südlich von Ebersberg bei Grafing. Der massive rechteckige Bergfried mit Erker und Schopfwalmdach wurde wohl im 10. Jahrhundert alleinstehend errichtet und steht heute im oberen Burghof. Ausgebaut wurde die Burg durch genannte Grafen, später durch das Kloster von Ebersberg im zweiten Viertel des 11. Jahrhunderts. Als sie ab 1383 bis 1506 herzoglich-bayerisch wurde, bekam die Burg einen gotischen Ausbau am Hochschloss. Die wehrhafte Anlage mit Umfassungsmauer war einst von einem Wassergraben umgeben. Die Wohngebäude, der Palas, der Dürnitzstock, die Kemenate und ein gemauerter Wehrgang mit durchbrochener Brüstung aus dem 14. Jahrhundert zählen zu den ältesten Bauten, neben dem Bergfried. Die Grafen von Rechberg kamen 1664 an die Anlage. Sie nahmen wiederum Umbauten am unteren Hof und dem Ostflügel vor, errichteten den Rechberg-Bau und Torbauten und bezogen die 1516 erbaute und 1720 barockisierte Georgskapelle mit ein. Der barocke Flügelaltar von 1517/20 befindet sich heute im bayerischen Nationalmuseum München. Der Besitz kam an den Grafen La Rosée.

Schloss Tutzing

Schloss Elkofen, Unterelkofen

Diesem folgte ein häufiger Besitzerwechsel und die Burg verfiel zunehmend. Seit im Jahre 1871 die Grafen von Rechberg die Anlage wieder erwarben, ließen sie diese 1885 durch den Münchner Architekten Gabriel von Seidl umgestalten. Sie ist bis heute in ihrem Besitz. Am Fuße des Schlosses befindet sich die Schlossgaststätte.

Schloss Unterfinningen

**89435 Unterfinningen/
Gem. Finningen**
Landkreis Dillingen a. d. Donau

Unterfinningen liegt mit seinem Schloss nördlich von Dillingen an der Donau und wurde erstmals 1262 benannt, 1268 auch ein Ortsadel nachgewiesen. Von 1269 bis 1271 hatte „Nidernvinningen“ einen Maierhof und einen herzoglichen Hof. Im Ort saßen von 1268 bis 1443 die Adligen von Finningen, ab 1345 die von Erslingen. In dem einstigen Hof war 1443 der Gerichts- und Verwaltungssitz der Hofmark des Augsburger Klosters Sankt Ulrich und Afra, der sich bis zur Säkularisation 1803 in dessen Besitz befand und anschließend an den Staat ging. Seit 1929 ist der dreigeschossige

Schloss Unterfinningen

Satteldachbau mit flachen Erkern am Nordgiebel im Besitz der Familie Brugger. Das heutige Schloss entstand im 16. Jahrhundert und wurde als Wasserschloss gestaltet, dessen Graben heute eingeebnet ist. In den oberen Geschossen ist noch Bandwerkstuck von 1720 bis 1730 vorhanden, im zweiten Obergeschoss Deckenstuck aus der Zeit um 1750, der in der Mitte in einer Muschelwerkkartusche aufgeht und das Wappen des Klosters zeigt. Das Erdgeschoss beeindruckt mit wuchtigen Gewölbedecken aus dem Mittelalter. Heute lädt ein Gasthof die Besucher zum Verweilen ein.

Schloss Untermeitingen

86836 Untermeitingen

Landkreis Augsburg

Das Schloss von Untermeitingen ist südlich von Augsburg bei Schwabmünchen zu finden und stammt aus dem 12. Jahrhundert. Es befand sich im Laufe der Jahrhunderte im Besitz verschiedener Adelsgeschlechter aus Augsburg. Die Familie Imhof, die das Anwesen seit 1592 im Besitz hatte, baute es im 17. Jahrhundert zu einem stattlichen Schloss aus. Heute erblickt man bei einem Besuch zwei große, im rechten Winkel aneinander stoßende Trakte von verschiedener Höhe aus der zweiten Hälfte des 17. bis Anfang des 18. Jahrhunderts. Zum Osten hin zeigt sich die schönste Seite der Schlossanlage mit ihren drei Stockwerken und den beiden Eckrisaliten. Einst besaß die Anlage eine Mauer mit Schalentürmen. Im südlichen Bereich stehen polygonale eckturmartige Anbauten, im Norden viergeschossig mit Walmdach, zur Hofseite zweigeschossig. Im Inneren des Schlosses liegt ein im Rokokostil gehaltenes Stiegenhaus mit bemerkenswerter Treppe und prächtig geschnitztem Geländer um 1750. Der Saal besitzt eine Stuckdecke und einige große, barocke Ölbilder. Das Schloss ist seit 1870 im Besitz der Familie Rieder. Zur Anlage gehört heute eine Brauerei mit Gaststätte und Biergarten und im Schloss wird ein Geschäft für Brautmoden betrieben.

Schloss Untermeitingen

Unterwittelsbach

Wasserschloss Unterwittelsbach

86551 Unterwittelsbach
Stadt Aichach
Landkreis Aichach-Friedberg

Erstmals erwähnt wird das Wasserschloss, damals noch eine Vorgängerburg, im Jahre 1126. Nordöstlich an Aichach angrenzend findet man das mittelalterliche, mehrfach veränderte Schloss, auch „Sissi-Schloss“ genannt, aus dem 15. Jahrhundert. Es war einst Sitz des Gründers vom Birgittinnenkloster in Altomünster, Wolfgang von Sandizell. Diesem folgten im Besitz die Herren von Burgau, von 1533 bis 1777 der Augsburger Reichsstift St. Ulrich und Afra. Nachdem 1537 die Benediktinermönche eingezogen waren, ließen sie das Schloss in der heutigen Gestalt umbauen. Im Jahre 1777 kaufte es der Landesbischof von Reindl, gab es aber bereits 1781 an Kurfürst Karl Theodor, der ein landesfürstliches Staatsgut daraus machte. Seine Familie versteigerte es im Jahre 1811 an Arnold von Link und der verkaufte es schließlich im Jahre 1838 an Herzog Max in Bayern. Dieser ließ den Bau umgestalten und erweitern. Elisabeth, weit häufiger bekannt als Sissi, war seine Tochter und wurde 1837 im nahe gelegenen München geboren. Herzog Max hatte in Unterwittelsbach sein bevorzugtes Jagdgebiet und hielt sich im Sommer

Wasserschloss Unterwittelsbach

häufig im kleinen Wasserschloss auf. Im Jahre 1940 diente das Anwesen als Notunterkunft für Flüchtlinge und Heimatvertriebene, verblieb aber bis 1955 im Familienbesitz. Noch im gleichen Jahr kaufte Fürst zu Fürstenberg das Anwesen als Wohnsitz für seine jüngst verheiratete Tochter. Knappe 20 Jahre später wechselte das Schloss erneut seinen Besitzer. Eine Familie aus München erwarb das Schloss, die es bereits fünf Jahre danach wieder weiterverkaufte. Ab 1977 legte man ein Jugendheim ein und seit 1999 gehört es der Stadt Aichach. Die romantisch gelegene, dreigeschossige, mit Walmdach gedeckte Anlage ist noch heute von einem Wassergraben umgeben. Wirkungsvoll ist südlich die Schlosskapelle St. Ulrich, Afra und Jungfrau Maria dem Schloss vorgelagert. Sie wurde von 1839 bis 1841 unter Leitung des Kabinettmalers Heinrich von Mayr in neugotischen Formen errichtet, ab 1979 restauriert. Die Ausstellungsräume mit Ölgemälden, Stichen, handgeschriebenen Briefen, Büsten, Säbeln, und persönlichen Gegenständen der königlichen Familie sind ebenso wie der Schlosspark allemal einen Besuch wert, aber ob Sissi hier wirklich war, ist umstritten. Darüber hinaus kann man im Schloss vielfältigen Vorträgen und Konzerten über das ganze Jahr beiwohnen.

Altes und Neues Schloss Valley

83626 Valley
Landkreis Miesbach

Valley liegt nördlich von Miesbach bei Holzkirchen. Das sogenannte **Alte Schloss** war früher ein Pflegamts- und Gerichtsgebäude. Es wurde im 15./16. Jahrhundert unter Einbeziehung romanischer Mauerteile errichtet und von 1776 bis 1778 mit Turm erweitert. Als man das Amts- und Gerichtsgebäude 1848 auflöste, wurde es ein Gasthaus. Der Schriftsteller Michael Ende kaufte das quadratische Anwesen mit hohem Satteldach und zwei Eckerkern 1965 und nutzte es als Wohnhaus, das nach seiner Restaurierung 1988 zum Stammhaus eines Orgelzentrums wurde. Eigentümer sind Dr. Sixtus und Inge Lampl. Ersterer ist als Oberkonservator des Bayerischen Landesamtes für Denkmalpflege für alle historischen Orgeln Bayerns als Gutachter und Berater tätig. In der nebenstehenden Zollinger-Halle finden Orgelkonzerte statt.

Das **Neue Schloss** wurde um 1740 auf einem schmalen Höhensporn nordwestlich der alten Burg durch Franz von Rheinstein-Tattenbach errichtet. Die Grafen Arco-Valley übernahmen 1821 das Schloss, welches 1836 durch einen Brand

Altes und Neues Schloss Valley

zerstört wurde. Der Wiederaufbau, besonders der Ostfassade, entstand in klassizistischen vereinfachten Formen. Auch der Wirtschafts- bzw. Brauereihof musste nach einem weiteren Brand 1971 erneuert werden. Noch heute ist die zweigeschossige Vierflügelanlage um einen quadratischen Innenhof Verwaltungs- und Brauereigebäude. Im Anwesen befindet sich die Schlosskapelle Hl. Franz Xaver, die ihre Weihe 1741 erhielt.

Burg Dagestein, Vilseck

Burg Dagestein und Schlössl Vilseck

92249 Vilseck

Landkreis Amberg-Sulzbach

Burg Dagestein, nördlich von Sulzbach-Rosenberg gelegen, wurde wohl im 12. Jahrhundert unter dem Grafen von Sulzbach als Burg des Bamberger Hochstifts erbaut. Die erste Erwähnung geht bis in das Jahr 1190 zurück. Im 15. Jahrhundert erfolgten Umbaumaßnahmen unter den pfälzischen Fürsten und von 1729 bis 1732 ein umfangreicher Neubau durch die Maurermeister Paul Meyer und Justus Heinrich Dientzenhofer. Nach der Auflösung des Pflegamtes 1745 diente die Burg als Getreidespeicher. Die Gebäude gruppieren sich um einen unregelmäßig kreisförmigen Innenhof. Der ehemalige Bergfried aus dem Jahre 1200 bekam im 14. Jahrhundert eine Aufstockung und wurde 1972/73 renoviert. Im unteren Raum befinden sich Kreuzgewölbe. Heute ist Burg Dagestein die Tagungsstätte Kolpinghaus, in deren Zehentkasten wechselnde Ausstellungen gezeigt werden. Den Bergfried kann man besichtigen und besteigen und der Innenhof ist frei zugänglich. Zu Weihnachten werden Veranstaltungen mit Kindern und Jugendlichen durchgeführt, aber auch zu Ritterlager und Burgspektakel steht die Anlage offen.

Das in Privatbesitz befindliche **Schlössl Vilseck** ist ein zweigeschossiger Halbwalmdachbau und befindet sich gegenüber der in der Ortsmitte gelegenen Burg Dagestein. Die ehemalige Burghut wird um 1500 das erste Mal erwähnt. Das Schlössl wurde in der zweiten Hälfte des 16. Jahrhunderts erbaut und in der ersten Hälfte des 17. Jahrhunderts umgestaltet, ab 1985 bis 1988 folgte eine Restaurierung. An der Nordseite liegt das Portal mit Oberlicht und Rahmung und an der Südseite befindet sich ein Treppenturm mit achteckigem Obergeschoss in Fachwerk und Zeltdach. In einigen Räumen sind Stuckdecken erhalten geblieben.

Schlössl Vilseck

Schloss Friedrichsburg

92648 Vohenstrauß

Landkreis Neustadt an der Waldnaab

Vohenstrauß liegt im Oberpfälzer Wald, südöstlich von Weiden. Besitzer von Vohenstrauß war im 12. Jahrhundert das mächtige Geschlecht der Grafen von Sulzbach. Nach ihrem Aussterben wurden 1189 die Staufer deren Eigentümer. 1268/69 kam der Ort durch Erbschaft an die bayerischen Wittelsbacher. In den Jahren 1503 bis 1505 kamen Ottheinrich und Philipp von Pfalz-Neuburg in den Besitz. Pfalzgraf Friedrich III. von Zweibrücken, der 1587 die Fürstin Katharina Sophia von Liegnitz, eine Tochter des schlesischen Herzogs Heinrich XI., heiratete, ließ von 1586 bis 1593 nach Plänen von Leonhardt Greineisen aus Burglengenfeld das Renaissanceschloss mit fünf Rundtürmen und Spitzhelmen errichten, dem 1903 ein sechster hinzugefügt wurde. Alle drei aus der Ehe Pfalzgraf Friedrichs III. hervorgegangenen Kinder starben noch im Säuglingsalter. Der Markt Vohenstrauß aber erlebte einen bedeutenden wirtschaftlichen Aufschwung. Nach seinem Tode wurde das Schloss Wohnsitz der

Walkersaich

Witwe und danach des Pflegers. Vohenstrauß kam nach der Landesteilung 1614 an Pfalz-Sulzbach, bis 1777 mit Karl Theodor die Pfalz mit Bayern vereint wurde. Im 19. Jahrhundert war das Schloss Sitz verschiedener Ämter, 1862 Bezirksamt und Vermessungsamt, bis 1972 Landratsamt. In den 1980er-Jahren bis Anfang der 90er-Jahre erfolgte eine umfassende Instandsetzung und Sanierung für ein Erwachsenenbildungszentrum, zur kulturellen Nutzung und für Theateraufführungen. Es finden hier Ausstellungen, Jubiläumsveranstaltungen und auch Weihnachtsmärkte statt. Im Schloss ist ein Tourismusbüro eingerichtet.

Schloss Walkersaich

84419 Walkersaich/
Gem. Schwindegg
Landkreis Mühldorf am Inn

Schloss und Hofmark „Eihhi“ waren bereits 963 bekannt und gehörten zu Zangberg. Das heutige Bauernhaus und Gasthaus ist westlich von Mühldorf am Inn und nördlich von Wasserburg zu finden. Hans Christoph von Puech, Hofmarksherr auf Walkersaich, ließ 1602 das Hauptgebäude errichten, einen zweigeschossigen einfachen Putzbau mit Walmdach. Im 18. Jahrhundert wurde das Schloss ausgebaut. Im Ober-

Schloss Friedrichsburg, Vohenstrauß

geschoss wurde die Raumfolge mit Stuckdecken versehen, einschließlich des Festsaals aus der Zeit um 1700. In der Gaststätte werden Besucher immer herzlich willkommen geheißen.

Schloss Wallenburg

83714 Wallenburg / Stadt Miesbach

Landkreis Miesbach

Schloss Wallenburg wird erstmals 1270 erwähnt. Es steht auf einem Vorsprung über dem Schlierachtal nördlich von Miesbach. Seit dem 15. Jahrhundert war es der Hauptsitz der Herrschaft Waldeck, bis 1737 Sitz der Reichsgräflich-Hohenwaldeck'schen Herrschaft bis zum Übergang an Bayern. Die Burg wurde teilweise vernachlässigt und hatte wechselnde Besitzer, darunter die Familien Gumppenberg, Fohr, Gans und Kameke. Nachdem die Burg 1467 durch einen Brand zerstört worden war, baute man die Überreste zu einer Schlossanlage aus. Nach einem erneuten Brand im 17. Jahrhundert wurde das Schloss als prächtige Vierflügelanlage neu errichtet. Erhalten geblieben sind lediglich der Südflügel und der Rittersaal. Die restlichen Teile wurden zusammen mit dem Bergfried und der Schlosskapelle Hl. Drei Könige zu Beginn des 19. Jahrhunderts abgebrochen. Eine Renovierung am dreigeschossigen Massivbau mit Walmdach, dem ein Park vorgelagert ist, erfolgte 1962 bis 1965. Das Erdgeschoss hat eine tonnengewölbte Eingangshalle und im ersten Obergeschoss befinden sich repräsentative Wohnräume und ein Saal aus der Zeit um 1730, der von Johann Baptist Zimmermann stuckiert wurde. Der Privatbesitz hat einen vorgelagerten Biohof. Beeindruckend ist der Blick von Schloss Wallenburg in das Mangfallgebirge.

Oben: Schloss Walkersaich

Unten: Schloss Wallenburg

Schloss Wasserburg am Bodensee

88142 Wasserburg am Bodensee

Landkreis Lindau

Die Wasserburg mit der damaligen Insel erhielt ihre erste urkundliche Erwähnung im Jahre 784. Sie ist heute westlich von Lindau zu finden. Das Kloster St. Gallen baute hier 924/25 eine befestigte Burg. Der St. Gallische Besitz wurde bis 1280 durch die Kißlegger verwaltet. Noch im gleichen Jahr errichteten die Herren von Schellenberg, die hier bis 1374 saßen, einen Neubau. Im Jahre 1358 wurde die Anlage zerstört und wieder aufgebaut. Ulrich und Rudolf von Ebersberg übernahmen den Sitz bis 1385. Danach ging er bis 1592 an den Grafen von Montfort zu Tettnang, dann an die Fugger-Kirchberg-Weißenhorn und Babenhausen bis 1755. Diese verbanden 1720 die Insel mit dem Festland. Bedingt durch den Verkauf des Schlosses 1755 an Österreich, ist es seit 1805 bayerisch. Seit 1812 befindet es sich in Privatbesitz. Umfassende Restaurierungen erfolgten an der unregelmäßigen Dreiflügelanlage mit verschieden hohen Trakten ab 1981. Der dreigeschossige Ostflügel weist Buckelquader im Erdgeschoss auf, und das kräftige Mauerwerk des nördlichen Teils gehört vermutlich in die Zeit um 1280. Der südliche Teil stammt aus der zweiten Hälfte des 14. Jahrhunderts, der außen

Schloss Wasserburg am Bodensee

zwei- und hofseitig dreigeschossige Südflügel mit Satteldach aus der Mitte des 16. Jahrhunderts. Der dreigeschossige westliche Flügel ist im Kern aus dem 18. Jahrhundert. Am Schloss, das als Hotel betrieben wird, befindet sich eine Bootsanlegestelle. Von der Anlage, die ein gut besuchtes Ausflugsziel ist, bietet sich ein herrlicher Ausblick auf den Bodensee und Umgebung.

Burgruine Weißenstein

94209 Weißenstein/
Stadt Regen
Landkreis Regen

Die Grafen von Bogen gründeten 1150 die erste Burganlage, die seit dem frühen 13. Jahrhundert nachweisbar ist und südlich der Stadt Regen liegt. Im Jahre 1244 wird ein „Castrum Weizzenstain" erwähnt. Die Burg kam an den bayerischen Herzog, der sie als Lehen an die Degenberger vergab. Nach deren Aussterben fiel sie 1602 an den Herzog zurück. Die Burg wurde nach Einsturz der Südseite infolge Felsabrutsch und nach Kriegsschäden 1742 aufgegeben. Die verbliebenen Relikte stehen heute noch weithin sichtbar auf der höchsten Erhebung des Pfahls. An der Ostseite liegt der ehemalige kurfürstliche Getreidekasten, ein turmartiger Bau zu vier Geschossen. Er wurde 1985 als Museum mit Erinnerungen an den Dichter Siegfried von Vegesack hergerichtet. Die vorhandene Zinnenbekrönung ist von 1842. Die Aussichtsplattform gewährt einen der schönsten Rundblicke in das Gebiet des Bayerischen Waldes. Von der übrigen Anlage unterhalb des Bergfrieds sind nur noch Reste erhalten. Von 1991 bis 1995 sanierte man die Ruine, in der Ritterspiele aufgeführt und mittelalterliche Märkte abgehalten werden.

Burgruine Weißenstein

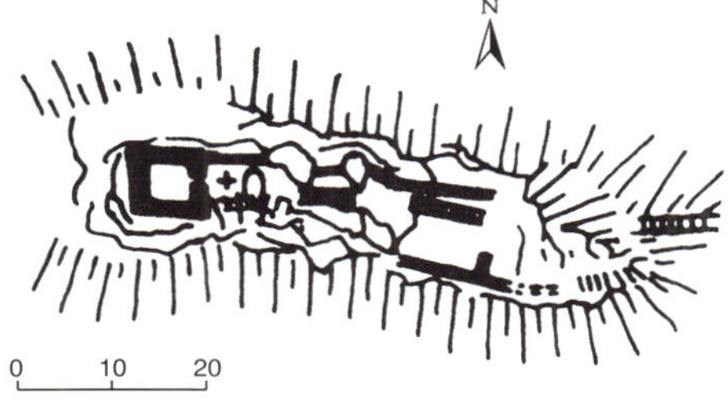

Burgruine Weißenstein, Grundriss

Wernberg

Burg Wernberg

92533 Wernberg / Markt Wernberg-Köblitz
Landkreis Schwandorf

Urkundlich erste Erwähnung erfuhr die Burg der Landgrafen von Leuchtenberg 1280. Sie liegt im Markt Wernberg-Köblitz, südlich von Weiden, auf den nördlichen Ausläufern eines an der Naab sich hinziehenden steil abfallenden Bergrückens. Die Burg ging durch Kauf an Konrad den Paulsdorfer, doch 1281 ist sie bereits im Besitz der Familie Nothaft. 1284 wird Burggraf Friedrich von Nürnberg vorübergehender Besitzer, doch bald fällt sie wieder an die mit den Leuchtenbergern verschwägerten Nothafts zurück. Heinrich Nothaft gibt sie Mitte des 14. Jahrhunderts an die Krone Böhmens zu Lehen. Im Jahre 1367 kommt sie an die Familie zurück. Hans und Beatrix Nothaft verkaufen die Hälfte der Veste Wernberg 1381 an ihre Neffen Heinrich, Albrecht und Hans Nothaft. Heinrich Nothaft bekommt 1407 von König Rupprecht das Halsgericht mit Stock und Galgen. Ein Jahrhundert später, 1509, geht die Burg an Ritter Jörg Wisbeck zu Velburg, doch sein Sohn verkauft 1530 den Besitz an die Landgrafen von Leuchtenberg. Im 16. Jahrhundert wird sie verstärkt befestigt und ausgebaut. Böhmen erhält Wernberg 1646, nachdem das Geschlecht der Leuchtenberger mit Max Adam erlosch. Der Adelssitz wird an die Herrschaft der Grafen Khevenhüller weitergegeben. In der Zeit zwischen 1621 bis 1634 wird die Burg durch kaiserliche und schwedische Truppen im Dreißigjährigen Krieg zerstört und geht an den Kurfürsten Maximilian von Bayern, 1650 erfolgt die Übergabe durch den Kaiser an Graf Leopold von Lamberg. Weitere häufige Besitzerwechsel musste die Anlage über sich ergehen lassen. Die Schlosskapelle St. Georg mit

Burg Wernberg

Rokokoausstattung wird im 18. Jahrhundert erweitert und ausgestattet. Der quadratische Bergfried besteht aus Großquadern und zählt in das frühe 13. Jahrhundert. 1714 ist die unregelmäßige, im Kern romanische Vierflügelanlage oberpfälzisches Pflegamt, und im 18./19. Jahrhundert dient sie als Sitz öffentlicher Einrichtungen, z. B.

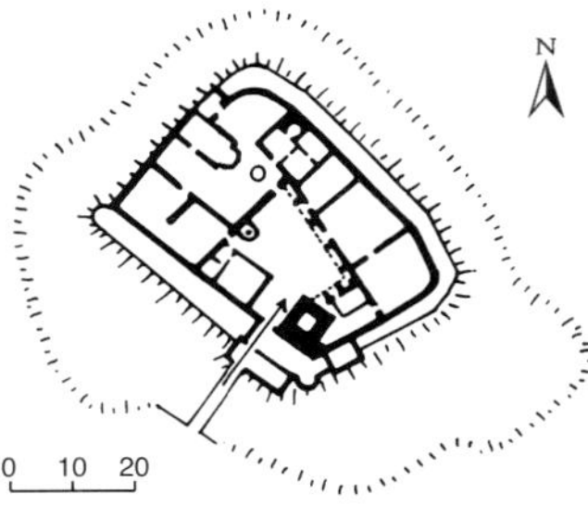

Burg Wernberg, Grundriss

des Königlich Bayerischen Pflegamts, des Rentamts und Forstamts. Später ist sie Strafanstalt und Frauenwohnheim. Graf Schall-Riacour erwirbt 1920 das Anwesen. 1992 kommt die Marktgemeinde Wernberg in den Besitz der Burg und verpachtet sie an die Familie Conrad. Die Gemeinde gestaltet im Zusammenwirken mit der Firma Conrad Electronic 1998 nach aufwendiger Renovierung die Burg zum Hotel mit Restaurantbetrieb um. Gern wird die Burg mit ihrem Hotel von Gourmets, Tagungsgästen und Brautpaaren aufgesucht. Golfer können nahe der Burg ihrem Sport nachgehen.

Altes und Neues Schloss Wertingen

86637 Wertingen

Landkreis Dillingen a. d. Donau

Die Doppelschlossanlage am Nordwestrand der Altstadt ist von einem tiefen Graben umgeben. Zu finden ist Wertingen nordwestlich von Augsburg und östlich von Dillingen an der Donau. Erbaut wurde das **Alte Schloss** 1354 unter Johann Langenmantel. Im Jahre 1388 wurde die Anlage zerstört und um 1500 durchgreifend verändert. Es handelt sich um einen zweigeschossigen Satteldachbau mit Bogenfries am Dachansatz. Der runde Turm hat ein Kegeldach und der südliche Verbindungsgang führt zum quadratischen Wartturm, der in die Zeit um 1530 zu datieren ist.

Das **Neue Schloss** wurde 1654 durch Adam Wolfgang Christoph von Pappenheim errichtet und stellt heute einen dreigeschossigen Satteldachbau dar. Das gesamte Schloss umgibt eine hohe, teilweise erneuerte Futtermauer aus Quadern mit Strebepfeilern aus dem 16./17. Jahrhundert. In der imposanten Schlossanlage aus dem 14. bis 17. Jahrhundert, die einst von den Geschlechtern der Langenmantel und Pappenheimer bewohnt wurde, befindet sich im

Kellergeschoss des heutigen Rathauses und Sitzes der Verwaltungsgemeinschaft das Heimatmuseum. Dieses ist eng mit dem Namen des ehemaligen Oberlehrers Franz Xaver Burghart verbunden, der im ersten Drittel des 20. Jahrhunderts hier ein Museum gründete. Es zeigt heute Sammlungen zur Vor- und Frühgeschichte, Dokumente zu Stadtgeschichte und Zunftwesen, Stoffdruckmode, bäuerliches Gerät und Mobiliar, Waffen und Gemälde aus dem 17./18. Jahrhundert.

Altes und Neues Schloss Wertingen

Schloss Weyhern

82281 Weyhern/
Gem. Egenhofen
Landkreis Fürstenfeldbruck

Nordwestlich von Fürstenfeldbruck, bei Egenhofen, wurde von 1720 bis 1726 das Schloss Weyern erbaut. Es stellt eine barocke Vierflügelanlage mit eingebauter Schlosskapelle im Südflügel dar. Die Hauptfassade ist durch Säulenportikus, Balkon und Zwerchgiebel betont und das Ergebnis einer Umgestaltung von 1826 durch die Freiherren von Lotzbeck von Jean-Baptiste Métivier. Die zwei lang gestreckten Wirtschaftsgebäude des 18. und 19. Jahrhunderts bilden eine Art Ehrenhof. Das erste und zweite Obergeschoss des Schlosses weist einige Prunkräume auf, die 1848 durch Friedrich Bürklein umgestaltet und von Joseph Anton Schwarzmann dekoriert wurden. In den Jahren 1983 bis 1985 erfolgte auf Initiative von Professor Franz Schilke eine durchgreifende Sanierung und der Umbau zu Eigentumswohnungen. Darüber hinaus können auch Gäste hier übernachten. Die Schlosswirtschaft mit Biergarten liegt dem Schloss gegenüber und wurde 1793 eingerichtet. Das Schloss ist umgeben von einem kleinen, im engli-

Schloss Weyhern

schen Stil gestalteten Park, in dem sich seit 1859 ein Denkmal für Karl Ludwig von Lotzbeck befindet.

Schloss Wiesent

93109 Wiesent

Landkreis Regensburg

Seit dem 12. Jahrhundert lässt sich das Geschlecht Wiesent verfolgen, das östlich von Regensburg, heute an der A 3 gelegen, einen Sitz errichtete. Die Wittelsbacher der kurpfälzischen Linie besaßen die Herrschaft Wiesent bis 1620. Als 1630 die Anlage zerstört wurde, ging sie 1634 an die Grafen von Lintelo. Max Rudolf Thimon von Lintelo erbaute 1695 den lang gestreckten, zweigeschossigen Schlossflügel mit runden Flankentürmen. Johann Adam von Falkenberg fügte 1762 den Querflügel an der Ostseite hinzu. Auch die Grafen von Thurn und Taxis waren einst im Besitz des Schlosses. An der Hauptfassade befindet sich ein Hausteinportal mit bossierten Pilastern, in dessen Sprenggiebel das Ehewappen Lintelo-Altenfrenking angebracht ist, datiert 1695. Im Innenhofbereich stehen die ehemaligen Ökonomiegebäude. Im Erker des Schlosses wurde 1990 das Hudetzmuseum eingerichtet. Der Turm wurde nach dem bekannten Wiesenter Maler und Künstler Karl Anton Hudetz benannt, der hier mit seiner Frau viele Jahre wohnte und tätig war. Er schuf große und kleine Werke und arbeitete in Kirchen und Klöstern. Noch mit 86 Jahren malte er Bilder im Wiesenter Kindergarten. Eine farbig gestaltete Steinfigur des Hl. Johannes von Nepomuk befindet sich an der Brücke, mit dem am Sockel be-

Schloss Wiesent

findlichen Wappen der Falkenberg. Die heutigen Besitzer haben Räumlichkeiten an die Sparkasse und Raiffeisenbank vermietet und öffnen jeweils sonntags ihr kleines Museum für Besucher.

Schloss Wildenreuth

92681 Wildenreuth/ Gem. Erbendorf
Landkreis Tirschenreuth

Die erste Erwähnung der Anlage geht auf das 11. Jahrhundert zurück. Der damalige Stammsitz der Herren von Wild, die ihn auch erbauten, liegt zwischen Tirschenreuth und Erbendorf. Sicher ist, dass Wildenreuth ein brandenburgisches Mannslehen war, und so sind uns als Lehnsherrn die Wilden von Wildenreuth, auch Wellenreuth genannt, überliefert. Dieses Geschlecht starb im Jahre 1602 aus ihnen folgten die Pudewels, auch Podewils genannt. Ihre Nachfahren bewohnen noch heute das Schloss in Wildenreuth, eine dreigeschossige Anlage mit zwei runden Ecktürmen und einem südöstlich gelegenen kräftigen Viereckturm. Ein kleiner Erker, der 1851 ausgebrannt war, ziert die Ostfassade des Schlosses. Im Schlossareal befindet sich eine Pension mit gastronomischer Betreuung.

Schloss Wildenreuth

Schloss Wildenwart

83112 Wildenwart/ Gem. Frasdorf
Landkreis Rosenheim

Südöstlich von Rosenheim, an der A 8, wurde der Vorgänger von Schloss Wildenwart, eine kleine Ringburg, etwa um 1200 angelegt. Im 15. Jahrhundert starben die Herren von Wildenwart aus und der Edelsitz ging an die Herzöge von Bayern-Landshut über. Häufig wechselten nach 1501 die Besitzer auf Wildenwart und seit Ende des 19. Jahrhunderts kam der Adelssitz wieder in die Hände der Wittelsbacher. Der mittelalterliche Kern ist nur noch in Teilen der Umfassungsmauer erhalten. Die heutige Baugestalt der dreigeschossigen Vierflügelanlage um einen Arkadenhof stammt aus der Zeit um 1600, der 1689/90 eine Umgestaltung folgte. Das Treppenhaus mit Torflügel stammt aus dem Jahr 1793. 1862 wurde die Schlosskapelle im Erdgeschoss neu eingerichtet, ein einfacher tonnengewölbter Raum mit Sakristei und Altar von Joseph Götsch aus den Jahren 1774/75. Der Südwestflügel mit dem Satteldach hat einen Torturm mit Zwiebelkuppel. Im Torflügel befindet sich ein dreigeschossiges Treppenhaus von 1793, das der Münchner Hofbaumeister Simon Streittner schuf. Der Nordostflügel ist mit einem großen Barocksaal, Spiegelgewölbe und Deckengemälde aus der Zeit um 1690, wohl von Jakob Carnutsch, sowie zahlreichen Bildnissen des 17. und 18. Jahrhunderts ausgestaltet. Das Schloss ist Privatbesitz. Im Vorbereich lädt eine Gaststätte zum Verweilen ein.

Schloss Wildthurn

94405 Wildthurn/
Stadt Landau a. d. Isar
Landkreis Dingolfing-Landau

Im Jahre 1160 gehört das Anwesen „Heinricus cognomento Wallere de Richeresdorf", einem

Schloss Wildenwart

Adeligen der Waller, der am heutigen Schlossstandort südlich von Landau im Zusammenhang mit einer mittelalterlichen Burganlage bekannt ist. Ende des 16. Jahrhunderts sitzen hier die Buchleitner, von 1681 bis 1825 die Pelkofen und von 1838 bis 1874 Fürst Julius von Polignac. Seither ist Wildthurn in bürgerlichem Besitz. Von der Burg ist nur der massige Bergfried des 13. Jahrhunderts erhalten geblieben, wobei das oberste der sechs Geschosse samt Zinnenkranz erst in neuerer Zeit aufgesetzt wurde. Als 1790 im Schlossbereich ein Brand ausbrach, wurden die Wohn- und Wirtschaftsgebäude größtenteils neu erbaut und 1840 erweitert. Nach einem

Oben: Schloss Wildthurn

Unten: Schloss Windach

erneuten Brandschaden 1911 bekam der erweiterte Bau nach seiner Wiederherstellung neugotische Formen.

Schloss Windach

86949 Windach

Landkreis Landsberg am Lech

Der heutige Nachfolgebau des ehemaligen Schlosses der Hofmarkherren liegt östlich von Landsberg, nahe dem Ammersee. Im Jahre 1157 werden die Herren von Windach erstmals urkundlich erwähnt, sie gehörten zum Kurfürstentum Bayern. Das Anwesen war eine geschlossene Hofmark, die später in den Besitz der Freiherren von Füll, mit Sitz in Unterwindach, gelangte. Das heutige schlichte rechteckige Schloss wurde im Jahre 1610 von der Familie Füll erbaut und bekam Mitte des 19. Jahrhunderts eine Erhöhung um ein Geschoss. Der Schlosspark mit Putten und Springbrunnen ist für die Öffentlichkeit frei zugänglich. Im Schloss befindet sich der Sitz der Verwaltungsgemeinschaft Windach.

Burg Neuhaus

92670 Windischeschenbach

Landkreis Neustadt an der Waldnaab

Um 1300 ließ sich Ulrich I. von Leuchtenberg in Windischeschenbach, das nördlich von Neustadt an der Waldnaab liegt, einen Sitz errichten. Es war später das Jagdschloss der Leuchtenberger, das 1328 an das Kloster Waldsassen verpfändet wurde. Doch 1343 erhielten die Leuchtenberger ihren einstigen Besitz zurück. Landgraf Johann IV. von Leuchtenberg wiederum verkaufte die Burg mit Besitzungen 1515 an das Kloster Waldsassen. Die Anlage wurde 1614 restauriert und vom Kloster bis zur Säkularisierung als Sitz eines Klosterrichters genutzt. Die Burg Neuhaus ist kein klassischer Rittersitz, sondern eher ein befestigtes Jagdschloss. Im Jahre 1803

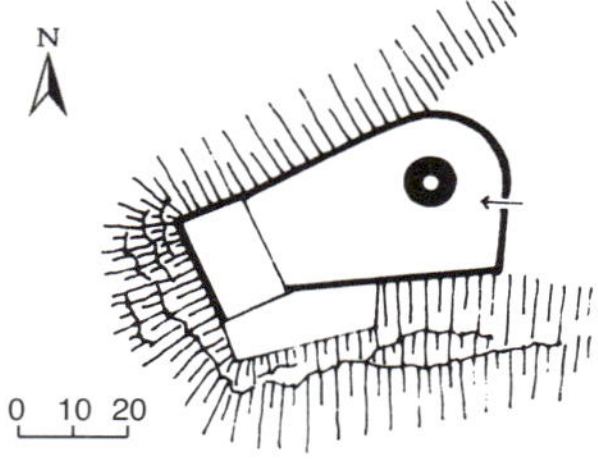

geht sie schließlich in Privatbesitz über. 1820 kauft sie die Gemeinde und richtet die Gemeindeverwaltung mit einer Schule ein. Das Waldnaabtalmuseum wird 1985 eröffnet und seit 2006 können hier auch standesamtliche Trauungen vorgenommen werden.

Burg Neuhaus, Windisch-eschenbach

Links: Burg Neuhaus, Windisch-eschenbach, Grundriss

Schloss Winhöring

84543 Winhöring

Landkreis Altötting

Die nordöstlich der Ortschaft am Südhang eines Höhenzuges gelegene Barockanlage, nordwestlich von Altötting, wurde früher auch Frauenbühl genannt. Errichtet wurde sie um 1400 anstelle eines Vorgängerbaus. Über mehr als zwei Jahrhunderte wechselten die Besitzer von Schloss Winhöring häufig. Die Vierflügelanlage wurde ab 1621/22 für Johann Veit II. von Toerring durch den Neuöttinger Stadtmaurer Michael Oettel erbaut und seit 1717 gehört sie den Grafen Toerring-Jettenbach. Diese ließen von 1721 bis 1730 den zweistöckigen Ostflügel und die Erhöhung der übrigen drei Flügel zur dreigeschossigen Gesamtanlage verändern. Im Obergeschoss des

Winhöring

Schloss Winhöring

Nordflügels breitet sich ein über zwei Geschosse reichender Festsaal mit Rahmenstuckdecke und vorgelegter Terrasse aus. Über dem Kamin befindet sich ein großes Gemälde des Grafen Toerring, in Bandelornament gerahmt, von 1727. Ein weiteres Porträt des Grafen ziert die Wand, geschaffen von George Desmarées. In den weiteren Räumen befinden sich Stuckdecken sowie Kamine und Kachelöfen aus dem 18. Jahrhundert. Die Schlosskapelle mit einem Altar von 1737 liegt

Schlossgarten, Winhöring

im zweiten Obergeschoss, die Dreikönigskapelle steht im Schlosspark und wurde erstmals 1532 erwähnt. Der jetzige Bau geht auf das 17. Jahrhundert zurück. Dieser wurde 1727 überarbeitet und 1988/89 renoviert. Das Schloss selbst ist nicht zugänglich, doch im vorgelagerten Gebäude befindet sich eine Gaststätte, und ein gepflegter Garten mit drei Pavillons kann besichtigt werden.

Burg Wolfsegg

93195 Wolfsegg

Landkreis Regensburg

Nordwestlich von Regensburg erbaute um 1280 die Ministerialenfamilie Wolf von Schönleiten ihre Stammburg. Mit Bruno Wolf von Schönleiten wurde der erste Burgherr und wohl auch der Erbauer namentlich bekannt. Im Jahre 1358 erhielten die beiden Töchter von Schönleiten durch Herzog Ludwig von Bayern, Markgraf zu Brandenburg, die Veste als Lehen. Übernommen haben die Anlage 1367 Ulrich von Laber der Ältere und dessen Vetter Hadamar IV. von Laber, deren Geschlecht 1475 ausstarb. In deren Besitz hatte die Burg ihre Blütezeit erlebt. 1508 wurde Leonhard von Eck durch den Kurfürsten Friedrich von der Pfalz mit der Burg belehnt, die 1574 in den Besitz von Hans Thumer III. zu Puchberg kam, einer Regensburger Patrizierfamilie. Darauf folgte bis 1880 ein mehrfacher Besitzwechsel. In der Gesamterscheinung zeigt sich eine gotische Burg, die in verschiedenen Bauphasen errichtet wurde. Im ersten Bauabschnitt entstand um 1278 der Palas zu zwei Geschossen, mit Bering und Wehrturm. Ersterer bekam um 1403 bis 1410 eine Aufstockung. Das erste Obergeschoss wurde im 16. Jahrhundert eingewölbt und der Treppenturm angebaut. Dieser erhielt 1721 einen Giebelaufsatz und der Palas ein Krüppelwalmdach. Die im 14. Jahrhundert erbaute Burgkapelle St. Laurentius, die in der ersten Hälfte des

Burg Wolfsegg

Wörth a. d. Donau

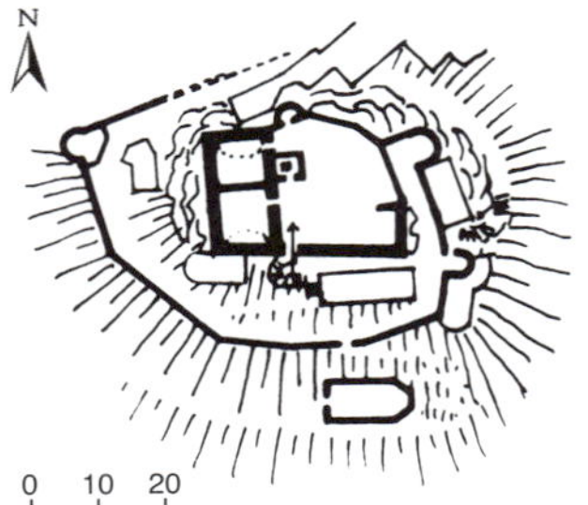

Burg Wolfsegg, Grundriss

18. Jahrhunderts verändert wurde, steht am Fuß des steil abfallenden Bergkegels. Die Freiherren von Oberndorf nutzten die Burg im 19. Jahrhundert als Försterei und Schule. Ab 1886 wurde sie wieder Eigentum der Gemeinde Wolfegg, bis sie 1933 der Regensburger Georg Rauchenberger, oberpfälzischer Heimatpfleger, durch Kauf erwarb und instand setzte. Seit 1973 wird die Burg durch ein Kuratorium mit Museum verwaltet und dient vielfältigen Veranstaltungen. Von 1986 bis 1989 bekam die Anlage eine Generalsanierung. Von der Burg hat man einen schönen Rundblick in das umgebende Land.

Schloss Wörth a. d. Donau

Schloss Wörth a. d. Donau

93086 Wörth a. d. Donau
Landkreis Regensburg

Das Schloss steht wenige Kilometer östlich der Stadt über der Donau. Seit dem hohen Mittelalter ist die Herrschaft Wörth im Besitz des Hochstifts Regensburg, auf deren Veste „Werd" 1174 und 1189 Kaiser Friedrich Barbarossa weilte. Sie bekam im Jahre 1279 umfassende Erneuerungen und ging von 1345 bis 1368 vorübergehend an Ludwig den Bayern. Während der Renaissance erhielt die wehrhafte Residenz ihr heutiges Aussehen, sie blieb im Dreißigjährigen Krieg im Wesentlichen verschont. Pfalzgraf Johann II., Bistumsadministrator, verlegte 1522 seine Hofhaltung in das Schloss und baute es zu einer befestigten Residenz der Renaissance aus. 1616 erfolgten Erweiterungen und der Ausbau unter Albert IV. von Törring, wobei der Innenausbau teilweise erst unter Bischof Albert Sigmund, Herzog in Bayern, vorgenommen wurde. Das Schloss kam 1803 an den kunstsinnigen Fürstbischof Carl Freiherr von Dalberg und

Schloss Wörth a. d. Donau, Unteres Torhaus

1810 an die Krone Bayerns. Zwei Jahre später gehörte es den Fürsten Thurn und Taxis, die es als Ausgleich für das abgetretene Postregal erhalten haben. 1984 erwarb der Landkreis Regensburg das Schloss, und mit einer Eigentümergemeinschaft erfolgten von 1984 bis 1988 Sanierungen und der Ausbau zu einer Seniorenresidenz. Die mächtige Baugruppe mit herausragendem sechsgeschossigem Bergfried, um 1200 entstanden, und allseitigen Ecktürmen ist ein Blickfang der Umgebung. Der vorgeschobene untere Torbau stammt aus dem Jahre 1605 und wurde unter Bischof Wolfgang II. von Hausen erbaut, worauf das hier befindliche Wappen verweist. Ein schmaler Aufgang zwischen den Zwingern führt zum Haupttor mit Zugbrücke. Das zweigeschossige Torhaus zwischen den runden Batterietürmen ist aus dem Jahr 1525. Die ausgedehnte Rechteckanlage, deren Bauten aus verschiedenen Zeiten stammen, umschließt einen lang gezogenen Burghof. Den westlichen Teil des Hofes umschließt der sogenannte dreiteilige Fürstenbau mit Ecktürmen, der vermutlich bereits unter Pfalzgraf Johann begonnen und zu Beginn des 17. Jahrhunderts erweitert und ausgestaltet wurde. Die Schlosskapelle St. Martin entstand 1616 durch Bischof Törring.

Schloss Zandt

Schloss Zandt

93499 Zandt

Landkreis Cham

Die erste Nennung 1122 führt zu den Zandtern, die wohl hier, südöstlich von Cham, gesessen haben. Von 1382 bis 1439 ist die damalige Hofmark im Besitz der Sattelboger, die darauf an die Türlinger zum Türlstein gelangte. Diesen folgten von 1536 bis 1851 die Gleißenthaler und danach wechselten noch häufiger die Besitzer. Ab 1949 wurde die Anlage Alten- und Pflegeheim des Bayerischen Roten Kreuzes. Der Neubau des Schlosses wurde vermutlich noch vor 1527 durch Eb von Türling zum Türlstein vorgenommen und später barock ausgebaut. Im Jahre 1851 bekam das Schloss, ein lang gestreckter Treppengiebelbau mit mittigem oktogonalem Treppenturm und Zinnenabschluss, eine historisierende Umgestaltung und von 1950 bis 1952 eine Sanierung. Ein erneuter Umbau folgte 1980 bis 1982 mit dem östlichen Neubau.

Objektregister

Objektregister

Objektregister

Objektregister

Objektregister

Objektregister

Objektregister

Die Objektnummern beziehen sich auf die Karte im Umschlag.

Quellenverzeichnis

Georg Dehio,
Handbuch der Deutschen Kunstdenkmäler,
Bayern Bd. 2–5,
Deutscher Kunstverlag München – Berlin, 1979–1991

Schlösser in Deutschland,
Susanne Ulrici, Edmond van Hoorick,
Stürtz Verlag Würzburg, 1985

Romantische Burgen in Deutschland,
Stürtz Verlag Würzburg, 1979

Reisezeitreise,
Verlag Schnell + Steiner GmbH Regensburg, 1999

Zeit für Burgen und Schlösser,
C. J. Bucher Verlag München, 2004

Burgen und Schlösser in Deutschland,
Mairs Geographischer Verlag Ostfildern, 1982

Schlösser und Burgen,
Axel Winterstein,
W. Ludwig Buchverlag München, 1994

Die schönsten Schlösser in Bayern südlich der Donau,
Schaffmann & Kluge HB Verlags- und Vertriebsgesellschaft mbH
Hamburg, 1991

Faszination Burgen und Schlösser,
Oberbayern, Niederbayern, Bayerisch-Schwaben, Oberpfalz,
Verlagsgruppe Weltbild GmbH
Augsburg, 2005 und 2006

Herzogschloss Straubing,
Touristinformationsblatt des Finanzamtes,
Verfasser: Steueramtsrat Hans Agsteiner

Schloss Arnsberg,
Chronik von Herrschaft und Schloss,
Hans-Dieter Haage, Arnsberg, 1998

Quellenverzeichnis

Schloss Abensberg,
Auszüge aus der Chronik des Vermessungsamtes

Schloss Niederpöring,
Broschüre der Verwaltungsgemeinschaft,
Druck: Ebner, Deggendorf

Auszug aus der Chronik zum Klingenbad Schönenberg,
verfasst von Joan Georgio Antonio Kapfer,
gedruckt zu Dillingen, Anno 1758 und Recherche des Golfclubs

Burg Gruttenstein,
geschrieben von Dr. Johannes Lang für den Verein für Heimatkunde Bad Reichenhall und Umgebung e.V.

Auszug aus der Chronik zum Schloss Unterfinningen

Überlassung von Material zur Geschichte von Besitzern der Objekte, Mitarbeitern der Stadt- und Gemeindeverwaltungen, Touristinformationen, Ortschronisten sowie Daten aus dem Internet und Info-Tafeln an Objekten